AF397342

F. 239

UNIVERSITÉ DE FRANCE

FACULTÉ DE DROIT DE PARIS

DE L'EXCEPTION

DE EO QUOD FACERE POTEST

EN DROIT ROMAIN

DES ORIGINES DES RÉFÉRÉS

ET DES

PRINCIPES DE COMPÉTENCE EN CAS D'URGENCE

EN DROIT FRANÇAIS

THÈSE POUR LE DOCTORAT

L'ACTE PUBLIC SUR LES MATIÈRES CI-APRÈS SERA SOUTENU

Le Jeudi 18 mars 1886, à 1 heure 1/2

PAR

Octave GÉRARD

AVOCAT

né à Soncourt (Haute-Marne), le 12 mars 1859

CORBEIL

IMPRIMERIE J. CRÉTÉ

1886

DÉPÔT LÉGAL
Seine & Oise
N° 162
1886

UNIVERSITÉ DE FRANCE

FACULTÉ DE DROIT DE PARIS

DE L'EXCEPTION
DE EO QUOD FACERE POTEST
EN DROIT ROMAIN

DES ORIGINES DES RÉFÉRÉS
ET DES
PRINCIPES DE COMPÉTENCE EN CAS D'URGENCE
EN DROIT FRANÇAIS

THÈSE POUR LE DOCTORAT

L'ACTE PUBLIC SUR LES MATIÈRES CI-APRÈS SERA SOUTENU

Le Jeudi 18 mars 1886, à 1 heure 1/2

PAR

Octave GÉRARD
AVOCAT

né à Soncourt (Haute-Marne), le 12 mars 1859

Président : M. GARSONNET.

Suffragants : MM. GLASSON, CAUWÈS, professeurs
CHAVEGRIN, agrégé.

Le Candidat répondra, en outre, aux questions qui lui seront faites
sur les autres matières de l'enseignement.

CORBEIL

IMPRIMERIE J. CRÉTÉ

1886

A MON PÈRE

A MA MÈRE

DROIT ROMAIN

DE L'EXCEPTION
DE EO QUOD FACERE POTEST

NOTIONS GÉNÉRALES

L'exception *quod facere potest* est née des rigueurs excessives des voies d'exécution contre le débiteur condamné. On sait en effet comment, au début du droit romain, le créancier avait pour gage la personne même du débiteur, dont la personnalité devait disparaître afin d'arriver à l'exécution des biens; on sait que le préteur avait le droit d'attribuer ce débiteur au créancier, quand le délai de trente jours pour s'exécuter était expiré sans qu'il eût pu trouver au moins un vindex; comment, soixante jours après, ce débiteur insolvable, conduit sur la place des comices à trois jours de marché consécutifs, était offert, moyennant le paiement de sa condamnation, pour être ensuite, s'il ne se trouvait personne pour le dégager, attribué définitivement au créancier, qui pouvait soit le tuer, soit le vendre comme esclave au delà du Tibre.

Et plus tard, lorsque, sous le système formulaire, les progrès du droit prétorien aidant, on fut arrivé à cette idée que le patrimoine d'une personne pouvait se détacher de sa personnalité même, et être mis à exécution directement, par un envoi en possession de tous ses biens au profit d'un tiers qui les acquiert en masse pour le montant de la dette, il n'en resta pas moins, pour le débiteur ainsi dépouillé de son patrimoine, une consé-

a

quence désastreuse. Le débiteur ainsi dépossédé de son patrimoine encourait en effet l'infamie, et de nombreuses incapacités et déchéances, tirées des mœurs aussi bien que des lois, en résultaient pour lui ; telles que la perte de tous les droits politiques, l'incapacité de donner ou de recevoir une *procuratio ad litem*, l'interdiction du mariage entre l'homme ingénu et la femme notée d'infamie aux termes des lois caducaires, etc.

On conçoit sans peine que ces rigueurs que la loi n'avait pu admettre que comme une sorte de peine devant atteindre le citoyen incapable de gérer sa fortune, et indigne de ce titre, devaient forcément conduire à des résultats choquants, toutes les fois que, soit à raison de l'origine de la dette, soit à raison des rapports unissant le créancier et le débiteur, soit même à raison de la situation particulièrement favorable de ce débiteur, celui-ci se trouvait sous le coup d'une exécution qu'il n'avait pas pu, ou qu'il n'avait pas dû prévoir. Le donateur poursuivi en exécution d'une donation qu'il se trouvait ne pouvoir remplir intégralement, le père poursuivi par son fils, le patron par son affranchi, devaient-ils, pouvaient-ils encourir l'infamie au cas d'inexécution de leurs obligations, alors surtout qu'ils étaient de bonne foi?

Assurément non. Aussi, d'assez bonne heure, le préteur créa, en faveur de certaines situations éminemment favorables, cette exception *quod facere potest*, que nous trouvons dans un texte de Labéon (L. 18, pr., *Sol. matr.*, 24, 3), et qui fut ensuite généralisée.

Le résultat de cette exception est en principe, de restreindre l'exécution du débiteur à ses ressources actuelles, *quatenus facultates ejus competunt*, disent certains textes, dont on a tiré l'expression assez obscure de bénéfice de compétence. Le peu que j'ai déjà dit fait pressentir quel est dans ce cas l'intérêt de cette exception: sans doute l'actif entier du débiteur sera exécuté au profit de ses créanciers, mais du moins il échappera aux conséquences accessoires de sa condamnation et de son exécution; il évitera ainsi l'emprisonnement et l'infamie.

Dans certains cas plus particulièrement favorables, il arrivera même que l'exécution n'atteindra pas tous ses biens, la condamnation prononcée contre lui, lui laissera ce qui est in-dispensable à son existence, « *ne egeat* ».

Remarquons toutefois que le but de cette exception n'est pas de libérer le débiteur de son obligation. La condamnation prononcée contre lui est bien limitée à ses ressources actuelles; mais il n'en subsiste pas moins une obligation naturelle, et même civile, à raison de laquelle il pourra plus tard être recherché au cas de retour à meilleure fortune. C'est donc le correctif de cette exception, et cela s'explique d'autant mieux que tout en cette matière est de bonne foi.

Je vais étudier successivement :

1° Les personnes qui peuvent opposer l'exception *quod facere potest;*

2° Les conditions d'exercice de cette exception;

3° La manière dont on calcule le *quod facere potest;*

4° Les effets de l'exception;

5° Ses caractères;

6° La manière dont elle se perd.

CHAPITRE PREMIER

DES PERSONNES QUI PEUVENT OPPOSER L'EXCEPTION.

1.° — Le Mari.

Le mari poursuivi par sa femme à raison de la restitution de sa dot, dit Justinien aux Institutes (§ 37, *De actionibus*, IV, 6), ne doit être condamné que *quatenus facere possit*, c'est-à-dire dans la limite de ses moyens (Cf. Loi 17, D., *De re judic.*, 42, 1).

Le motif qui est indiqué par Ulpien (Loi 14, § 1, D., *Sol. mat.*, 24, 3) serait la *reverentia maritalis*. (Dans le même sens, Loi 1, § 7 C., *De rei uxoriæ*, 5, 13.)

Mais il serait facile d'en trouver un autre. On sait qu'au début le mari gardait la dot qu'il avait reçue. C'est ce qu'exprime la maxime « *dotis causa perpetua est* » (Loi 1, pr., *De jur. dot.*, 23, 3).

Bientôt la facilité avec laquelle les mariages étaient rompus fit que les parties stipulèrent par des conventions formelles la restitution de la dot ; d'où la création de l'action *rei uxoriæ*, qui généralisa le principe de la restitution de la dot.

Par souvenir de l'état antérieur, il est à croire qu'on ne voulut pas poursuivre trop rigoureusement pour cette restitution le mari, qui autrefois retenait la dot ; de là sans doute la création de cette exception en sa faveur.

Mais comme il y avait là un principe tiré de la nature des rapports entre mari et femme, on généralisa bientôt ce qui ne devait s'appliquer au début qu'à l'action *rei uxoriæ*, et l'on décida que le mari aurait cette exception contre sa femme, à raison d'une action contractuelle quelconque. Ceci fut admis dans le droit en vertu d'une constitution d'Antonin le Pieux (Loi 20, D., *De re jud.*, 42, 1).

C'est alors que l'on peut motiver presque exclusivement l'exception par des considérations tirées de la nature des relations qui doivent exister entre mari et femme, et que les textes appellent *reverentia maritalis*, qualification incomplète, puisque les égards que comporte la situation née du mariage sont réciproques.

Aussi, s'éloignant complètement de l'idée primitive, et par application de la *reverentia*, nous voyons que ce texte décide que, par réciprocité, il y a lieu, par une considération d'équité, de faire bénéficier la femme de cette exception (L. 20, § 1 D., 42, 1).

On alla plus loin ; et l'on décida que le beau-père poursuivi par la femme en restitution de la dot avait droit d'opposer cette exception. Cela se présentait lors de la dissolution du mariage par la mort du mari sans enfants, auquel cas le père devenait héritier de son fils ; ou par le divorce quand le mari était encore *alieni juris*. C'est qu'en effet dans ce cas le père, disent les textes, tient la place du mari (Loi 15, § 2 et Loi 16, D., *Sol. mat.*, 24, 3).

De même si la succession du père était ouverte au profit de ses enfants, et si ceux-ci étaient poursuivis en restitution de la dot (Loi 18, pr., *Sol. mat.*).

Nous venons de dire que l'exception se motivait par les égards que se doivent les époux ; nous en conclurons que celui qui commencerait par se rendre indigne de cette faveur en perdrait le bénéfice. C'est ainsi que Triphoninus nous dit que le mari n'aurait pas cette exception, si l'action intentée contre lui était née d'un délit (Loi 42, D., *De re jud.*, 42, 1). Nous retrouverons ailleurs d'autres applications de cette idée.

D'après ces textes divers, l'exception profite au mari ou à la femme; au beau-père, ou aux enfants tenus à la place du mari; disons aussi, ou à la place de la femme. Mais il ne faut pas aller au delà; l'exception n'appartient pas aux autres héritiers du mari, car, ainsi que le dit la loi 13, D., *Sol. mat.* (24, 3), ce bénéfice est attaché à la personne, et ne s'étend pas aux héritiers en général (Loi 12, *ibid.*).

Nous avons vu que cette exception était donnée au mari poursuivi par l'action *rei uxoriæ*, et même à raison de toute action contractuelle. Cependant ce principe reçoit une grave dérogation en ce qui concerne l'action *ex stipulatu*. La loi 1, § 7, C., *De jur. dot.* (5, 13), porte en effet que le mari poursuivi par l'action *ex stipulatu* pour la restitution de la dot, doit être condamné *in solidum*, et immédiatement.

Comment expliquer ce texte qui semble contredire tout ce qui vient d'être exposé ci-dessus?

On peut l'expliquer en disant que ce texte vise les contrats formés entre le mari et la femme soit avant soit après la mariage.

Et en ce qui concerne les actions nées après le mariage au profit de la femme contre son mari, il y a un texte formel (Loi 35, pr. D., *De neg. gestis*, 3, 5) : « Le divorce ayant eu lieu, un mari a géré les affaires de sa femme; désormais la dot peut lui être demandée non seulement par l'action *rei uxoriæ* (*dotis actione*), mais aussi par l'action de gestion d'affaires. » Nous dirons donc que dans le premier cas, le mari aurait le bénéfice de l'exception *quod facere potest*, parce que cette action est née pendant le mariage. Mais il ne l'aurait pas s'il était actionné par sa femme par une action née de la gestion d'affaires; cette action en effet prendrait sa source dans des faits d'administration postérieurs au mariage.

Le texte cependant fait une restriction en ce qui concerne cette dernière ; « on doit admettre cette solution si au moment où le mari a ainsi continué de gérer, il était en état de payer, sinon, on ne doit pas lui imputer à faute de n'avoir payé entre ses propres mains. »

Ces derniers mots expliquent la règle. Le premier acte de la gestion du mari qui continue, malgré le divorce, à gérer les biens de sa femme, devait être de s'acquitter entre ses propres mains de la restitution de la dot. Par suite, il ne demeure plus tenu que comme un gérant d'affaires ordinaire, qui n'aurait pas le bénéfice de l'exception.

Mais encore faut-il, pour qu'il subisse cette déchéance, qu'il puisse se libérer ; cela n'aura pas lieu, et il n'y aura aucun fait à lui imputer s'il était déjà insolvable au moment de la cessation du mariage.

Il en serait de même si les délais pour rendre la dot n'étaient pas arrivés. On sait que le mari n'est tenu au bout d'un au que de la restitution du tiers de la dot, et que le surplus est payable par tiers et par année.

Ce qui est ainsi expliqué à l'occasion de l'action *negotiorum gestorum*, doit s'entendre de même de l'action *ex stipulatu*. Il faut supposer, par exemple, une stipulation entre les futurs époux avant le mariage, cela même à l'occasion d'une stipulation de dot. Dans ce cas il n'y aurait pas lieu à l'exercice de l'exception *quod facere potest.*

2° — La Femme.

Nous venons de voir que le bénéfice de l'exception accordé au mari avait été par réciprocité étendu à la femme (V. aussi Loi 17, § 1 D., 24, 3). Cela aura lieu quand la femme sera poursuivie *ex promissione dotis.*

Et de même que pour le mari on avait étendu à tous les contrats faits pendant le mariage le bénéfice de l'exception, de même cette règle fut appliquée en ce qui concerne toutes les actions contre la femme.

La raison, c'est l'égalité qui doit régner dans les rapports qui supposent la communauté d'existence, l'*individua vitæ consuetudo,*

J'ai montré comment le bénéfice de l'exception avait été étendu au père du mari ; il en est de même pour le père de la femme (Loi 22, pr. D., 42, 1). Le beau-père aurait même l'action quand son gendre le poursuit à l'occasion d'un autre contrat que la promesse de dot. Mais il faut, en ce qui le concerne, que la dot soit ainsi réclamée pendant le mariage.

C'est du moins l'opinion que l'on admet généralement. Mais il est bon de faire remarquer que les textes ne sont pas absolument d'accord sur ce point.

La loi précitée et la loi 84 D., *De jur. dot.* (23, 3), précisent bien cette distinction. Mais Paul (Loi 17, D., *Sol. mat.* 24, 3) semble l'accorder même après la dissolution du mariage par le divorce, et ailleurs dans la loi 21, *De re jud.* (42, 1), la refuser toujours.

Ces textes ne font sans doute que relater les différentes phases d'une controverse à ce sujet. Dans la loi 22, D., *De re judicata*, Pomponius exposerait la doctrine sabinienne qui distinguerait suivant l'époque à laquelle l'exécution de la promesse de dot était demandée. Dans la loi 84, D., *De jure dotium*, Paul adopterait cette théorie, et dans la loi 17, D., *Soluto matrimonio*, il exposerait, sans l'adopter, la doctrine proculéienne qui dans tous les cas accordait l'exception. Enfin, dans la loi 21, *De re judicata*, il est permis de supposer qu'il y a eu un remaniement, et que l'on expose la doctrine sabinienne qui a fini par triompher.

On a proposé une autre explication (Pellat, *Textes sur la dot*, 2ᵉ édit., p. 427), qui consisterait à dire que pendant l'alliance résultant du mariage existant, le beau-père aurait toujours cette exception, mais qu'après le mariage il n'y aurait lieu de la lui accorder qu'autant qu'il ne s'en serait pas rendu indigne. Mais nous avons vu déjà que le dol fait dans tous les cas perdre le bénéfice de cette exception. Et d'ailleurs les textes précités font bien allusion, par les formules dubitatives qu'ils emploient, à une longue controverse sur cette question.

3° — L'Ascendant.

Le texte des Institutes continue son énumération en citant l'ascendant (§ 38, *De actionibus*, IV, 6), le patron et l'associé.

C'est aussi ce que nous dit Ulpien (Loi 16 et loi 17, D., *De re jud.*, 42, 1).

Les textes ne donnent d'ailleurs aucun développement à cette règle en ce qui concerne l'ascendant. C'est en effet une conséquence naturelle de la *reverentia erga parentes*, qui s'étendait si loin, grâce à l'aristocratique constitution de la famille romaine.

La seule question que l'on puisse se poser, c'est de se demander comment il peut arriver qu'un fils puisse ainsi actionner son père, dont le patrimoine absorbait, comme on le sait, tout ce que ses enfants pouvaient acquérir de quelque façon que ce soit, ceux-ci demeurant incapables de rien posséder.

Or, on trouve quelques hypothèses où il peut arriver que le fils contracte ainsi avec son père. Ce sera par exemple à l'occasion du pécule *castrens*. (Loi 15, § 1 et § 2, D., *De castrense peculio*, 49, 17). Le fils se trouve en effet, en ce qui concerne ces biens, être réputé *paterfamilias* (Loi 2, D., *De senatusc. Maced.*, 14, 6) et, par suite, il peut arriver qu'à raison de la gestion de ce pécule il ait à exercer une action contre son père (Loi 4, D., *De re jud.*, 5, 1).

Il en serait de même si le fils de famille était devenu *sui juris*. Dans ce cas en effet il devient lui-même chef de famille, possédant un patrimoine distinct de celui de son père, et l'on comprend très bien dès lors la possibilité d'un procès entre eux.

4° — La Patron. La Patronne. Leurs ascendants et leurs descendants.

Il y a lieu de compléter le texte des Institutes qui ne parlent que du patron, par la loi 16, au Digeste, *De re judicata*, dans laquelle Ulpien met sur la même ligne les enfants et les ascendants du patron (§ 38 Inst., *De act.*, IV, 6; — L. 16, D., 42, 1).

La règle se justifie également par la *reverentia*, c'est-à-dire par les égards que l'affranchi doit à son patron et aux siens. Elle est d'ailleurs si naturelle et si connue, que Justinien ne prend même pas la peine de la formuler entièrement, et se borne à la rappeler.

C'est en vertu du même ordre d'idées qu'il est interdit à l'affranchi d'invoquer contre son patron une exception fondée sur le dol de celui-ci, ou sur tout moyen de défense qui serait de nature à porter atteinte à sa considération (Loi 16, D., *De doli mali et metus except.*, 44, 4). Et à plus forte raison l'affranchi ne peut-il pas intenter contre son patron une action basée sur ces moyens. C'est pourquoi l'affranchi ne peut intenter aucune action contre son patron qu'avec l'autorisation préalable du magistrat (§ 3 Inst., *De pœna temere litig.*, IV, 16). Nous pouvons remarquer d'ailleurs que, relativement à ces égards qui sont dus par certaines personnes, et quant aux conséquences juridiques qui s'y rattachent, le texte met sur la même ligne les ascendants et le patron.

5° — L'Associé.

Ne sont condamnés que dans la limite de leurs moyens, nous dit Ulpien (Loi 16, D., *De re jud.*, 42, 1, *conveniuntur*) « .... l'associé actionné par l'action *pro socio;* mais il faut entendre par l'associé celui qui fait partie d'une société de tous biens. » — On devrait dire sans aucun doute qu'il en serait de même de l'associé de tous gains.

Ce qui motive le bénéfice de notre exception en matière de société, c'est le *jus quoddam fraternitatis*, sur lequel les jurisconsultes romains reviennent si souvent, et qui leur fait distinguer avec soin l'état ordinaire d'indivision, et les sociétés proprement dites ; celles-ci, nous disent-ils, se motivent sur un principe d'affection (Loi 32, D., *Pro socio*, 17, 2). Nous trouvons dans cet ordre d'idées la plupart des règles que les jurisconsultes romains ont posées en matière de société ; règles qui répondent souvent à une idée juste, étant donné le point de départ, mais qui ne sauraient servir à expliquer le droit moderne, où la société se compose ordinairement d'intérêts pécuniaires se réunissant dans le but de réaliser des bénéfices, sans aucune considération de personnes.

Cette mise en commun des affections en même temps que des intérêts dans une société universelle, nous explique suffisamment la règle ci-dessus rappelée par Ulpien ; mais on est en droit de se demander si ce principe doit s'appliquer à toutes les sociétés, et s'il n'y a pas lieu de le modifier en ce qui concerne les sociétés *unius rei*, qui n'ont ordinairement pour but qu'un bénéfice à réaliser, et qui ne se motivent pas par un principe d'affection.

Nous trouvons la réponse à cette question dans un autre texte d'Ulpien (Loi 63, pr. D., *Pro socio*, 17, 2). Ce jurisconsulte, se posant la question de savoir s'il faut appliquer la même règle à propos des sociétés *unius rei*, nous révèle l'existence de la controverse qui exista à ce sujet, et nous dit qu'il y a lieu d'adopter l'opinion de Sabinus, et de décider que même lorsqu'il s'agit non d'une société de tous biens, mais d'une société *unius rei*, les associés ne doivent être condamnés que dans la limite de ce qu'ils peuvent payer. Et le texte ajoute que cette décision est très raisonnable, attendu que toute société contient un certain droit de fraternité.

Il ne faut pas, je crois, opposer ce texte à celui que j'ai cité tout d'abord, et qui paraît si affirmatif, et relever ainsi une contradiction. Rappelons-nous en effet que les premières sociétés connues à Rome ont été les sociétés universelles. C'est pour les réglementer spécialement que furent proclamés les divers principes que nous trouvons dans les textes. Il y avait là en quelque sorte une œuvre de jurisprudence basée sur les mœurs. Plus tard, lorsque peu après se créèrent les sociétés particulières pour l'exploitation d'une entreprise déterminée, on ne trouva pas mieux que d'appliquer des principes universellement reconnus et qui formaient le droit commun des sociétés. Les textes continuent, en posant des règles, de s'occuper des sociétés universelles, et c'est ainsi que s'explique la rédaction de la loi 16, *De re judicata ;* mais l'application au cas particulier de la société *unius rei* n'en est pas moins certaine.

Il est certain cependant que l'objection avait été soulevée, et que l'on fit la remarque que certaines des sociétés particulières, comme les sociétés de publicains, lesquelles se motivaient exclusivement sur des intérêts privés, ne devaient pas bénéficier dans leurs contestations de l'exception *quod facere potest.*

Mais la controverse fut vite éteinte, et l'on appliqua dans tous les cas la règle du droit commun des sociétés. Et c'est ce qui nous explique que les Institutes ne relatent même pas cette hypothèse, qui eût constitué une dérogation importante et digne d'être mentionnée même dans un traité élémentaire de droit; et l'on se borne à dire d'une manière générale que tout associé a cette exception vis-à-vis de son coassocié (§ 38, *De actionibus*, IV, 6).

Il y a une question plus importante à étudier, question qui est née de la rédaction des Institutes et de la loi 16, *De re judicata*. Ces textes ne parlent que de l'*actio pro socio*; or, faut-il voir là une règle limitative et dire que l'exception ne pourra être opposée que sur l'exercice de cette action ?

Il semble bien difficile de l'admettre; ce qui justifiait l'existence de cette exception entre associés, c'est, nous l'avons vu, le *jus fraternitatis* qui paraît être le principe fondamental de toute société ; les jurisconsultes romains ne se préoccupaient que des rapports qui devaient exister entre associés, et qui interdisaient des poursuites trop rigoureuses.

Partant de là, comment pourrait-on admettre que ce principe pût recevoir échec selon l'action, c'est-à-dire, selon la procédure qu'il plairait à l'associé demandeur de choisir ? Le bénéfice accordé par la loi eût été bien fragile, on peut même dire qu'il eût complètement disparu dans certains cas, puisqu'il pouvait dépendre de la seule volonté du demandeur d'en régler l'application.

Aussi il faut dire que dans tous les cas, et à propos de toute action, l'associé pouvait opposer l'exception *quod facere potest*.

Il resterait à expliquer la rédaction des textes qui paraissent restrictifs. Or il suffirait, je pense, de dire, pour les expliquer, qu'ils ont statué sur le cas ordinaire, c'est-à-dire sur celui où l'associé était poursuivi au cours de la société, soit à raison de son apport, soit à raison de sa gestion.

Lorsque la société aura suivi régulièrement son cours, il y aura lieu à liquidation et à partage. Mais il est vraisemblable que si la société a pu ainsi subsister, c'est que les affaires étaient prospères; de sorte qu'il sera bien rare que sur l'exercice de l'action *communi dividundo*, c'est-à-dire de l'action en partage, il puisse y avoir lieu de craindre que l'actif à partager ne puisse suffire pour couvrir les charges de la gestion de l'un des associés, et faire face à ses obligations pouvant lui incomber à l'égard de son coassocié. Nous pouvons donc dire que les textes parlent ainsi à propos de ce qui arrive ordinairement, et que s'ils ne prévoient pas l'hypothèse de poursuites par l'action *communi dividundo,* sur lesquelles interviendrait l'exception, c'est que l'hypothèse n'est pas pratique.

Il faudrait même aller plus loin, et dire que l'exception pouvait être invoquée à raison de toutes obligations nées de la société même, et quelle que soit l'action intentée. La raison qui nous déterminerait à décider ainsi, indépendamment du motif que j'ai indiqué en commençant et qui est général, c'est que la loi 22, *De re judicata* (42, 1), refusait formellement l'exception à l'associé censé *ex clausula doli ;* or les actions *pro socio* et *communi dividundo* étant de bonne foi, la *clausula doli* y est toujours sous-entendue : ce texte serait donc inutile et par suite inintelligible s'il ne visait que ces actions ; pour lui trouver un sens, il faut admettre qu'il vise un contrat de droit strict intervenu au cours de la société, par exemple une stipulation ; nous sommes donc amenés à dire que sur l'exercice même de l'action *ex stipulatu* dans un contrat de société et entre associés, l'exception *quod facere potest* pourra être opposée, sauf le seul cas où le défendeur serait tenu *ex doli clausula.*

6° — Le Donateur.

Les Institutes continuent leur énumération en disant que le même bénéfice appartiendra au donateur poursuivi à raison de sa donation (§ 38, *De actionibus*).

Ce bénéfice a été introduit au profit du donateur par une œuvre législative, par un rescrit d'Antonin le Pieux (Loi 28, D., *De regulis juris,* 50, 17 ; — Loi 12, D., *De donat.,* 39, 5 ; — Loi 33, D., *De jure dotium,* 23, 3).

L'introduction assez tardive de cette exception, dans une hypothèse qui paraît cependant éminemment favorable, s'explique si l'on se souvient que la tendance générale du droit romain avait

été de prendre des règles nombreuses pour protéger les donateurs contre des entraînements exagérés ou irréfléchis : telle
est notamment la loi *Cincia*, et l'exception qui en résultait. Le
bénéfice de compétence était donc d'un intérêt moindre, ce qui
explique que ce ne fut qu'assez tard que l'on créa cette application nouvelle de notre exception, pour élargir en quelque sorte
la protection déjà donnée par la loi *Cincia*.

Cette extension, il faut le dire, s'inspirait non seulement par
une pensée d'humanité, mais même de commune intention des
parties. L'intention évidente du donateur était de ne donner
que ce qu'il pouvait posséder, mais non au delà ; par suite, une
condamnation *in solidum*, au cas où sa fortune se trouvait être
moindre qu'il ne le pensait tout d'abord, ou se trouvait compromise par des circonstances indépendantes de sa volonté et
qu'il ne pouvait prévoir, devenait non seulement la violation
d'une règle d'équité, mais même de l'esprit du contrat de donation intervenu.

La règle posée, il y a lieu d'en préciser la portée.

Il est incontestable que l'exception devait s'appliquer dans
les rapports entre le donateur et le donataire : c'est le principe
même que nous avons posé. Mais en était-il de même à l'égard
des tiers ? Évidemment non. La loi 33, au Digeste, *De donatio-
nibus* (39, 5), nous en donne en effet le motif en même temps
qu'une application. Le texte rappelle tout d'abord les principes
que nous venons de voir ; puis il formule l'hypothèse d'une délégation. Le donataire, au lieu de recevoir lui-même l'objet de
la donation qu'un tiers veut lui faire, fait intervenir une troisième personne qu'il se trouve avoir pour créancière, et vis-à-
vis de cette dernière le donateur s'oblige par stipulation du
montant de ce dont il entend gratifier le donataire qui se trouve
en effet libéré d'autant. L'hypothèse pratique est en effet celle
où le donataire se trouve menacé par un créancier ; mais on
pourrait très bien supposer qu'il veuille lui-même faire une
libéralité à cette tierce personne. Dans les deux cas, le donateur
se trouve vis-à-vis de ce tiers obligé *in solidum*. La raison que
nous en donne le texte, et qui est péremptoire, c'est que le tiers
créancier n'a pas reçu une libéralité, mais simplement son

paiement ; il est donc en droit de l'exiger intégralement.

Paul (Loi 41, pr. D., *De re judicata*, 42, 1) indique plusieurs hypothèses identiques. Le mari, par exemple, qui reçoit une promesse de dot faite par un donateur qui veut doter sa femme, pourra le faire condamner pour le tout ; c'est qu'en effet, en ce qui le concerne, la constitution de dot fait à sa femme n'est pas une donation, et il n'en est pas moins tenu de toutes les charges nées du mariage : *Ibi dos esse debet ubi onera matrimonii sunt* (Loi 56, 1, *De jure dot.* 33, 3).

Labéon (Loi 84, D., *De jure dot.*, 23. 3) nous donne la même solution.

Il importe cependant de remarquer ici une distinction que j'ai eu l'occasion d'indiquer plus haut, et que le texte formule. Si en effet la dot avait été constituée par le père de la femme, le mari ne pouvait, au moins tant que le mariage et l'alliance en résultant subsistaient, en réclamer le paiement *in solidum ;* mais ceci ne constitue pas une véritable exception à la règle que nous posons relativement aux tiers, c'est simplement une des applications du principe né de la *reverentia*. Cela est tellement vrai qu'après la dissolution du mariage, le mari pouvait réclamer du beau-père la dot qu'il lui avait promise, et qu'il avait eu le tort de ne pas lui remettre, et dans ce cas, il pouvait le faire condamner *in solidum*.

7° — Le débiteur qui a fait cession de biens.

Le débiteur qui avait fait cession de biens à ses créanciers pouvait, lorsque postérieurement il avait fait quelques nouvelles acquisitions, opposer l'exception *quod facere potest* à ses anciens créanciers qui venaient le poursuivre à nouveau (§ 40, *Instit.*, IV, 6 ; Loi 4, pr. D., *De bonis cessis*, 42, 3).

La cession de biens fut introduite par une des deux *leges judiciariæ*, et notre exception fut une des conséquences et un des avantages de cette loi. Il importe en effet de remarquer que l'exception *nisi bonis cesserit*, née directement de la cession de biens, ne rendait pas inutile l'exception *quod facere potest*. Cette première exception avait pour effet de protéger le débiteur pour le présent, et de le mettre à l'abri de toutes poursuites tant qu'il n'acquérait pas de nouveaux biens; mais aussitôt que le débiteur avait fait quelques nouvelles acquisitions il se trouvait sous le coup de poursuites immédiates. Il était donc important de le protéger par une mesure nouvelle, de manière à lui permettre de sauvegarder contre tous ses créanciers les biens qu'il pouvait acquérir ; sinon, la cession de biens qu'il avait faite devenait illusoire, puisqu'il était loisible à l'un d'eux de le poursuivre à nouveau au bout de quelques jours de répit, et de lui faire subir l'emprisonnement qu'il n'eût fait que retarder inutilement par la cession de biens qu'il avait faite (L. 6 et L. 7, D., 42, 3).

Il se présente une difficulté assez importante. On sait que l'envoi en possession prononcé à la suite de la cession de biens a pour effet de dessaisir le débiteur au profit de ses créanciers, non seulement des biens qu'il abandonne actuellement, mais encore de ceux qu'il pourra acquérir dans l'avenir. Les créanciers qui ont obtenu un jugement ne seraient plus recevables *ex ante gesto*, pour demander, après retour à meilleure fortune de leur débiteur, une condamnation nouvelle ; mais le droit qui leur est accordé est bien plus considérable, car si leur créance originaire s'est trouvée éteinte par leur demande en justice, ils ont obtenu sur cette demande un jugement qui frappe virtuellement tous les biens de leur débiteur, même les biens à venir.

Ce point de vue est d'ailleurs indiqué par la loi 6 Dig., *De bonis cessis* (42, 3). Un débiteur fait de nouvelles acquisitions, il n'est pas besoin de demander à nouveau la vente de ses biens, puisque le jugement de condamnation les atteint.

Comment comprendre, dès lors, que le débiteur puisse avoir l'occasion d'opposer l'exception *quod facere potest ?* Cela suppose une instance introduite et une formule délivrée ; or, sur la cession de biens intervenue sans que les créanciers eussent été intégralement payés, nul besoin ne leur était de prendre à nouveau jugement ?

On pourrait dire d'abord, pour répondre à l'objection, que la *missio in possessionem*, résultant de l'abandon que le débiteur faisait de ses biens à ses créanciers, n'a pas les mêmes conséquences que celle qui était prononcée par le magistrat, et que les effets de la première, résultant d'un commun accord envers le débiteur et ses créanciers, se limitaient aux biens actuels ; on comprendrait dès lors très bien la possibilité d'une nouvelle action, et par suite de notre exception, sur des poursuites ultérieures et après de nouvelles acquisitions (L. 9, D., *De bonis cessis*, 42, 3).

Mais on peut aussi supposer qu'il y a lieu d'invoquer l'exception à l'encontre de créanciers qui n'avaient pas pris jugement avant la cession de biens. Ce point de vue se trouverait confirmé par la loi 4, § 1 Dig., *De bonis cessis* (42, 3), où l'on voit que le débiteur qui a fait cession de biens à quelques-uns de ses créanciers, ne saurait être inquiété même par les autres ; ce sera évidemment en leur opposant l'exception *quod facere potest* (L. 4, pr.).

On pourrait peut-être dire aussi que la loi 6 sus-rappelée n'a pas pour objet de dire qu'une nouvelle action est inutile contre le débiteur qui a fait cession de biens, attendu le dessaisissement général qui serait resté virtuellement pour l'avenir des condamnations antérieures, mais simplement d'indiquer comment devra être calculée l'importance des biens que le débiteur devra posséder, avant de pouvoir à nouveau être exécuté. N'oublions pas en effet que la cession de biens ne libère pas le débiteur, elle impose seulement une trêve à ses créanciers : on lui laisse la faculté d'acquérir *modicum aliquid*, dit la loi 6 ; *idoneum emolumentum*, disent les Institutes, et quand il s'agit d'en évaluer l'importance, la loi 6 nous donne un *criterium :* le calcul doit se faire *ex quantitate* et non *ex qualitate*.

Si telle est seulement la portée de la loi, nous pouvons bien admettre que le débiteur ayant volontairement fait cession de biens n'est dessaisi que de ce qu'il abandonne actuellement ; qu'il faudra donc le poursuivre à nouveau, d'où l'exception.

Enfin, même si l'on admet la thèse la plus rigoureuse, nous pouvons encore très bien trouver la possibilité d'user de ce bénéfice. Nous verrons en effet que cette exception peut être opposée même sur l'exercice de l'action *judicati*. Ne peut-on pas supposer dès lors que le débiteur ne puisse contraindre le créancier, par son refus de se laisser exécuter, à l'actionner ? Sur l'exercice de cette action il pourrait encore opposer l'exception *quod facere potest*.

8° — Le fils de famille émancipé, exhérédé ou ayant renoncé à la succession paternelle, poursuivi à raison d'obligations contractées in potestate.

Ulpien dans la loi 2 au Digeste, *Quod cum eo* (14, 5), nous rapporte le texte même de l'édit qui prévoyait trois hypothèses distinctes.

1° *Enfant émancipé.* — L'enfant émancipé qui, dans le droit primitif, devenait complètement étranger à sa famille naturelle, conservait d'après le droit prétorien des droits à la succession du père de famille ; mais en attendant cette succession future, il n'en demeurait pas moins quant à présent, sans aucun patrimoine au lendemain de l'émancipation ; et cependant il se trouvait obligé à raison de ses contrats antérieurs. Il était donc équitable de ne pas le poursuivre rigoureusement, à raison d'obligations contractées par lui dans un état civil tout différent.

Remarquons que la même loi assimile à cette hypothèse celle où l'enfant devenait *sui juris* même d'une autre façon ; par exemple, quand le père de famille encourait une *maxima capitis deminutio*, et que le fisc gardait tout son patrimoine.

2° *Enfant exhérédé.* — L'enfant pourra être expressément exhérédé par le testament ; il se pourrait aussi qu'il fût exclu des biens paternels par un moyen indirect, par exemple s'il était grevé d'un legs ou d'un fidéicommis universel (Loi 5, § 2, *Quod eum eo*, 14, 5).

3° *Enfant qui s'est abstenu de l'hérédité.* — Même situation. Dans tous ces cas le fils de famille aura l'exception *quod facere potest*, parce qu'il n'a pas les biens sur lesquels il avait pu légitimement compter en contractant.

Le motif de cette règle nous indique les restrictions que la jurisprudence y apporta; nous dirons donc que le fils de famille qui se trouve dans l'une des trois situations ci-dessus, ne saurait se prévaloir de l'exception, lorsque, d'une manière quelconque, il arrivait à bénéficier de l'hérédité paternelle.

Cela avait lieu lorsque, bien qu'il fût exhérédé, il recevait les biens de l'hérédité en vertu d'un legs ou d'un fidéicommis

(Loi 5, § 1 D., 14, |5), ou encore lorsqu'il arrivait dans le même cas, à bénéficier du S. C. Trébellien (Loi 5, § 1).

Par réciprocité il aurait bénéficié de l'exception même en dehors des trois hypothèses de l'édit, quand il ne recevait rien de la succession ; par exemple, quand il était obligé de la restituer en vertu d'un fiédéicommis universel (Loi 5, § 2 D., même titre).

De même, s'il n'avait été institué que pour une très faible partie de la succession (Loi 2, § 1, *Quod cum eo*, 14, 5).

Il semblerait donc que le but de l'édit était de protéger le fils de famille contre les engagements qu'il pouvait imprudemment contracter, et cela ressort de cette jurisprudence toute favorable, cherchant dans tous les cas à s'attacher à la situation réelle faite au débiteur. Il est permis cependant de douter que tel fut l'esprit de l'édit; et de croire qu'il n'y a là que l'une des dispositions prises pour restreindre le crédit du fils de famille, et analogue, bien que plus restreinte dans ses effets au S. C. Macédonien.

9° — Les Militaires.

Les militaires, pendant la durée de leur service, bénéficiaient de cette exception (Loi 6 et loi 18, D., *De re judicata*, en termes identiques, 42, 1).

Les motifs étaient, d'une part la faveur attachée aux militaires, faveur dont les effets se manifestaient ici comme en matiere de testaments ; d'autre part, la nécessité de ne pas interrrompre pour des raisons d'intérêt privé, le service de l'armée.

De là nous devons conclure que l'exception ne bénéficiait qu'au militaire incorporé et présent à l'armée.

Et nous devons dire aussi que l'exception s'étendait, pour la même raison, à toute espèce de dettes, même à celles antérieures au service.

10° — De l'exception fondée sur un pacte.

Ulpien (Loi 49, D., *De pactis*, 2, 14) prévoit enfin que cette exception pourrait résulter d'un pacte, par exemple au profit du débiteur qui, en empruntant, convenait avec son créancier qu'il ne serait poursuivi que dans la limite de ses moyens. Il n'y a rien de malhonnête, dit Ulpien, à faire un tel pacte.

Disons enfin que si ce pacte pouvait être fait au moment du contract, rien n'empêchait qu'il intervînt après coup, *ex intervallo*, par une convention particulière.

CHAPITRE II

Conditions d'exercice de cette exception.

Le magistrat ne donne cette exception que *causa cognita* (Loi 22, D., *De re jud.*, 42, 1 ; Loi 2, D., *Quod cum eo*, 14, 5). Il y a lieu de rechercher comment s'exerçait cette *causæ cognitio*.

Pomponius (Loi 22, ci-dessus) semble restreindre dans de très étroites limites la *causæ cognitio* laissée au magistrat : il dit, à propos de l'associé, que l'exception sera refusée : 1° à celui qui a nié sa qualité d'associé ; 2° à celui qui est tenu *ex clausula doli*.

Nous aurons donc à étudier ces deux règles ; mais dès maintenant nous pouvons faire remarquer que la *causæ cognitio* laissée au magistrat, ne s'exerce pas dans d'aussi étroites limites. Nous avons vu notamment, à l'occasion du fils de famille émancipé ou exhérédé, combien variées pouvaient se présenter les situations du défendeur, et comment il y avait lieu de se préoccuper non pas tant de la situation juridique apparente, que du fond même des choses ; dans cette hypothèse, la loi 2 D. (14, 5), nous dit que le magistrat *cognita causa* donnera l'exception. Disons donc que, indépendamment des deux règles formulées plus haut et que nous allons étudier, il subsiste dans tous les cas pour le magistrat un pouvoir discrétionnaire, en vertu duquel il accordera où refusera l'exception, à raison des circonstances particulières de la cause.

Ce que l'on peut dire c'est, que Pomponius nous donne deux règles faciles à appliquer dans toutes les hypothèses. Voyons ces règles :

1° L'exception est refusée au débiteur qui commence par contester la qualité qui lui permettrait de s'en prévaloir.

La loi 22, *De re judicata*, prévoit cette hypothèse à l'occasion d'un associé, et la loi 66, § 3 D., *Pro socio* (17, 2), dans la même espèce, exige également cette première condition. Nous devons sans aucun doute généraliser cette règle à toutes les hypothèses ; en effet le débiteur ne saurait se plaindre de ce qu'il perd le bénéfice d'une qualité que lui-même il a refusé de prendre. Et d'ailleurs c'est là en quelque sorte un manque de bonne foi, qui suffirait à le faire déclarer indigne du bénéfice de l'exception.

Si les textes prévoient le cas d'un associé, c'est que cette espèce est la plus pratique ; il est plus facile en effet de contester que l'on fasse partie d'une société, que de nier la plupart des qualités sus-énumérées qui donnent droit à l'exception, telle que les relations de parenté ou de patronat.

Nous retrouvons d'ailleurs cette règle dans une autre espèce. En effet, la loi 4, § 1 D., *Quod cum eo* (14, 5), prévoyant le cas où un fils de famille aurait pris mensongèrement une fausse qualité, nous dit que même après son émancipation il perdrait aussi ce bénéfice. — (Voir aussi dans ce même sens pour le mari, Loi 18, *Sol. mat.* 24, 3.)

2° L'exception est refusée en second lieu à celui qui est tenu à raison d'un délit, ou d'un dol.

C'est qu'en effet cette exception est une faveur pour le débiteur qui ne doit pas s'en être rendu indigne.

La loi 22, D., *De re judicata* (42, 1) nous donne cette règle à propos de l'associé seulement, mais nul doute qu'elle ne doive être généralisée ; nous la trouvons en effet formulée dans la loi 52 Dig., même titre pour l'action *rerum amotarum ;* dans la loi 4, § 2 D., *Quod cum eo* (14, 5), pour le fils de famille émancipé. De même encore la loi 1, § 7 Code Justinien, *De rei uxoriæ actione* (L. 5, tit. 13), dit d'une manière générale qu'il est juste d'accorder cette exception au mari, et ce par égard pour lui, pourvu qu'il ne se soit pas rendu coupable d'un dol.

La règle posée, il y a lieu de la préciser. Or nous savons qu'il peut y avoir à l'occasion d'un fait dommageable, soit délit et dol, soit délit sans dol, soit dol sans délit.

Il y aurait dol sans délit lorsque, par exemple, le vendeur empoisonnerait, avant de le livrer, l'esclave qu'il a vendu. Il est incontestable que l'exception serait refusée dans cette hypothèse.

Mais il pourrait y avoir délit sans dol; ce sera dans le cas de la loi *Aquilia* lorsque par imprudence j'aurai tué l'esclave d'autrui. Faut-il dans ce cas refuser l'exception? On admet génélement que oui. C'est qu'en effet le défendeur est coupable tout au moins d'une grave imprudence et il semble que la loi 4, § 2 ci-dessus citée, soit générale.

Remarquons en passant l'intérêt pour le défendeur à être passible d'une action pénale plutôt que d'une action civile née du dol. Dans le premier cas l'action est annale et ne passe pas aux héritiers; il en est autrement dans le second cas. C'est là une règle injuste, mais certaine en droit romain.

L'exception serait également refusée toutes les fois que le fait délictueux existe bien, mais qu'à raison de la qualité et des rapports qui doivent exister entre les parties, aucune poursuite n'est possible. Nous en trouvons une application à l'occasion de l'action *rerum amotarum*. On sait qu'en raison de la communauté de vie existant entre époux, les jurisconsultes avaient été amenés à dire qu'il n'y avait jamais lieu à l'action *furti*, action pénale; on accordait alors selon les cas, soit l'action *rerum amotarum*, quand le vol avait été commis dans la prévision malhonnête d'un prochain divorce, soit la *condictio furtiva* durant le mariage normal. Or on dit dans ce cas, à l'occasion de l'action *rerum amotarum* (mais ce serait vrai également de la *condictio furtiva*), que l'exception *quod facere potest* sera refusée bien qu'il y ait communauté d'existence, parce que *ex malo contactu et delicto oritur*, parce que la dette a sa source dans un méfait et dans un délit.

L'exception est de même refusée au débiteur obligé *ex clausula doli* (Loi 22, *De re jud.* 42, 1).

La *clausula doli* avait pour but de remédier aux inconvénients que j'ai signalés plus haut, des actions purement pénales, quant à leur courte durée et à leur intransmissibilité.

Mais il y a lieu tout d'abord de résoudre une difficulté que présente le texte de la loi 22. Pomponius nous dit que l'examen préalable du magistrat portera sur le point de savoir si le défendeur a nié sa qualité d'associé, ou s'il n'est pas obligé en vertu d'une *clausula doli*. Mais comment peut-on ainsi opposer ces deux questions que le magistrat devrait examiner? Est-ce que la seconde n'est pas implicitement contenue dans la première? Le contrat de société est un contrat de bonne foi; par suite, l'associé est tenu de son dol en vertu même du contrat, et le défendeur à l'action pourra l'opposer sans réserve formelle. Comment supposer dès lors l'existence d'une *clausula doli* nécessitant un examen particulier du magistrat? Il semble bien singulier que le texte en fasse l'objet de l'une des obligations qu'il impose spécialement au magistrat.

On a donné une réponse, qui consiste à séparer les deux membres de phrase du texte, qui viserait ainsi deux cas différents On dirait alors que l'exception est refusée à celui qui nierait sa qualité d'associé, et au défendeur qui serait tenu à raison de son dol; la première phrase poserait une règle spéciale à l'associé, la seconde un principe général.

Rationnellement cette explication se comprend fort bien, car le caractère éminemment de bonne foi de cette exception faisait qu'elle devait être écartée dans toutes les hypothèses, où un fait dolosif était imputable au défendeur, et que pour le rechercher il pouvait y avoir lieu d'appliquer les conséquences de la *clausula doli*.

Mais faut-il croire que tel soit le sens réel du texte? Il est permis d'en douter. Si nous remarquons que le texte tout entier s'occupe de l'associé, et qu'aucune transition ne fait pressentir cette règle importante que l'on veut détacher du reste de la phrase, on est amené à dire que cette *clausula doli* doit être recherchée dans l'exercice d'actions entre les associés eux-mêmes.

Dans quels cas, demande-t-on, puisque le contrat de société

étant de bonne foi, la *clausula doli* est dans tous les cas sous-entendue dans les actions qui en dérivent? Il ne serait pas difficile de supposer que l'associé est poursuivi, non par l'action *pro socio*, ou *communi dividundo*, toutes deux de bonne foi, mais pas une action de droit strict née au cours même de la société. Qu'y a-t-il d'impossible alors de supposer qu'une stipulation *de dolo* ait été faite accessoirement à la stipulation principale? L'associé qui l'aura violée ne saurait bénéficier de l'exception *quod facere potest*, nous dit dans ce cas le texte précité (V. *suprà*, p. 12).

Nous avons supposé jusqu'ici qu'il s'agissait d'actions personnelles; faut-il admettre de même que cette exception puisse exister à l'occasion d'actions réelles?

La question s'est posée à propos d'un texte de Paul (Loi 41, § 1 D., *De re jud.*, 42, 1) : « Quelqu'un a fait donation d'un fonds et ne l'a pas livré; s'il ne restitue pas, il doit être condamné comme un possesseur quelconque; si au contraire il restitue le fonds, il doit être condamné seulement à raison des fruits; en effet il a pu échapper à tout risque en restituant tout de suite. Enfin s'il a cessé de posséder par dol, le demandeur pourra affirmer en justice sous la foi du serment, le montant de ce qu'il réclame, et condamnation intégrale s'en suivra. »

Mettons en relief les divers cas où pourrait s'appliquer l'exception :

1° Le donateur possède la chose qu'il a donnée, mais ne veut pas la livrer. L'action étant arbitraire le refus de délivrer la chose constitue un dol, par suite il ne saurait réclamer le bénéfice de l'exception.

2° Il a cessé de posséder par dol. A plus forte raison dans ce cas nous lui refuserons l'exception.

3° Il est bien disposé à restituer, mais accessoirement, devra-t-il les fruits perçus par lui et non consommés? Pourra-t-il, en ce qui les concerne, réclamer l'exception? Non. Car il s'est mis en faute par son retard, et il aurait évité tous risques en faisant plutôt la remise de ce qu'il avait donné. D'ailleurs la demande en justice l'a constitué en faute.

4° Il se peut que le donateur n'ait commis aucune faute.

Ainsi il se peut que, le procès pendant, il ait perdu la possession de la chose donnée, ou bien encore qu'il ait donné une chose qu'il croyait lui appartenir et qui se trouve être revendiquée contre lui. Ne pourrait-il pas demander sur l'action en revendication formée contre lui par le donataire, le bénéfice de l'exception? On décide généralement qu'il le pouvait. Car il n'y a pas de bonnes raisons pour décider autrement, et cette solution est conforme aux principes exposés plus haut.

Concluons donc qu'il se pourra que, même dans les actions réelles, le défendeur pouvait réclamer le bénéfice de notre exception. Mais ajoutons que cette hypothèse n'est pas pratique, et que le défendeur en restitution ne songera pas à demander l'insertion dans la formule de cette exception, en prévision d'une perte possible de l'objet de la demande au cours du procès. Il faudrait supposer pour cela qu'au moment où il est actionné en exécution de sa donation, le donateur se trouve sous le coup d'une instance en revendication de l'objet qu'il a donné dans la croyance qu'il lui appartenait.

CHAPITRE III

CALCUL DU QUOD FACERE POTEST.

On peut poser les trois règles suivantes :

1° L'actif du débiteur, et par suite les droits du créancier, s'apprécient au jour du jugement ;

2° Il faut pour le déterminer, ajouter à l'actif réel du débiteur, les biens qu'il a cessé de posséder par dol ;

3° D'une manière générale on peut dire que la condamnation porte sur l'actif brut, sans faire la déduction des dettes.

Ces règles nécessitent des explications assez détaillées.

1er Principe. — L'actif du débiteur et par suite les droits du créancier s'apprécient au jour du jugement.

C'est là une dérogation au droit commun ; on sait en effet

que la *litis contestatio* a pour effet de fixer les droits des parties ;
c'est en effet un principe essentiel de toute législation, que les
droits des parties doivent être déterminés au jour même où la
demande est formée par un créancier diligent, qui ne doit pas,
en principe, souffrir des retards et des lenteurs forcés résultant
du fonctionnement de l'organisation judiciaire.

Or nous trouvons ici une exception à cette règle, et cette
exception s'explique parfaitement, étant donné le but que poursuit le préteur.

Nous savons en effet que le but de cette exception est d'éviter
au débiteur, qui se trouve dans l'une des situations particulièrement favorables que nous venons d'étudier, les rigueurs de
l'emprisonnement, et de l'exécution rigoureuse du droit commun. Mais cette dérogation, motivée par le manque de ressources actuelles du débiteur, doit se mesurer à ces ressources.
La *litis contestatio* a eu beau fixer les éléments tant réels que
personnels du procès, il n'y a pas à se préoccuper ici de cette
règle qui a dire vrai n'est pas mise en question, puisqu'on ne
conteste pas les droits du demandeur, et que l'on se borne à
empêcher que leur exercice dans l'espèce, ne devienne trop
rigoureux.

La procédure française (à supposer que quelque bénéfice
analogue à celui de l'exception *quod facere potest* existait
dans notre législation) aurait fourni un moyen bien simple de
procéder. Le jugement de condamnation est rendu sur les
seuls éléments versés aux débats, et relatifs à l'existence et à
la quotité de la dette, sans préoccupation des rapports personnels entre les parties. Mais sur l'exécution de ce jugement, il
eût suffi d'en référer au président en alléguant qu'il y avait
lieu de sauvegarder le *quod facere potest ;* et alors ce magistrat
eût rendu une ordonnance sur cette exécution, de manière à
garantir provisoirement le débiteur, sauf au créancier au cas
où il eût voulu contester la qualité de ce dernier, à se pourvoir
au principal pour demander que le jugement de condamnation
reçût sa pleine et entière exécution. Telle n'était pas la procédure romaine, l'exécution se mesurait à la *condemnatio* prononcée par le juge, sans qu'on pût la paralyser ; il était donc

nécessaire que celle-ci ne pût, relativement à certains débiteurs que l'on voulait protéger, s'étendre au delà de leurs ressources actuelles. Or comme le patrimoine du débiteur peut varier du jour de la *litis contestatio* au jour du jugement, soit qu'il se soit amoindri, soit qu'au contraire il ait reçu des augmentations, c'est à ce jour-là qu'il faut l'évaluer; c'est donc dans la *condemnatio* qu'il doit figurer. L'insertion de l'exception dans la formule aurait été inutile bien souvent, si l'avoir du débiteur avait dû être évalué tel qu'il pouvait être au moment de la *litis contestatio*, lorsque sa fortune aurait diminué au cours du procès.

C'est ce que nous dit Ulpien, loi 63, § 6 D., *Pro socio* (17, 2), à propos de l'associé et nul doute qu'il ne faille étendre cette décision aux autres cas.

. Cette règle est d'ailleurs tellement rationnelle, qu'elle s'imposerait en l'absence même de texte, par des raisons d'analogie. C'est ainsi que la loi 30, pr. et la loi 47, § 2 D., *De peculio* (15, 1), nous disent à propos du fils de famille, qu'il y a également à se placer au jour du jugement, pour apprécier la condamnation pouvant frapper le pécule, alors qu'il se trouvait diminué au cours de l'instance. Ce sont donc dans des hypothèses analogues, les mêmes principes à appliquer.

2° — L'avoir du débiteur comprend, outre l'actif réel, ce qu'il a cessé de posséder par dol.

C'est là une des applications de la règle générale posée au titre *De regulis juris* (Liv. 50. T. XVII, D., Loi 131): «*Dolus pro possessione est.*» Par exemple, en matière de revendication, celui qui a cessé de posséder par dol est réputé posséder encore, et traité comme tel.

Mais dès le début se pose une objection. N'avons-nous pas vu que la condition essentielle de l'obtention de ce bénéfice, est la bonne foi du débiteur, et que celui qui est coupable d'un dol ou d'un délit, pérd le bénéfice de l'exception? Comment dès lors concilier la règle posée plus haut avec le principe actuel?

L'objection n'est qu'apparente ; nous avons supposé plus haut qu'il s'agissait soit d'un délit, soit d'un dol se rattachant à la formation du contrat principal lui-même ; il ne s'agit ici que des manœuvres qui auraient pu avoir pour but de distraire des objets du gage général des créanciers ; la peine se trouve alors dans la règle que nous formulons, c'est-à-dire en quelque sorte le rapport de ces objets pour le calcul de l'actif.

La règle est d'ailleurs certaine. Nous la trouvons formulée dans la loi 63, pr., § 7 et dans la loi 68, § 1 D., *Pro socio* (17, 2). La loi 63 est très explicite : « Un associé est réputé avoir comme actif ce qu'il a cessé de posséder par dol ; et en effet il ne serait pas équitable que le dol d'une personne allégeât sa condition ; cette idée doit être entendue de tous ceux qui sont poursuivis dans la mesure de leurs moyens. Si cependant le débiteur a cessé de posséder non par dol, mais par sa faute, il faut dire qu'il ne doit pas être condamné au delà de ses moyens. »

Le texte pose donc une règle générale, c'est que dans tous les cas où l'exception peut recevoir application, elle doit être refusée à celui qui a cessé de posséder par dol, et dont l'intention frauduleuse a été ainsi de diminuer le gage de ses créanciers.

Mais en même temps il fait naître une difficulté : il nous dit que le débiteur qui n'a commis qu'une faute, ne doit pas être condamné au delà de ses moyens ; or question de savoir ce qu'il faut entendre par cette faute dont le débiteur n'est pas répréhensible au point de vue qui nous occupe ?

On sait qu'en général la faute lourde est assimilée au dol : « *Magna negligentia, culpa est ; magna culpa, dolus est* » (Loi 226, D., *De verb. sign.* 50, 16 ; Loi 223, *eod.* ; Loi 32, D., *Depositi*, 16, 3). Et en effet, nous disent les textes, la faute lourde est *proxima doli*, voisine du dol.

Or, faut-il dire qu'il y a lieu d'appliquer ces principes dans notre espèce ? On admet généralement que non, en présence de la généralité du texte d'Ulpien, et cette décision se comprend fort bien. Dans les cas ordinaires où s'applique la théorie des fautes, il s'agit d'un fait relatif à la formation d'un contrat, que l'on reproche à l'un des contractants. Celui-ci a commis l'une de ces erreurs graves, consistant à se tromper là où personne ne l'aurait fait. Il a de la sorte causé un préjudice dont il doit être tenu, car cette erreur est vraisemblablement volontaire de sa part, ou doit être tenue pour telle ; c'est presque un dol. Il n'en est plus de même ici ; c'est dans la gestion de sa fortune que le débiteur a commis une faute lourde, impardonnable si l'on veut, mais qui ne présente pas cependant l'intention frauduleuse de nuire à ses créanciers ; la dissipation de son patrimoine n'est pas un dol, il ne faut donc pas lui refuser l'exception.

On peut rapprocher ici la manière dont la loi traite le dol ainsi commis, et celui qui se réfère à la formation du contrat. Dans ce cas la loi est très sévère et refuse l'exception au débiteur : dans le second cas, au contraire, le dol n'avait pour effet que de diminuer l'actif ; la loi est moins rigoureuse. De même aussi quant à l'appréciation de la faute lourde : celle qui n'est relative qu'à la perte du patrimoine est traitée moins sévèrement et n'enlève pas le bénéfice de l'exception.

Enfin on peut se demander s'il faut faire entrer dans le calcul de l'actif, les biens que le débiteur a négligé d'acquérir. Or, il est bien certain que non. Nous savons en effet, en ce qui concerne l'action Paulienne, qu'elle est refusée aux créanciers quand le débiteur en fraude de leurs droits a simplement négligé de s'enrichir (Loi 6 pr., D., *Quæ in fraud. cred.*, 42, 8), et à plus forte raison devait-il en être ici de même des personnes qui avaient le bénéfice de l'exception, méritant plus d'intérêt que le *fraudator* (Loi 68, § 1 D., *Pro socio*, 17, 2 ; Loi 134 pr., D., *De regulis juris*, 50, 17).

Il reste à déterminer comment se fait le calcul de l'actif net.

Il y a lieu de comprendre dans l'actif les droits de propriété du débiteur, ce dont il est possesseur de bonne foi, et aussi ses droits incorporels (Loi 46, D., *De verb. signif.*, 50, 17).

Il faut qu'il s'agisse de créances pures et simples, ou de créances à terme. En effet ces dernières, bien que ne faisant pas actuellement l'objet d'un droit exigible, n'en constituent pas moins dès maintenant pour le créancier, un droit dès à présent certain et appréciable.

Mais nous n'en dirons pas autant des créances condition-

nelles, qui n'entrent pas en compte dans le calcul de l'actif
(Loi 28, D., *Sol. mat.*, 24, 3). Cela s'explique si l'on songe au but
visé par l'exception ; on veut évaluer d'une manière exacte
l'actif du débiteur dont il peut actuellement disposer ; or, quant
à présent, cette créance conditionnelle n'est pas un droit certain,
et son recouvrement est éventuel. — Remarquons d'ailleurs
que le débiteur n'a rien à gagner à cette omission, car s'il
arrive que dans la suite cette créance puisse être recouvrée,
elle fera partir de son nouveau patrimoine, lequel, comme nous
le verrons reste le gage de ses créanciers, jusqu'à ce qu'ils
soient intégralement désintéressés.

Remarquons en passant que l'on avait suivi une autre règle
pour les créances conditionnelles en ce qui concerne le calcul
de la *quarte Falcidie* (Loi 73, § 3 et 4, *Ad leg. Falcid.*, D., 35, 2).
Dans ce cas en effet, ou bien l'on comptait la créance comme
elle avait été pure et simple, ou bien on l'omettait purement
et simplement, sauf comptes ultérieurs entre héritiers ou légataires à l'échéance de la condition.

En ce qui concerne les créances corréales, il n'y a pas lieu de
les faire entrer dans le calcul de l'actif, car on ne peut savoir
quant à présent si elles feront partie de l'avoir du débiteur. Il
en serait autrement, bien entendu, si le débiteur était associé
avec le *correus*, car dans ce cas, il a toujours droit à sa quote
part de la créance, droit dès maintenant certain et pouvant
entrer en compte.

Enfin il y a lieu d'omettre les créances contre les insolvables,
le débiteur ne pouvant raisonnablement être considéré comme
les ayant dans son actif réel.

Nous dirons donc d'une manière générale que l'on fait entrer
dans cet actif tous les droits dès à présent certains et facile-
lement appréciables ; on en écarte au contraire toutes les
créances conditionnelles et irrecouvrables quant à présent ; car
il faut se rendre compte de l'avoir exact du débiteur pour
apprécier ses ressources réelles, et éviter que la condamnation
ne dépasse le *quod facere potest ;* au cas contraire, le débiteur
ne profiterait pas réellement du bénéfice de l'exception qui
deviendrait illusoire.

3° — La condamnation porte en principe sur l'actif brut, c'est-à-dire sans faire déduction des dettes.

Au premier abord il apparaît que le bénéfice de l'exception serait plus complet et plus efficace, si l'actif s'appréciait déduction faite des dettes des autres créanciers. Prenons un exemple pour fixer les idées. Un débiteur doit 1000 et ne possède que 900 ; il doit 500 à un créancier ordinaire, et en outre 500 à un titre qui lui permet de demander le bénéfice de l'exception. Supposons que l'on déduise la dette du créancier ordinaire, il se trouvait posséder un reliquat de 400 pour payer sa dette favorisée ; mais de la sorte il échappe à jamais aux poursuites du premier créancier. Si au contraire on ne fait pas cette déduction, le premier créancier n'ayant reçu que 450 sur sa créance de 500, usera des voies rigoureuses d'exécution, et alors on se demande à quoi aura servi au débiteur le bénéfice de l'exception, qui ne fait en somme que changer le nom du créancier à la requête de qui il sera exécuté, sans modifier en réalité sa situation.

Il y a cependant une raison péremptoire pour dire qu'en principe il n'y a pas lieu de déduire les dettes ; c'est qu'en effet le résultat de ce calcul serait de faire bénéficier gratuitement les créanciers ordinaires d'une partie du patrimoine de leur débiteur, qui se trouvait naturellement le gage commun de tous les créanciers dans la même mesure pour chacun. On favoriserait ce créancier non pas au profit du débiteur commun qui se trouverait dans tous les cas perdre tout son patrimoine, mais certainement au détriment d'un créancier qui abandonnerait une partie de son gage, lequel irait grossir le dividende des premiers. C'est ce que l'on ne pouvait admettre. Aussi voyons-nous que la loi 16, D., *De re judicata* (42, 1), en énumérant les personnes à qui l'on peut opposer l'exception, nous dit qu'il y a lieu de déduire les dettes (Cf. Loi 49, § 1 ; Loi 19 pr. et § 1, *eod.* ; Loi 53, § 1 D., *Sol. mat.*, 24, 3 ; *contrà*. Loi 63, § 3 D., *Pro socio*, 17, 2.)

Sans doute le débiteur ne sera pas protégé autant qu'il pour-

rait être désirable. Mais nous sommes en présence d'un insolvable, qui se trouve dans la condition commune à tous les
débiteurs dans ce cas. La loi ne pouvait faire qu'une chose,
c'était d'éviter que l'exécution fût poursuivie à la requête de
certaines personnes, en raison des égards qu'elle devaient au
débiteur : elle ne pouvait pas lui créer pour cela une situation
contraire au droit commun.

En ce qui concerne les créanciers, ils ne pouvaient se plaindre de cette disposition ; ils restent eux aussi dans la situation
du droit commun, c'est ce qu'il y a lieu d'examiner avec quelques détails, et comme je me propose de montrer le fontion-
nement de cette exception, c'est en étudiant les exceptions à
la règle que je viens de poser que je rappellerais la situation
qui leur est faite.

Exceptions au principe que la condamnation en vertu du quod facere potest se calcule sur l'actif brut.

1° *Il y a lieu de déduire les dettes constatées par un précédent jugement.*

C'est ce que nous dit la loi 19, pr. D., *De re judicata* (42, 1) :
« Parmi ceux envers lesquels le débiteur est obligé dans des
circonstances identiques, la condition du *premier occupant* est
la meilleure, et on ne déduit pas ce qui peut être dû aux
créanciers au même titre que lui ; il en est de même dans l'action *de peculio,* car là aussi la condition du premier occupant
est la meilleure ; mais même si l'action est intenté contre un
patron ou contre un ascendant, il ne faut pas faire déduction
des dettes ; mais principalement on ne déduit pas ce qui peut
être dû aux créanciers, à qui on eût pu opposer l'exception, tels
que les enfants, les affranchis. »

Nous voyons dans ce texte, que le créancier qui le premier
prend jugement, et que le texte appelle premier occupant, ne
risque pas de se voir opposer l'exception. Remarquons qu'il est
nécessaire pour cela qu'il y ait un jugement, car il ne suffirait
pas que le procès fût engagé ; la *litis testatio* ne peut en effet
avoir pour résultat de déterminer les droits du créancier ; « Ce-

lui-là, dit Gaius (Loi 10, D., *De peculio*, 15, 1) est censé avoir un
droit acquis de priorité (*occupare*), non pas qui a le premier
engagé le procès, mais qui le premier a obtenu jugement. »

Le texte vise surtout le concours de personnes à qui l'exception pourrait être également opposée, et nous dit que dans ce
cas la situation du premier occupant est préférable. Il est hors de
doute que le texte doive être étendu à tous les cas, et la loi 16
(*eod.*) nous autorise suffisamment à le penser. Ce que l'on veut
protéger, c'est le créancier vigilant qui met ses droits à l'abri en
prenant jugement; il importe peu de savoir à quel titre, la fin
du texte l'indique nettement.

Nous pouvons remarquer que le droit français n'a rien conservé de cette théorie, de la préférence des droits les premiers
acquis et consacrés, sauf en ce qui concerne les créances
hypothécaires. Il arrive ainsi que le créancier qui fait les frais
nécessaires pour prendre le premier jugement, qui a les ennuis
et les responsabilités de l'exécution des biens du débiteur et des
mesures qui s'en suivent, n'est pas mieux favorisé lors de la
contribution qui s'ouvrira, que le créancier négligent, qui au
dernier moment se sera borné à produire sur la sommation
qui lui aura été faite. C'est là une des conséquences de cette
distinction si essentielle de notre droit, et si peu rationnelle
cependant, des droits mobiliers et des droits immobiliers; et
l'on ne saurait dire, je pense, que sur ce point, notre droit
soit en progrès sur le droit romain.

Le texte enfin nous rappelle une analogie avec l'action *De peculio*. Dans ce cas aussi on déduit du montant du pécule, les
sommes dues aux personnes qui ont obtenu une condamnation
antérieure; mais il est bon de remarquer que dans ce cas le
père de famille, ou le maître, vis-à-vis du fils ou de l'esclave,
sont toujours censés *prius occupare*. Il en serait autrement
nous dit le texte, si le fils ou l'affranchi agissaient contre eux
à raison d'une action, contre laquelle ils eussent pu demander
l'exception *Q. F. P.*, car dans ce cas il n'y a pas lieu de faire
déduction des dettes, et ils ne sont pas censés avoir la position de premier occupant.

2° *A l'occasion de procès entre associés, on déduit les dettes contractées pour la société elle-même.*

« Il n'y a pas lieu de déduire les autres dettes, mais seulement celles nées de la société elle-même » (L. 63, § 3 D. *Pro socio* 17,2). Nous supposons que l'un des associés ait contracté une dette dans l'intérêt de la société; poursuivi par son coassocié soit par l'action *pro socio*, soit par l'action *communis dividundo* (V. *suprà*, p. 12), il aura contre lui l'exception *Q. F. P.*; et il aura le droit de faire tenir compte à son coassocié, de la part qui lui incombe personnellement dans la dette ainsi contractée; ce sera cette proportion qu'il y aura lieu de déduire de son passif. Il suffit d'exposer la règle, qui s'impose, étant donné le caractère de bonne foi du contrat de société, le coassocié devant en définitive tenir compte des dettes contractées pour partie dans son propre intérêt.

Ulpien (Loi 63, § 5, *eod.*) nous donne une application de cette règle : « Alors qu'il y avait trois associés, l'un d'eux a intenté une action contre un des membres de·la société et a obtenu sa part entière; puis le second agit contre le même associé défendeur, et ne peut obtenir sa part entière parce que le défendeur n'a plus les moyens suffisants. Est-ce que celui des deux associés qui a obtenu moins que le premier, peut agir contre celui qui a obtenu le tout, pour faire mettre en commun les deux parts obtenues, et pour rendre égales les parts de chacun, par cette raison qu'il y aurait iniquité à ce que l'un des associés eût plus, l'autre moins, en vertu du même contrat de société? — Il est préférable de décider que par l'exercice de l'action *pro socio*, l'associé moins heureux puisse obtenir l'égalité des parts : cette décision est équitable. »

C'est donc une restriction au droit du premier occupant; mais cette décision se motive sur des raisons qui n'infirment en rien la théorie ci-dessus exposée, mais simplement sur des considérations particulières entre créanciers, entre lesquels existe un *jus fraternitatis* impliquant égalité de condition dans leurs rapports d'intérêt. Ce n'est donc pas une véritable déduction des dettes. L'associé qui a le premier obtenu condamnation voit diminuer le montant de ce qui lui est attribué, par une considération toute nouvelle, et cela ne ressemble que dans ses effets seulement, au résultat produit par exception *quod facere potest.*

3° *Le fils de famille émancipé ou exhérédé.*

On déduit les dettes contractées par lui depuis la dissolution de la puissance paternelle, et ce, au profit des créanciers postérieurs (L. 3, D. *Quod cum eo,* 14,5).

Il y a, en effet, en ce qui le concerne deux sortes de créanciers, ceux antérieurs à l'émancipation, ceux postérieurs. Les premiers n'ont dû compter comme gage de leur créance, que sur le patrimoine qui devait échoir à leurs débiteurs, par suite de l'hérédité paternelle, les dettes qu'il a contractées, comme les acquisitions qu'il a faites, étaient censées relatives à ce patrimoine. Il n'était pas juste dès lors de faire concourir ces créanciers avec ceux postérieurs à l'émancipation, qui avaient contracté sur la foi qu'ils accordaient à la solvabilité actuelle et personnelle de leur débiteur; ceux-ci ne devaient donc pas être menacés de voir payer à leur détriment les dettes antérieures.

Faut-il admettre pour les créanciers antérieurs la déduction des dettes?

Le texte nous autorise suffisamment à décider que non. En effet il nous dit seulement « que la condition la meilleure sera celle du créancier qui a le premier obtenu jugement, » ce qui implique que les autres créanciers verront réduire proportionnellement leur créance, par l'affectation d'un actif insuffisant, au paiement du passif, en tenant compte également pour les réduire dans la même mesure, de toutes les dettes. Et pour compléter cette idée, le texte nous signale qu'il y aura lieu de déduire les dettes privilégiées. On comprend très bien qu'en mettant en dehors du calcul les créances garanties par un privilège, celles-ci se trouvent parfaitement garanties quand il plaira au créancier de les exercer; cette règle est d'ailleurs générale.

Nous disons donc que les dettes privilégiées seront mises sur la même ligne que la créance de celui qui avait le premier pris jugement, et seront traitées de même. Cependant on a voulu donner une autre explication du texte, et l'on a prétendu qu'il voulait dire que dans tous les cas le droit du premier occupant ne pourrait ainsi s'exercer que lorsqu'on aurait préalablement fait la déduction des dettes privilégiées. Au point de vue qui nous occupe spécialement, cette interprétation conduit à la même théorie ; il n'y a donc pas lieu de s'y arrêter.

4° *Le donateur poursuivi par son donataire, déduit les dettes contractuelles* (Loi 19, § 1, D., *De re jud.*, 42, 1).

« Celui qui est poursuivi comme donateur est condamné *in Q. F. P.* ; il déduit les dettes ; c'est une faveur réservée à lui seul. Mais entre ceux à qui il est dû de l'argent pour une cause semblable, la condition du premier occupant est la meilleure. Bien plus, je pense qu'il ne faut pas lui enlever tout ce qu'il a, mais qu'il faut lui tenir compte aussi de ce qui est nécessaire pour qu'il ne soit pas réduit au dénûment absolu. » (Cf. Loi 49, D., *eod.* ; Loi 54, D., *Sol. mat.*, 24, 3 ; Loi 12, D., *De donat.*, 39, 5).

Ces divers textes nous permettent de faire ressortir certaines règles relatives au donateur.

a. Le donateur ne doit être condamné que sur l'actif net. La raison, Paul nous la donne dans la loi 49 (*suprà*) : « nous devons secourir plus largement le donateur que celui qui paie une véritable dette. » Il y a là une certaine exagération de forme, car il est évident que la dette née d'une donation possède une existence bien réelle, et bien déterminée. Cependant, il n'en est pas moins certain que le donateur n'est pas un débiteur de condition ordinaire, car il n'a rien reçu en échange du contrat par lequel il s'est obligé ; par suite il mérite quelque faveur de la loi.

Il y a d'ailleurs une autre raison. Nous avons vu que le principe de la non-déduction des dettes, avait pour résultat de maintenir l'égalité entre les créanciers, sauf les exceptions que nous étudions en ce moment. Or, il est juste qu'il soit fait une exception à l'encontre du donataire. Lorsque le donateur est en présence de ses créanciers, on conçoit que la loi lui donne les facilités de les désintéresser si faire se peut ; le donataire viendra ensuite sur le surplus du patrimoine ; sa créance est moins digne d'intérêt. Nous sommes en présence de créanciers qui *certant de damno vitando*, et d'un donataire qui *certat de lucro captando* ; comme dans le règlement d'une succession nous voyons les créanciers préférés aux légataires, de même ici les créanciers passeront avant le donataire.

b. Mais la portée de la règle ne doit pas s'étendre au delà des motifs qui l'imposent. Aussi devrons-nous dire qu'entre créanciers de même condition le droit commun reprendra son empire, c'est-à-dire que la situation du créancier le plus diligent, et qui le premier aura pris jugement, sera préférable.

Il faut supposer qu'outre les créanciers ordinaires, le débiteur est tenu à raison de plusieurs libéralités qu'il a faites. Entre les donataires, il n'y a pas lieu d'établir de préférences, sinon celles qu'ils se seront eux-mêmes ménagées. Nous dirons donc qu'il n'y a pas lieu à déduire dans le calcul de l'actif les diverses donations, mais que, par contre, préférence est donnée au premier occupant (Loi 12, D., *De donat.*, 39, 5. — Loi 39, D., *De re jud.*, 42, 1).

c. Enfin il y a lieu de laisser au donateur *ne egeat.*

Nous étudierons cette faveur faite au donateur à l'occasion des effets de l'exception *quod facere potest.*

5° *Il y a lieu de déduire les dettes privilégiées.*

Nous avons déjà vu cette exception plus haut sous la loi 3, D., *Quod cum eo* (14, 5). Il n'y a pas de texte absolument formel, mais il est rationnel de l'admettre. D'ailleurs puisque nous avons déjà relevé plusieurs analogies entre notre exception et les règles de l'action *de peculio*, nous pouvons encore citer la loi 52, § 1 D., *De peculio* (15, 1), qui reconnaît formellement la déduction des dettes privilégiées. Nous pouvons donc tenir la règle comme absolument certaine dans le cas qui nous occupe (V. M. Accarias, n° 918, note 1).

CHAPITRE IV

DES EFFETS DE L'EXCEPTION QUOD FACERE POTEST.

Il y a lieu d'examiner les effets de notre exception, soit en ce qui concerne le débiteur qui l'oppose, soit en ce qui concerne les créanciers.

1° A l'égard du débiteur.

L'exception protège plus ou moins pleinement le débiteur, suivant certaines circonstances que nous allons étudier :

1° *Dans certains cas, la* condemnatio *absorbe tout l'actif du débiteur.* On peut se demander alors à quoi aura servi au débiteur cette exception qui, somme toute, ne l'empêche pas d'être dépouillé de l'intégralité de son patrimoine; n'était-ce pas ce qui fût advenu de lui, alors même qu'il n'aurait pas eu l'exception? Où il n'y a plus rien, le créancier perd ses droits. Cependant il serait inexact de dire que le débiteur ne gagne rien ; et en effet il évite les conséquences, et les rigueurs accessoires de la condamnation, ainsi que nous l'avons déjà dit.

Tel sera donc l'effet ordinaire, ce sera d'empêcher le débiteur d'être condamné au delà de ses moyens ; mais la condamnation n'en absorbera pas moins tout l'actif.

Cependant on pourrait supposer un cas où l'exception aurait, au moins en apparence, des effets plus étendus, et où elle ferait que le débiteur ne serait pas condamné du tout; c'est lorsqu'il aura perdu tous ses biens. Scévola (Loi 35, D., *De neg. gest.*, 3, 5), prévoit formellement cette hypothèse à propos du mari. Mais ce n'est pas à vrai dire une restriction à la règle que je formulais, mais bien plutôt une extension aussi peu enviable pour le créancier que pour le débiteur. Disons d'ailleurs que l'hypothèse en fait sera peu pratique, car d'ordinaire les créanciers sont assez prudents, pour ne pas risquer les frais et les ennuis d'un procès, contre un débiteur complètement insolvable.

Le débiteur avait donc le bénéfice de voir sa condamnation

limitée; d'autre part il échappait aux rigueurs de la contrainte par corps, et à l'infamie ainsi qu'aux conséquences qui y étaient attachées.

Mais il n'en était pas moins réduit à la misère la plus absolue; de là, certains tempéraments au profit de débiteurs plus favorables;

2° *Dans d'autres cas, la* condemnatio *n'absorbe pas tout l'actif.*

Cette règle s'appliquait d'abord envers les ascendants, puis envers le donateur; elle est en outre la conséquence directe de la théorie de la cession de biens.

a. Cette règle reçut tout d'abord son application en ce qui concerne les rapports entre ascendants et descendants (Loi 50, D., *De re jud.*, 42, 1). Nous savons en effet, que l'obligation alimentaire existait entre ces personnes; or pourquoi condamner l'ascendant à abandonner tous ses biens, puisqu'il était en droit de diriger aussitôt contre son descendant une demande d'aliments? Il était plus simple de lui laisser tout d'abord à titre d'aliments de quoi subsister.

b. Cela fut ensuite étendu à tous les donateurs. Nous avons déjà vu en effet le texte de Paul (Loi 19, § 1, *De re jud.*), ou il est d'avis qu'il y a lieu d'abandonner au donateur *ne egeat*, c'est-à-dire, ce qui lui est nécessaire pour vivre. Cette faveur se comprend; car, quelle que soit la force du contrat qui l'a constitué débiteur du montant de sa donation, il n'en est pas moins vrai que la cause de cette dette réside dans une pure libéralité, et il ne faut pas que si, des revers de fortune survenant, il se trouve un jour hors d'état d'acquitter sa dette, il soit par l'inexécution même de cette libéralité condamné au-delà de ce qu'il possède.

Je dis par l'exécution même de sa libéralité; car il convient de rappeler ce que nous avons vu déjà au sujet de la déduction des dettes. Le principe de la non-déduction des dettes, dont le but était de maintenir l'égalité entre les créanciers de même condition, recevait échec à l'occasion du donateur, lequel ne paie pas une « véritable dette ». Il est évident par suite, que si ce donateur avait un actif de 1,000, et 900 de dettes proprement dites, et en outre une dette de 200 ayant pour cause une donation, étant donné le principe de la déduction des dettes qui va faire que les créanciers ordinaires seront dans l'espèce intégralement désintéressés, il apparaît bien que c'est la poursuite même du donataire, qui réduira le donateur à la misère.

On ne l'a pas voulu; et c'est ce qui explique que ces deux règles spéciales à notre hypothèse, se complètent l'une par l'autre et s'expliquent mutuellement; dans les cas ordinaires il est bien inutile de laisser au débiteur cette parcelle de patrimoine qui constitue le *ne egeat;* le profit en arriverait non au débiteur, mais à ses créanciers qui auraient là un supplément de gage, et un dividende quelque peu plus considérable sur leurs créances. Peut-être aurait-on pu dire aussi, avec une idée tirée du droit français, que ce *ne egeat*, est incessible et insaisissable, ayant un caractère alimentaire; mais telle n'est pas l'idée romaine. Ce caractère alimentaire n'existe que dans les rapports entre deux personnes déterminées, mais non en soi, et comme un droit opposable à tous les créanciers; en ce qui concerne ces derniers, ce qui aurait pu être ainsi sauvé, devenait incontestablement leur gage.

On peut se demander comment on pouvait apprécier la quotité de ces biens formant le *ne egeat.* Cette évaluation était forcément variable et laissée à l'arbitraire du juge. Il y avait lieu de tenir compte tant de la situation du donateur que de celle du donataire (Loi 174, D., *De regulis juris,* 50, 17). Ce que l'on peut dire, c'est que cette portion ainsi distraite du patrimoine du donateur insolvable, ne devait pas être bien considérable; la loi 30, D., *De re judicata,* parle de « *sufficiens aliquid* », et les mots eux-mêmes *ne egeat* indiquent bien qu'il ne s'agit que d'un émolument bien peu considérable (Comp. sur ce point, art. 208 et suiv. C. c.).

c. J'ai dit enfin que le débiteur qui avait fait cession de biens, se trouvait également pouvoir conserver quelque chose.

Nous avons vu en effet que le débiteur qui a fait cession de biens ne peut pas, au lendemain de cet abandon, être inquiété à nouveau sur les produits de son industrie; il faut pour que des poursuites nouvelles aient lieu, qu'il ait acquis *aliquid idoneum emolumentum;* jusque-là il aurait l'exception.

Mais alors même qu'il aura fait des acquisitions nouvelles, il n'y a plus lieu de le traiter avec une extrême rigueur, et il faut, sur ces nouvelles poursuites, lui laisser ce qui lui est nécessaire à titre d'aliment (Loi 6, **D.**, *De bonis cessis*, 42, 3). Il importe en effet de ne pas décourager complètement ce débiteur qui veut relever sa fortune pour acquitter ses dettes, et qui a d'ailleurs fait cession de biens. Cette faveur est une extension naturelle de l'idée même, qui avait fait admettre le système de protection résultant de la cession de biens.

Ces hypothèses se comprennent parfaitement, et l'on conçoit que l'on ait pu laisser soit au donateur, soit au débiteur qui a fait cession de biens, de quoi subsister, puisque cet abandon lui profitait forcément : il y a dans ces hypothèses un système d'ensemble parfaitement coordonné.

Mais ne pourrait-on pas croire que dans le droit de Justinien, il y ait eu une innovation étendant cette faveur à tous les cas? Ce qui permet de le supposer, c'est la rédaction de la loi 173, **D.**, *De regulis juris* (50, 17).

« Quand il s'agit de condamner l'une des personnes qui ont le bénéfice de l'exception *Q. F. P.*, on ne doit pas leur ôter tout ce qu'elles ont : mais on doit par égard pour elles, leur laisser *ne egeant.* »

Ce texte, que le Digeste rapporte comme étant de Paul, est en contradiction formelle avec la loi 16, *De re judicata*, du même jurisconsulte, qui n'accorde cette faculté qu'au donateur. Il faut donc y voir une modification faite par Justinien, dont l'intention, comme dans beaucoup d'autres cas, était meilleure que les actes. Dans un but d'humanité, il a voulu étendre à tous les débiteurs qui ont l'exception, la règle qui devait leur laisser l'indispensable pour vivre, et c'est ce que nous dit la loi 173, mais il a laissé sa réforme inachevée. Ce qu'il eût fallu alors, c'eût été de modifier les règles mêmes d'application de l'exception. Car, ainsi qu'on l'a vu plusieurs fois déjà, l'abandon *ne egeat* ne se comprend qu'avec déduction préalable des autres dettes, sinon ce qui est ainsi soustrait à un créancier, ne profite non pas au débiteur, mais aux autres créanciers dont la part s'augmente d'autant.

On pourrait cependant supposer deux hypothèses ou la réforme de Justinien put atteindre le résultat qu'elle se proposait ; c'est quand le demandeur est seul créancier ; ou bien encore quand tous les créanciers sont de ceux à qui on peut opposer l'exception. Comme on le voit, ces hypothèses, la seconde surtout, sont peu pratiques.

M. Accarias (t. II, p. 1259) formule une autre hypothèse : Mon avoir est de 400 sous d'or ; j'ai des dettes ordinaires jusqu'à concurrence de 300 ; de plus je dois 100 à un associé. Si cet associé ne me poursuivait qu'après tous les autres créanciers, il se trouverait en face d'un actif égal à sa créance, et par conséquent devrait me laisser quelque chose, par exemple 20. Supposons donc qu'il agisse avant tous les autres. Ne devra-t-on pas admettre le même résultat, puisque ce qu'il obtiendra de moins me restera certainement ? L'hypothèse est très ingénieuse, et il n'y a pas de raison pour l'écarter.

2° A l'égard des créanciers.

L'effet immédiat de l'exception lorsqu'elle est reconnue fondée, est de ne faire condamner le débiteur que dans la mesure de ses moyens, et même d'entraîner la libération du débiteur qui ne possède rien ; nous voyons donc que par contre-coup le droit du créancier recevra une atteinte égale à la faveur accordée au débiteur.

Mais faut-il dire que le droit des créanciers ainsi limité, parfois même ainsi entièrement paralysé, est absolument perdu, et que le débiteur sera renvoyé des fins de la demande, entièrement libéré, soit par l'abandon de l'actif actuel, soit même purement et simplement au cas ou il ne possède plus rien ?

Cela pourait paraître inique ; car l'exception Q. F. P. n'a pas à vrai dire le caractère des exceptions ordinaires, susceptibles de faire rejeter la demande d'un créancier, et fondées en général sur les circonstances dans lesquelles a pu naître la créance donnant lieu à l'action paralysée par une exception, ou bien dans lesquelles la dette a même pu être éteinte. Dans notre hypothèse, on ne conteste même pas le droit du créancier, et même, il faut tout d'abord le reconnaître à peine de perdre le bénéfice de l'exception, ainsi que nous l'avons vu ; on se borne seulement à exciper de circonstances favorables, et de relations personnelles entre certains créanciers et certains débiteurs. Faut-il dire dès lors que l'exception ayant été reconnue par le juge comme fondée, le droit du créancier est définitivement limité à un dividence déterminé et complètement perdu pour le surplus?

La raison de douter vient de l'organisation du système de procédure à Rome. Nous savons en effet, que le droit du créancier est épuisé par le *litis contestatio*, qui en produit novation, et ne lui donne plus que le droit à une condamnation contre le débiteur. C'est ce que dit Gaius (III, § 180), et il ajoute : « C'est ce que nos anciens auteurs exprimaient en disant : *ante litem contestatam dare debitorem oportere, post litem contestatam condemnari oportere, post condemnationem judicatum facere oportere.* »

Nous arrivons donc à dire que le créancier ayant, dans le droit classique, vu son droit de créance nové par la *litis contestatio*, pour obtenir en échange le droit à une condamnation éventuelle, ce droit de condamnation se trouvant d'autre part limité par une exception née du *quod facere potest,* le droit du créancier devait se trouver complètement épuisé, bien qu'il n'eût pas obtenu tout ce que lui était dû.

Il est certain que ce système allait à l'encontre du but poursuivi ; il devait donc y avoir des tempéraments apportés par la pratique ; nous allons les étudier.

Tout d'abord il pouvait arriver que le demandeur reconnût le droit dont prétendait exciper le défendeur, et dans ce cas, il avait un moyen très simple de se garantir de la perte intégrale de sa créance. Il lui suffisait en effet de faire mettre dans la formule une *præscriptio* ainsi conçue : « *ea res duntaxat agatur in id quod N. N. facere possit* », il ne portait en justice qu'une partie de son droit correspondant précisément à l'actif actuel du débiteur ; le reste de sa créance subsistait intégralement.

Mais il se pouvait que le créancier se crût de bonnes raisons pour contester la prétendue qualité du débiteur. Que devait faire le juge? Placé dans l'alternative ou bien de voir perdre le droit des créanciers lequel est bien certain, ou de condamner le débiteur au delà de ses moyens, il pouvait hésiter à prononcer une sentence, qui devait léser forcément l'un de ces deux droits également respectables. Dans une situation analogue, à propos de l'action *de peculio*, le demandeur n'était réputé déduire en justice son droit, que jusqu'à concurrence des valeurs qui composent le pécule au jour de la condamnation ; de sorte que si plus tard le pécule faisait de nouvelles acquisitions il pourait y avoir de nouvelles poursuites.

Dans notre hypothèse, au contraire, le droit tout entier est déduit en justice, et cependant le créancier n'obtient pas satisfaction. On imagina alors d'exiger du débiteur qui voulait se prévaloir de l'exception, une caution, c'est-à-dire une promesse personnelle d'acquitter le surplus de la dette le jour où il reviendrait à meilleure fortune.

Remarquons en effet, que la *deductio in judicium* qui avait pour résultat d'éteindre la dette, n'en avait pas moins comme restriction le maintien d'une obligation naturelle pour la part de la créance déduite en justice et non comprise dans le *condemnatio* ; cela suffisait à supporter une obligation civile telle qu'une *cautio*, c'est-à-dire cette promesse personnelle du débiteur qui trouvait ainsi une cause suffisante.

Il semble naturel d'admettre cependant, que, dans le cas où la dette originaire était garantie par des fidéjusseurs, il faille dire qu'ils devaient intervenir pour *satisdare*, c'est-à-dire pour donner leur garantie personnelle, accessoire à l'obligation du débiteur principal qu'ils cautionnaient; on ne comprendrait pas en effet, que les créanciers puissent ainsi, sans avoir été désintéressés, perdre les garanties qu'ils s'étaient stipulées.

Sur cette *nuda promissio* (V. Loi 63, § 4 D., *Pro socio*, 17, 2 ; Loi 47, § 2 D., *De peculio*, 15, 1 ; Loi *unic.*, § 7 C., *De rei uxoriæ*, 5, 13), « on se demande s'il n'y a pas lieu à une caution portant sur les valeurs que l'associé défendeur ne peut pas payer ; j'entends une *nuda promissio*. Et je pense qu'il faut admettre que si ». (Loi 63, § 4.)

J'ai dit que le débiteur devait *cavere ;* c'est qu'en effet son obligation est éteinte civilement, mais subsiste comme obligation naturelle; sans cela, cette *cautio*, cette obligation nouvelle qu'il contracte n'aurait pas sa raison d'être. Le cause de cette obligation nouvelle se trouve donc dans une obligation naturelle qui a survécu à la *litis contestatio*, attendu que le droit n'est pas réellement éteint au point de vue de l'équité.

Mais il suffit d'une *nuda promissio*. C'est qu'en effet il serait difficile au débiteur insolvable de trouver des fidéjusseurs. D'ailleurs il n'y a pas lieu d'améliorer la condition du créancier, ce qui arriverait si l'on faisait intervenir la garantie d'un tiers, alors que l'obligation originaire n'avait pas cette garantie. Ce serait en fait rendre l'exercice de l'exception complètement impossible dans la plupart des cas.

DROIT DE JUSTINIEN.

Dans le droit de Justinien, le *litis contestatio* n'opère plus extinction du droit du demandeur; le créancier conserve civilement ses droits pour tout ce qu'il n'a pas obtenu sur la première condamnation.

Il semble donc que la conséquence de cette nouvelle théorie devait être de ne plus exiger cette caution pour le surplus de la dette.

Telle ne semble pas cependant avoir été la pratique suivie. La loi 1, § 7, C., *De rei uxoriæ* (5, 13), nous indique, en effet, que le mari devra *cavere* pour la portion de la dette qu'il ne peut pas actuellement payer.

Il ne faut pas, je crois, chercher à relever contre ce texte une inconséquence apparente. On sait en effet que les habitudes des praticiens ne changent pas aussi vite que les réformes législatives, et que de longues pratiques survivent et se maintiennent, contrairement à l'esprit des lois nouvelles, alors d'ailleurs qu'elles ne sont pas en contradiction avec un texte formel; les superfétations ne sont pas rares non plus, et il est vraisemblable que telle avait été la véritable raison d'être de ce texte.

D'ailleurs, ainsi que le fait remarquer justement M. Accarias, cette caution avait un certain intérêt : c'était de préciser dès maintenant le droit dont l'exercice pourra s'ouvrir éventuellement par la suite pour le créancier, et d'en déterminer le *quantum;* ce qui peut présenter un certain intérêt. On évitera ainsi des débats peut-être difficiles, sinon impossibles à résoudre exactement, alors que pour le moment les parties sont priées de s'entendre pour convenir de leurs droits respectifs (T. II, n° 919.)

CHAPITRE V

CARACTÈRES DE L'EXCEPTION QUOD FACERE POTEST.

1° — Il y a lieu de se demander tout d'abord si nous sommes en présence d'une véritable exception; plusieurs raisons d'en douter.

1° Certains textes la qualifient de *beneficium* (Loi 13, *Sol. mat.*, D. 24, 3). Ulpien nous dit dans la loi 12 que le mari ne sera condamné que dans la limite de ses moyens, et Paul ajoute dans la loi 13 que le *bénéfice* est personnel et s'éteint avec la personne.

Il ne faut pas voir dans cette terminologie une objection bien sérieuse. On veut dire simplement qu'il s'agit d'une mesure individuelle. D'ailleurs il y a des analogies; ainsi le bénéfice de division se réalise sous la forme d'une exception (Exception *si non et illi solvendo sint*). De même le bénéfice de cession d'actions.

2° Si l'on va au fond des choses, on trouve une objection plus sérieuse. C'est que cette faveur, ce bénéfice ne réponde pas à l'idée que l'on se fait ordinairement des exceptions. Le droit du demandeur n'est pas mis en question; or, Gaius nous donne comme définition de l'exception (IV, § 119) : « L'exception est un moyen proposé par le défendeur et dont le résultat est de rendre la condamnation conditionnelle », de sorte que si l'exception est reconnue, le débiteur sera absous. Mais en ce qui nous occupe, le résultat sera tout autre, puisque le défendeur sera toujours condamné, (excepté le cas peu pratique où il n'aurait aucun actif). — Cette objection cependant n'est pas mieux fondée. Il est bien vrai, ainsi que Gaius nous le dit à l'occasion de l'exception de dol et l'exception *non numeratæ pecuniæ,* que le résultat ordinaire de l'excep-

tion reconnue fondée sera de faire rejeter la demande, et il
ne saurait en être autrement, si par exemple, le défendeur
allègue et démontre que l'argent n'a pas été réellement
compté. Mais dans certains cas l'exception peut n'avoir pour
effet que de diminuer la condamnation. C'est ce que nous dit
Paul (Loi 22, D., *De except.*, 44, 1) : « L'exception est une
condition qui a pour effet, soit de faire débouter le demandeur
de son action en condamnation, soit de diminuer cette condamnation. » D'ailleurs toutes les exception dilatoires n'ont-
elles pas pour résultat de faire ajourner la condamnation,
sans cependant mettre le juge dans l'alternative de condamner
ou d'absoudre? L'argument tiré de la définition donnée par
Gaius n'est donc pas déterminant.

3° On a tiré une autre objection tirée de ce que le *quod facere
potest* s'appréciait au jour de la sentence; or, dit-on, les
exceptions figurent dans la *litis contestatio;* elle doivent exister
à cette date, et c'est aussi à cette date que leurs effets doivent
s'apprécier. Cela est exact; mais toutefois n'est pas absolu. Nous
trouvons en effet dans l'exception de dol un exemple d'exception pouvant naître, *post litem contestatam* (Loi 11, pr., D.,
De except. doli mali, 44, 2). Le juge pouvait en effet prendre
en considération même le dol commis *inter moras litis*, aussi
bien que le dol antérieur.

4° Enfin, dit-on, l'exception doit se trouver dans la formule
après l'*intentio*. C'est ce que nous dit Ulpien (Loi 1, D., *De
except.*, 44, 1) : « L'exception est une sorte de fin de non-recevoir qui est opposée à l'action du demandeur par le défendeur,
et dont l'effet est de faire rejeter ce qui est déduit dans l'*intentio*, ou dans la *condemnatio*. » Et comme la *condemnatio*
reproduit l'*intentio*, il faut que le moyen de défense tende à
exclure ce qui a dû nécessairement être déduit dans l'*intentio*.

Il est certain qu'à prendre ce texte à la lettre, l'objection
perd toute sa valeur. Mais ainsi que nous venons de le voir dans
un texte de Paul (L. 22, D., 44, 1), il se peut que l'exception n'ait
pour effet que de faire diminuer la comdamnation, et cependant le droit entier était compris dans l'*intentio*. Ce dont il est
important de se rendre compte, c'est qu'il était impossible en

ce qui concerne l'exception *Q. F. P.* qu'elle fut écrite ailleurs que dans la *condemnatio*, puisqu'elle a pour objet de faire que cette *condemnatio* n'excède pas les ressources du débiteur. Comme elle ne touche pas au fond du droit déduit en justice, elle n'avait pas à figurer dans l'*intentio*; mais sa place était toute indiquée dans la *condemnatio*. Cette anomalie n'est donc pas telle qu'elle empêche de classer notre bénéfice parmi les exceptions.

Remarquons que notre exception inscrite dans la *condemnatio* présente ainsi le caractère d'une *taxatio*. Dans certains cas, le magistrat ne donne pas au juge le pouvoir de prononcer une condamnation indéterminée; il fixe un maximum par une *taxatio*. Dans notre espèce, il y a ceci de particulier que le magistrat ne peut pas ainsi préciser le montant de la condamnation; cette condamnation reçoit sa limite de la connaissance même des biens du débiteur, tandis que la *taxatio* est fixée par le magistrat indépendamment de la fortune du débiteur.

Je rappelle également que cette *condemnatio* nous présente des analogies avec celle qui serait prononcée sur l'action *de peculio*, et reçoit pour les mêmes causes les mêmes limitations. Ce n'est pas d'ailleurs la seule analogie que nous ayons relevée avec cette action.

Concluons donc de toutes les raisons qu'il n'y a pas de motifs sérieux pour refuser de voir là une véritable exception. Ajoutons que c'est le nom que lui donnent beaucoup de textes : Paul, notamment dans l'énumération qu'il fait au Digeste des diverses exceptions indique formellement l'exception *quod facere potest* (Loi 7, pr. D., *De except.*, 44, 1 ; Loi 41, D., *De re judicata*, 42, 1 ; Loi 17, § 1 D., *Sol. mat.*, 24, 3).

2° Comment faut-il classer cette exception?

Rappelons d'abord les principales classifications des exceptions :

1° Au point de vue de leur origine, les exceptions ont été établies les unes par des lois ou des actes législatifs, ayant la même autorité, les autres par le préteur (Iust., § 7, *De except.*,

Gaius, IV, § 118, *in fine*). Parmi les premières nous trouvons l'exception *nisi bonis cesserit* résultant, comme nous l'avons vu, de la loi Julia sur la cession de biens. (Inst. § 40, *De actione*, et § 4, in fine, *De replic.*, IV, 1 4), l'exception de la loi Cincia sur les Donations, les exceptions tirées des S. C. Trebellien (*restitutæ hereditatis*), Velléien et Macédonien, etc. Les secondes et les plus importantes sont tirées du droit prétorien, telles que l'exception *doli mali*, l'exception *metus causa, pacti conventi*, etc.

2° Au point de vue du temps pendant lequel elles peuvent s'exercer; les unes sont perpétuelles comme l'exception de dol, des S. C. Macédonien ou Velléien; d'autres sont temporaires comme l'exception *pacti conventi* dans certains cas, *litis dividuæ* pendant la même préture, les exceptions *cognitoriæ* (Inst., *De except.*, § 9, § 10, § 11).

3° Au point de vue des personnes qui peuvent les intenter. Les unes sont *rei cohærentes;* les autres *personæ cohærentes* (Inst. § 4, *De replicat.*, IV, 14; Loi 196, D., *De regulis juris*, 50, 17). En général, l'exception est *rei cohærens*, ex. : l'exception *rei judicatæ doli mali* (Inst., § 4, IV, 14). D'autres sont attachées à la personne du défendeur, telles que l'exception *nisi bonis cesserit* tant que le débiteur n'a pas fait de nouvelles acquisitions assez importantes (L. 3, C. 7, 72); celle tirée d'un pacte de *non petendo in personam;* ou encore le cas où dans une constitution de dot on exige l'intervention de fidéjusseurs (L. 7, D. 4, 41). Le motif qui fait que dans ce cas l'exception n'est pas donnée au fidéjusseur, vient de ce que le créancier a fait ordinairement intervenir le fidéjusseur précisément pour se garantir de l'insolvabilité éventuelle du débiteur principal.

4° Certaines exceptions dérivent de l'édit; d'autres sont données *cognita causa* (Gaius IV, § 188).

5° La plupart des exceptions tentent à faire prévaloir l'équité; cependant quelques-unes sont fondées plutôt sur l'ordre public.

Or comment faut-il classer notre exception?

1° Au point de vue de l'origine, il faut dire qu'elle est plutôt une création du préteur, qui a voulu comme toujours, corriger les rigueurs du droit civil en faveur de certains débiteurs que nous connaissons. Cependant nous voyons une hypothèse ou elle résulte d'une constitution impériale ; c'est en faveur du donateur en vertu d'une constitution d'Antonin le Pieux.

2° Au point de vue de sa durée, il est assez difficile de classer l'exception *Q. F. P.*, ou plutôt il faut dire qu'elle ne rentre dans aucune classification. En effet on ne saurait dire qu'elle soit temporaire ou perpétuelle, puisqu'elle résulte d'un élément indépendant du temps dans lequel elle pourrait s'exercer.

En réalité, il serait plus exact de la classer parmi les exceptions temporaires. En effet, ce qui caractérise essentiellement les exceptions perpétuelles, c'est qu'elles sont de telle nature que le débiteur est à jamais à l'abri de tout recours possible, de sorte que l'on pourrait dire que la dette n'existe plus. Au contraire, en ce qui concerne les exceptions temporaires, il est toujours possible au créancier de les éviter, en se bornant à attendre, pour intenter son action, des circonstances plus favorables.

L'intérêt principal, c'est que le débiteur qui a payé malgré une exception perpétuelle est fondé à agir par la *conditio indebiti* (L. 40, § 1 D., *De cond. indeb.*, 12, 6). Or, on ne peut pas dire que l'exception *Q. F. P.* doive donner lieu à ouverture de l'action en répétition, ainsi que nous le verrons plus loin ; en ceci elle ressemble à une exception temporaire. Cependant, à un autre point de vue, elle est traitée comme une exception perpétuelle ; on sait que celui qui a négligé de faire insérer dans la formule une exception péremptoire, peut obtenir une *restitutio in integrum*. Or, il est certain que cela devait être admis pour l'exception *quod facere potest.*

D'ailleurs ce ne sont là que des analogies qui ne permettent pas de faire rentrer l'exception *quod facere potest* dans l'une ou l'autre de ces catégories.

3° L'exception était-elle donnée *cognita causa*, ou bien faisait-elle partie de celles qui étaient *in edicto propositæ ?*

Au premier abord les textes pourraient nous induire en erreur. Nous avons vu en effet que la délivrance de cette exception était précédée d'un *causæ cognitio* (L. 2, pr. D., *Quod cum eo*, 14, 5 ; Loi 22, § 1 D., *De re judicata*, 42, 1).

Cependant je ne crois pas qu'il puisse y avoir de doute bien

d

sérieux. Quand certains textes nous disent que l'exception est donnée *cognita causa*, ils veulent dire que l'on soumet au préteur la question de savoir si, étant données les circonstances particulières d'une affaire, il y a lieu d'accorder une exception au défendeur, et ce, en vertu de la *clausula generalis* qui terminait l'édit, et par laquelle le préteur se réservait le droit d'accorder une exception selon les cas qui pouvaient se révéler. Le préteur agit alors en vertu de son pouvoir discrétionnaire ; il est libre d'accorder ou de refuser l'exception qu'on lui demande, après examen fait des moyens présentés pas le défendeur.

Il en est autrement, on le comprend sans peine, quand le préteur n'a qu'à régler à un cas particulier l'application d'une règle qu'il a proclamée dans l'édit, ou qui est consacrée par un acte législatif ; c'était le cas ordinaire. Il y avait bien dans ce cas une *causæ cognitio*, mais elle s'appliquait non pas au fond du droit qui avait été définitivement tranché par le préteur dans cet édit, mais simplement au point de savoir si l'espèce rentrait bien dans cette application de l'édit.

Or, telle paraît avoir été la *causæ cognitio* précédant la délivrance de l'exception *Q. F. P.* ; le préteur l'examinait simplement au point de vue de savoir si l'on rentrait dans l'un des cas qu'il avait prévus dans son édit. Il y a un cas d'ailleurs, où il ne saurait y avoir aucun doute ; c'est en ce qui concerne le donateur ; mais on peut dire sans crainte que la règle doit s'appliquer dans tous les cas.

4° L'exception *quod facere potest* est-elle basée sur l'équité, ou sur l'ordre public ?

Ici encore, sauf en ce qui concerne les militaires, il est bien difficile de faire rentrer l'exception dans aucune catégorie. Peut-on dire que le préteur obéit à l'équité en modérant la condamnation ? en ce qui concerne le débiteur peut-être ; mais en ce qui concerne le créancier dont le droit n'est pas méconnu, et qui voit diminuer son droit ?

Ce que l'on pourrait dire plutôt, c'est que cette exception est fondée sur un motif d'humanité. Et peut-être à ce point de vue, en élargissant cette notion complexe et vague de l'équité, pourrait-on faire rentrer l'exception parmi ces dernières.

L'intérêt se présente, à propos de la règle qui veut que les exceptions dérivant de l'équité soient sous-entendues dans les actions de bonne foi. Or, il est certain qu'en posant ainsi la question, il faut classer l'exception parmi celles qui dérivent de l'équité, et dire que par exemple dans une action *pro socio*, ou en restitution de la dot, l'exception sera naturellement sous-entendue.

Cela apparaîtra plus évident encore, si nous songeons que cette exception peut être opposée même à l'action *judicati*. Paul en donne un exemple (Loi 17, § 2, *Sol. mat.*, 24, 3). Il suppose que dans une instance en restitution de la dot, le juge par une erreur de droit a condamné le mari *in solidum ; Néra-tius* et *Sabinus* pensent que le mari pourra avoir l'exception de dol, et obtenir ainsi toute garantie. Or, si nous songeons qu'il sera presque impossible au juge, devant qui l'on aura expressément fait valoir l'exception *Q. F. P.*, de la méconnaître en droit, il faut supposer, pour que le texte prenne un sens pratique, que l'exception n'aura pas été insérée dans la formule ; mais que le mari, en vertu seulement du caractère de bonne foi de l'action en restitution de la dot, aura demandé au juge de n'être pas condamné *in solidum*. Le juge commet une erreur de droit, ne sachant pas que cette exception était sous-entendue dans l'action en restitution ; cela devient alors très pratique. Le texte ajoute que le mari aura l'exception sur l'action *judicati*.

5° Enfin il est certain que l'exception *quod facere potest* est essentiellement attachée à la personne (Loi 7, pr., *De except.*, 44, 1).

Elle ne peut donc être demandée que par celui-là seul, qui se trouve réunir les conditions nécessaires pour l'obtenir ; mais elle ne peut être exercée par ses fidéjusseurs ; et ne passe pas à ses héritiers ni à ses ayants-cause (Loi 24, § 1 ; Loi 25, D., *De re jud.*, 42, 1 ; Loi 63, § 2, *Pro socio*, 17, 2 ; cf.; L. 7, *sup.*). Cette loi nous le dit pour l'associé ; ailleurs Paul et Ulpien nous le disent du mari (Loi 12 et Loi 13, *Sol. mat.*, 24, 3). Ulpien (Loi 7, § 5, *De obsequiis*, 47, 15) à propos de l'ascendant.

C'est la conséquence du caractère éminemment personnel

de cette exception, qui est née de rapports entre deux personnes
déterminées seulement ; il en est ainsi d'ailleurs de toutes
les exceptions *personæ cohærentes*. Ainsi nous savons qu'il est
interdit vis-à-vis de l'ascendant, ou du patron, d'user d'un
moyen où l'on se servirait d'une qualification injurieuse pour
lui ; or, cette règle ne s'applique jamais qu'au descendant ou à
l'affranchi, vis-à-vis de l'ascendant ou de son patron, mais
jamais aux cohéritiers.

Les débiteurs intéressés à la dette pourront être des débiteurs
accessoires, tels que les fidéjusseurs, des *mandatores pecuniæ
credendæ*, un *sponsor*.

Ce pourra être le maître de l'esclave, ou le père de famille,
qui ne pourront opposer l'exception au créancier du fils ou de
l'esclave, lesquels auraient personnellement l'exception.

Les ayants cause seront soit l'héritier, soit les successeurs universels.

Ce point de vue de la loi romaine conduisait cependant en
fait à une sorte d'inconséquence, en ce qui concerne les débiteurs accessoires. Par cela seul que le fidéjusseur est tenu de
la totalité de la dette, il est certain que le créancier va agir
contre lui pour le tout : le bénéfice de discussion ne saurait en
effet le sauvegarder ; mais alors le fidéjusseur qui aura payé,
va pouvoir aussitôt agir en garantie contre le débiteur principal, de sorte que l'exception ne l'aura protégé que d'une
manière bien illusoire.

Cependant il fallait bien dire que l'exception ne devait pas
profiter aux fidéjusseurs ; c'est qu'en effet en ce qui les concerne,
le motif de l'exception n'existe pas ; attendu qu'ils sont obligés
vis-à-vis du débiteur principal, en vertu d'un contrat qui les
oblige personnellement, et auquel provision est due, puisqu'ils
n'ont pas personnellement qualité pour en arrêter l'exécution.

La conséquence sera que nous devrons dire, qu'au contraire l'exception pourra profiter aux tiers, qui agiront non pas
en leur nom, mais comme représentant le débiteur : tels sont
le *defensor* ou le *procurator*.

Le motif même de la règle, suffit à nous expliquer cette
exception apparente, au principe qui veut que les tiers ne béné-

ficient pas de l'exception; c'est qu'en effet le *procurator* ou le *defensor* n'est pas véritablement un tiers, mais bien plutôt le représentant du débiteur. Or, il est nécessaire que celui qui plaide pour le débiteur, ait la même situation que ce dernier, puisqu'il ne fait que prendre momentanément sa place, sans engager en rien sa responsabilité vis-à-vis des tiers. C'est ce que nous dit Ulpien (Loi 51, § 1 D., *De procurator.*, 3, 3) « Celui qui se présente comme *defensor*, joue le même rôle que le défendeur à l'action; aussi le *defensor* du mari ne peut pas plus que celui-ci être condamné au delà de ses moyens. »

C'est ce que nous dit également Ulpien dans un autre texte au Digeste (Loi 63, § 1, *Pro socio*, 17, 2) : « Si ce fidéjusseur accepte le procès en tant que *defensor* de l'associé, l'exception lui servira ; car Julien au livre XIV de ses Digestes a écrit que celui qui plaidait au nom de l'associé, ne doit être condamné que dans la limite des moyens de cet associé. » Nous avons vu que ce même texte refuse l'exception au fidéjusseur qui se présentait simplement comme tel.

Cette règle se motive donc très bien. D'une part, le fidéjusseur plaidant en tant que *defensor*, joue le même rôle que le débiteur lui-même, et se trouve à son lieu et place. D'autre part s'il en était autrement, le *defensor* menacé d'être condamné purement et simplement, refuserait de se charger des intérêts des débiteurs dont le crédit est douteux; or, tel ne peut être le vœu de la loi que certaines personnes soient à raison seulement de leur insolvabilité, et pour cela même, privées d'avoir pour se défendre la faculté d'user du ministère d'autrui. Ce serait faire une situation désastreuse à ces personnes, et dans notre espèce cela irait à l'encontre du but même de la loi, qui est de les favoriser.

Remarquons sur ce dernier texte (Loi 63, § 1 D., 17, 2), que l'on ne doit pas admettre que le fidéjusseur puisse à son gré choisir la qualité en laquelle il entend défendre à l'action ; autrement on arriverait à une iniquité criante. Si en effet il suffisait au *fidejussor* de se présenter comme *defensor*, pour écarter sa responsabilité personnelle, il arriverait que le créancier perdrait le plus souvent le bénéfice de la garantie qu'il a stipulée en contractant, garantie qui est intervenue ordinairement en prévision de l'insolvabilité future, ou tout au moins éventuelle du débiteur principal : cela serait donc contraire à la volonté commune des parties lors du contrat. Aussi il appartiendra au créancier devant le magistrat de contester la qualité que voudrait prendre le fidéjusseur et de lui dire : « Je vous poursuis personnellement, en raison de l'obligation principale que vous avez contractée vis-à-vis de moi. »

Et en ce qui concerne le débiteur principal, il n'a pas à craindre que le fidéjusseur ne vienne, en se présentant comme *defensor*, compromettre ses droits par une défense maladroite ; car ce *defensor* doit avoir son adhésion, ou tout au moins fournir la *cautio de rato*, ce qui sauvegarde les intérêts du débiteur.

CHAPITRE VI

COMMENT SE PERD CETTE EXCEPTION.

Cette exception, nous l'avons vu, est née des rapports particuliers entre certaines personnes ; par suite, dès que les rapports d'obligation se présentent entre d'autres personnes que les parties originaires, l'exception cesse de recevoir son application ; par contre, elle continue de subsister, tant que les parties restent les mêmes et tant que la dette subsiste, et quelles que soient les conventions qui aient pu intervenir. C'est ce que nous allons examiner.

1° *Dès que les parties changent, l'exception disparaît aussi.*

C'est ce que nous venons de voir, en ce qui concerne les héritiers, les fidéjusseurs, les successeurs universels ; nous n'avons plus à y revenir, mais simplement à rappeler le principe.

2° *L'obligation a beau changer de cause, l'exception continue de bénéficier au débiteur tant que les parties restent les mêmes.*

Premier cas. — L'exception survit à une novation ou à un pacte de constitut. C'est ce que nous dit Hergémonien (Loi 23, pr. D., *De donat.*, 39, 5) : « Celui qui ayant promis par stipulation à titre de donation, et fait plus tard un pacte de constitut à raison du même objet, est poursuivi par l'action *constitutæ pecuniæ*, ne doit pas être condamné *in solidum*, mais seulement dans la limite de ses moyens. En effet, on a admis que ce qui doit prévaloir ici, c'est la cause première du constitut, et non pas la portée naturelle de l'action. » Cela est rationnel si l'on songe que c'est seulement sur la condamnation qu'influe l'exception *Q. F. P.*, et qu'elle n'a pas pour objet de contester la cause de la dette. Qu'importe alors qu'il y ait eu novation, ou qu'un pacte de constitut ait remplacé la dette ancienne née de la stipulation, puisque le débiteur n'en est pas moins originairement un donateur, et que comme tel, il a le droit de demander que la condamnation soit limitée ?

Ce que nous disons là du donateur, doit être généralisé ; et nous en trouvons des applications notamment en ce qui concerne le mari (Loi 3, pr. D., *De constit. pecuniæ*, 13, 5). « Le mari qui a promis par pacte de constitut à raison de la dot au delà de ses moyens, est certainement, en raison de son constitut, obligé *in solidum;* mais envers la femme demanderesse, il n'est condamné que dans la limite de ses moyens. »

Il faut donc, et il suffit que les parties restent les mêmes. Par suite, nous devrons dire que toutes les fois que les parties ne sont plus les mêmes, et que la novation ou le constitut se produisent par changement de débiteur ou de créancier, il n'y a plus lieu d'appliquer l'exception *Q. F. P.* C'est ce que nous disent parfaitement les textes, et je me borne à cet égard à rappeler ce que nous avons dit dans l'hypothèse d'une délégation (Loi 33, D., *De donat.*, 39, 5). C'est qu'en effet le créancier délégataire en recevant la promesse du délégué, lequel ne voulait faire qu'une donation à un tiers, n'est nullement tenu d'entrer dans l'examen de la cause de l'obligation contractée envers lui; cette cause se dédouble : en ce qui le concerne, elle est à titre onéreux, la donation n'existe que dans les rapports entre le déléguant et le délégué; de sorte que lorsque le créancier délégataire poursuit le paiement de cette promesse, il ne fait en réalité que recevoir ce qui lui est réellement dû (V. de même Loi 33, D., *De novat.*, 46, 2 ; Loi 41, pr., *De re jud.*, 42, 1).

Il semble cependant que Julien nous donne une exception à cette règle en matière de délégation (Loi 32, D., *Sol. mat.*, 24, 3). Il suppose que le premier mari d'une femme divorcée s'est reconnu débiteur envers le second mari, du montant de la dot; or, nous dit le texte, il ne peut cependant être condamné que dans la limite de ses moyens. On a voulu expliquer ce texte en disant que le mari en se reconnaissant ainsi débiteur de la dot a fait une promesse au nom de la femme, et à ses lieu et place; que par suite il doit être tenu seulement *in Q. F. P.*, comme elle le serait elle-même. C'est sans doute chercher dans un motif peu juridique l'explication d'une décision qui se justifie suffisamment par des raisons historiques et de convenance. Par faveur pour le premier mari qui à l'origine gardait toute la dot, on ne veut pas que sur une poursuite intentée par le second mari en restitution de la dot, lequel agirait bien plutôt lui, au nom de la femme, il puisse être condamné au delà de ses moyens (Loi 12, même titre).

Deuxième cas. — L'exception subsiste à la perte du droit par la *litis contestatio*.

Nous supposons que le créancier ait déduit son droit en justice, et qu'une condamnation limitée au *quod facere potest* soit intervenue, mais que le débiteur ait fait une *nuda promissio* pour le surplus; il serait certain que le débiteur conserverait pour l'avenir, et après avoir fait des acquisitions assez considérables pour justifier de nouvelles poursuites, le bénéfice de l'exception *Q. F. P.*

Troisième cas. — L'exception peut s'intenter même sur l'action *judicati.*

C'est encore la loi 33, pr. (39, 5), qui nous le dit, et les raisons sont les mêmes qu'en ce qui concerne la novation : « mais même après avoir été condamné en vertu de sa donation, le donateur peut demander avec raison, sur l'exercice de l'action *judicati*, de n'être condamné que dans la limite de ses moyens. »

J'ai dit que ce cas s'expliquait par la même considération que les précédents. C'est qu'en effet ce cas est moins une hypothèse particulière, que l'une des applications de la règle formulée ci-dessus; la sentence, en effet, a opéré, après la *litis con-*

testatio, une véritable novation de la dette originaire, et cependant le débiteur ne doit certainement être condamné que dans la limite de ses moyens, si la cause originaire de la dette consiste par exemple dans une donation.

On peut supposer que le débiteur soit devenu insolvable depuis la condamnation, et dans ce cas l'exception s'explique tout naturellement. Mais on peut supposer que l'insolvabilité existait déjà au moment du premier jugement. Dans ce cas, pourrait-on dire, le débiteur est en faute de n'avoir pas demandé le bénéfice de l'exception lors de l'action originaire. Mais les textes ne font aucune distinction, et il n'y a pas lieu en réalité à en faire. Ainsi Paul (Loi 41, § 2 D., *De re jud.*, 42, 1) s'explique en termes généraux et nous dit que le donateur a dans tous les cas l'exception Q. F. P., sur l'exercice de l'action *judicati*. Ailleurs il nous donne la même règle à propos du mari (Loi 17, § 2, *Sol. mat.*, 24, 3). Et encore dans un autre texte (Loi 5, pr., *Quod cum eo*, 14, 5) il nous le dit pour le fils de famille.

Disons donc que la règle doit être généralisée et s'appliquer dans tous les cas. Alors même que le débiteur n'a pas réclamé le bénéfice de l'exception sur l'exercice de l'action principale, il ne doit pas être déclaré déchu de ce bénéfice.

Et d'ailleurs n'est-il pas permis de supposer, soit que le débiteur se soit fait illusion à ce moment sur l'importance de son patrimoine, soit même que le juge ait commis une erreur en refusant d'accorder l'exception? Cette dernière hypothèse est même prévue par un texte formel de Paul que j'ai déjà cité (Loi 17, *Sol. mat.*, *suprà*). Le jurisconsulte suppose que le mari a été condamné *in solidum*, parce que le juge a commis une erreur de droit; cela se présentera difficilement si l'exception est insérée dans la formule; mais cela se comprend très bien au contraire, si l'on songe que le mari a été poursuivi par une action de bonne foi, laquelle sous-entendait tous les moyens tirés de l'équité, et notamment l'exception Q. F. P., ainsi que nous l'avons vu. Le mari pourra alors sur l'exercice de l'action *judicati*, opposer l'exception *doli mali*, dont le résultat sera précisément le même que celui de l'exception Q. F. P., c'est-à-dire de ne faire condamner le débiteur que dans la limite de ses moyens.

3° *L'exception* quod facere potest *s'éteint par le paiement de la dette.* Il en résulte que le débiteur ne pourra pas arguer de ce qu'il a payé au delà de ses moyens, alors qu'il avait cependant le droit d'user de l'exception, pour intenter une *condictio indebiti.*

Il faut supposer qu'un débiteur en réalité insolvable, s'est arrangé de manière à pouvoir payer une créance, contre laquelle il eût pu opposer notre exception. Or, ce débiteur ne peut agir par la *condictio indebiti.* C'est qu'en effet, en ce qui le concerne il n'y a pas réellement un *indebitum.* Il pouvait opposer l'exception « *retinendo* », mais il ne peut user du même moyen « *repetendo* ». L'exécution volontaire d'une obligation qui existait réellement a comporté l'extinction du moyen tiré du *quod facere potest.*

C'est ce que Paul et Ulpien nous disent en termes formels à propos du mari (Loi 8 et loi 9, D., *De condict. indebiti,* 12, 6) : « Le mari insolvable, et qui comme tel aurait pu opposer l'exception *Q. F. P.*, et qui cependant paye sa dette (à raison de la dot), ne se trouve pas réunir cependant les conditions nécessaires pour agir en restitution. »

4° *Enfin cette exception ne comporte pas de renonciation.*

C'est ce que nous dit Ulpien à propos du mari (Loi 14, § 1 D., *Sol. mat.,* 24, 3) en rapportant l'opinion de Pomponius à laquelle il donne toute adhésion.

« Pomponius, sur le livre XV de Sabinus, soulève la question intéressante de savoir, si, le mari qui fait un pacte en vertu duquel il ne pourra pas être condamné dans la limite de l'exception *quod facere potest,* mais bien *in solidum,* doit être tenu d'observer ce pacte. Et il est d'avis qu'il ne faut pas s'y arrêter. Cet avis me paraît conforme à la vérité ; et en effet il est préférable de dire qu'un tel pacte est contraire aux bonnes mœurs : n'est-il pas évident qu'il va à l'encontre de la *reverentia* qui est due au mari ? »

On pourrait donner une raison de cette décision autre que la *reverentia maritalis* ; c'est que la liberté est chose inaliénable à laquelle on ne peut par suite renoncer ; c'est là à ce point de vue une application, ou plutôt une conséquence de la loi Pœtilia qui avait supprimé le *nexum*, contrat en vertu duquel le débiteur, en contractant une obligation, s'engageait en même temps à travailler pour le compte de son créancier jusqu'à libération complète. Nous trouvons d'ailleurs une autre application de cette idée à propos de l'exception *nisi bonis cesserit*, à laquelle le débiteur ne pouvait non plus renoncer par un pacte.

Nous trouvons des idées analogues dans l'article 1268 du Code civil.

APPENDICE.

Pourrait-on trouver dans notre droit des vestiges de cette institution juridique ?

On peut répondre certainement que non ; ce n'était là en effet qu'une conséquence du système de procédure du droit romain, et l'on peut dire que le nôtre, né surtout du droit coutumier, est absolument différent.

Cependant, comme l'idée fondamentale du système de l'exception est essentiellement vraie et conforme à l'esprit de toute législation, nous pourrions trouver des applications de cette idée. C'est ainsi que l'article 530 du Code de commerce accorde au failli à titre de secours, quand la majorité des créanciers y a consenti, une somme sur l'actif de la faillite. Les syndics en proposeront la quotité qui sera fixée par le juge-commissaire, sauf recours au tribunal de commerce de la part des syndics seulement (V. aussi art. 474 même code ; et les articles 205 à 211 du Code civil sur l'*Obligation alimentaire*).

Une analogie beaucoup plus directe et où la tradition se fait mieux sentir, se présente à l'occasion de la cession de biens réglée par les articles 1265 et suiv. du Code civil. Ces dispositions sont devenues d'ailleurs à peu près inutiles depuis la loi du 22 juillet 1867, qui a supprimé, ou du moins singulièrement réduit les cas d'application de la contrainte par corps.

Mais la véritable raison qui fait que notre Code ne possède rien de semblable à cette théorie, c'est que le système d'exécution est beaucoup moins rigoureux qu'en droit romain. Outre qu'il n'y a pas d'infamie attachée à l'exécution des débiteurs, ni de contrainte par corps, nous savons que l'article 592 du Code de procédure civile nous donne une liste assez longue d'objets qui ne peuvent être saisis, tels que notamment le coucher et les instruments de travail, les denrées nécessaires à l'existence du saisi et de sa famille pendant un mois (*ne egeat*).

Ces objets sont insaisissables de leur nature à l'égard de tous les créanciers ; ce qu'aurait dû faire Justinien pour compléter la réforme indiquée dans la loi 173.

D'ailleurs ce n'est pas la condamnation obtenue contre le débiteur qui limite ainsi le droit du créancier ; celui-ci peut prendre à ses risques et périls tels jugements que de droit contre un insolvable. Mais lorsqu'il se présentera pour les exécuter, celui-ci aura le droit de faire distraire de la saisie et du récolement les objets indiqués plus haut : si le créancier voulait passer outre, le débiteur n'aurait qu'à demander qu'il en fût référé au président du tribunal sur sa prétention, et celui-ci, au cas où la prétention du débiteur serait reconnue fondée, aurait le devoir d'ordonner un sursis à l'exécution.

Cet aperçu nous amène à la deuxième partie de cette thèse, à l'étude des référés.

DROIT FRANÇAIS

DES ORIGINES DES RÉFÉRÉS
ET DES PRINCIPES DE COMPÉTENCE

AU CAS D'URGENCE

NOTIONS GÉNÉRALES.

La faculté d'en référer au président du tribunal civil est ouverte pour une partie, toutes les fois que ses droits se trouvent menacés, que leur exercice est paralysée par un événement grave dans des circonstances urgentes, ou que l'action de la justice subit une entrave.

Le président statue, parties entendues, et ordonne « par provision ce qu'il estime juste » (*Exposé des motifs* du tribun Réal), de manière à sauvegarder les droits menacés, et à permettre d'attendre avec plus de sécurité le jugement à intervenir.

Si l'on voulait déterminer la place qu'occupe la juridiction des référés dans l'organisation judiciaire, on pourrait dire qu'elle complète et qu'elle développe le pouvoir de juridiction gracieuse accordé au président, chargé de rendre les ordonnances sur requête ; que par certains côtés elle touche aux attributions accordées aux juges de paix ; qu'enfin les principes qui déterminent sa compétence, à côté de celle du tribunal, peuvent être rapprochés de ceux qui règlent la compétence du juge du possessoire en présence du juge du pétitoire, parce que, comme dans ce dernier cas, le juge des référés ne peut connaître du fond du droit ; c'est ce que les textes formulent en disant que ses ordonnances ne font pas préjudice au principal.

1

L'autorité du président s'exerce ainsi de manière à assurer la bonne administration et le fonctionnement régulier de la justice; et bien qu'il exerce son pouvoir comme juge du contentieux, il ne préjuge jamais des droits des parties (De Bell., *Obs. gén.*, p. 1 et p. 6; Bazot, p. 12).

Les textes qui régissent la matière sont au Code de procédure civile les articles 806 et suivants formant le titre XVI, liv. V, Iʳᵉ Partie. Ces articles règlent surtout la procédure, et les principes de compétence y sont à peine indiqués. Les articles 60 et 66 du Décret du 30 mars 1808, modifié par le Décret du 10 novembre 1872, sont relatifs aux renvois des référés à l'audience de la chambre où le président siège habituellement. Il y a en outre un certain nombre de textes dans le Code de procédure, qui tous sont relatifs soit à des mesures d'administration de justice, soit aux difficultés relatives aux saisies, scellés et inventaires.

Mais si les textes relatifs aux règles de compétence sont assez rares, il n'en est pas de même des décisions de la jurisprudence. Il s'est produit en effet, en cette matière, un mouvement considérable, sous l'empire de nécessités pratiques, et grâce aussi à l'impulsion novatrice des présidents du tribunal de la Seine, notamment de M. de Belleyme, de telle sorte que certains auteurs ont qualifié de prétorienne cette jurisprudence nouvelle (M. Bordeaux. Paris, 1857).

L'abondance même de ces décisions d'espèces qui touchent à toutes les matières de droit, l'absence de coordination de ces décisions, de tentatives faites pour les faire rentrer dans des classifications d'ensemble, et même pour les conformer aux principes généraux du droit, rendent très ardue et très difficile la tâche que j'ai entreprise; mais si je n'ai le mérite d'avoir suffisamment montré toutes les applications de cette juridiction, chose que personne ne veut ni ne peut tenter après M. de Belleyme, ce qui ne rentrait pas d'ailleurs dans l'objet actuel de cette étude, j'ai du moins celui d'avoir cherché dans les décisions les plus récentes de la jurisprudence, quelques principes que j'ai essayé de formuler; je les ai justifiés par un nombre assez considérable d'arrêts, pour ne pas craindre beaucoup qu'on puisse les contester; il était important de mettre en relief ces règles essentielles, et si j'ai pu en omettre, j'ai l'excuse que personne avant moi ne l'avait fait, ou du moins ne l'avait fait ainsi.

Le pouvoir de juridiction accordé au président du tribunal s'exerce sous forme d'*ordonnances*.

Ces ordonnances sont rendues *sur requête*, toutes les fois que par sa nature même la mesure sollicitée du président ne comporte pas la présence du défendeur, soit qu'il ne s'agisse que d'un acte de pure administration de justice, soit que des considérations spéciales excluent momentanément la présence du défendeur: ex., en matière de saisie arrêt; soit enfin qu'un texte formel indique ce mode de procéder. Ces ordonnances rentrent dans la juridiction gracieuse (Décret du 30 mars 1808, art. 54).

Le président rend une ordonnance *de référé*, ou *sur référé*, toutes les fois que, les parties étant entendues contradictoirement, on lui demande, en raison de l'urgence, de statuer provisoirement sur une difficulté s'élevant à l'occasion de l'exécution d'un acte, ou de l'exercice d'un droit. Le président exerce alors un pouvoir de juridiction contentieuse (art. 806 C. pr. c.).

Il ne serait peut-être pas toujours facile de décider dans quel cas on doit agir par voie de requête, ou par voie de référé, en dehors des espèces spécialement prévues par les textes. L'article 806 et l'article 54 du Décret de 1808 s'expriment en effet de la même manière, et visent tous deux *les cas d'urgence*. Cependant on peut dire, je crois, que toutes les fois que l'ordonnance doit porter atteinte à des tiers, il y a lieu de procéder plutôt par voie de référé (Paris, 6 janvier 1866. P. 66, 205. — Bertin, I, p. 37).

Le pouvoir du président, soit qu'il s'exerce par voie d'ordonnances sur requête, soit qu'il prenne la forme d'ordonnances de référé, se rattache à une idée d'administration de la justice (De Bell., *Obs. prél.*, p. 6). C'est ainsi, en notre matière spécialement, que semblent le considérer un certain nombre de textes: ainsi, en matière de saisie exécution, le gardien qui veut demander sa décharge, assignera en référé le saisissant et le saisi (art. 606, 607 ; art. 681, art. 734). La partie qui veut poursuivre la folle enchère, et qui a besoin pour cela d'un certificat du greffier, constatant que l'adjudicataire n'a pas justifié de l'acquit des conditions exigibles de l'adjudication, assigne le fol enchérisseur opposant à la délivrance de ce certificat, devant le président statuant en référé.

Art. 829. Au cas de saisie revendication, le président accorde une ordonnance permettant d'ouvrir les portes.

Art. 843, 845. C'est au président qu'il appartient d'autoriser la délivrance d'une deuxième grosse.

Enfin on pourrait ajouter tous les incidents relatifs aux scellés, inventaires, aux saisies exécutions et ventes judiciaires de meubles (art. 607, 921, 922, 944, 948 du Code de procédure civile).

Dans tous ces cas et dans ceux analogues que l'on pourrait relever dans d'autres textes, il s'agit surtout d'assurer le bon fonctionnement de la justice.

Mais ce point de vue qui apparaît tout d'abord comme le plus important à la lecture de ces textes, est tout à fait incomplet, et par suite erroné. La juridiction des référés comportant un débat contradictoire, doit supposer être faite pour des difficultés plus sérieuses.

Or, il me semble que l'on peut dire, en cherchant à déterminer la source même de cette juridiction, *que l'ordonnance du président doit avoir pour résultat, d'assurer aux parties l'exécution aussi intégrale que possible, des droits qu'elles tiennent de la loi ou de leurs conventions ;* cette exécution doit recevoir toute la portée utile que comporte le titre d'où est née l'action, mais ne doit pas aller au delà.

Si nous nous plaçons par exemple en présence d'un procès imminent, l'ordonnance de référé permettra de prendre les mesures nécessaires pour conserver les droits du créancier. Mais aussi, une fois le jugement rendu, l'autorité du président sera pour le débiteur une protection contre une exécution trop rigoureuse, ou injuste du jugement : c'est ce que nous allons étudier.

Je vais supposer d'abord qu'il s'agit d'un référé à l'occasion de l'exécution d'un jugement,

Ce n'est peut-être pas là, au point de vue de l'étude générale des référés, le côté le plus fécond en décisions pratiques, et ce n'est pas là surtout que s'est exercée l'action de la jurisprudence. Mais c'est le point de vue le plus ancien, historiquement ; c'est aussi le cas où la juridiction des référés s'applique le mieux, parce qu'elle s'y applique exclusivement.

Voici l'hypothèse. Un créancier muni d'une grosse du jugement, ou d'obligation notariée, a fait à son débiteur un commandement tendant à saisie exécution ; l'huissier chargé d'exécuter a même procédé à la saisie ; un jour est fixé pour la vente, les affiches sont apposées.

Il se peut cependant que la poursuite soit vexatoire. Il s'agit par exemple, d'un jugement frappé d'opposition ou d'appel, dont les effets sont par suite paralysés. Depuis le jugement, il a pu survenir des faits qui seraient de nature à paralyser les poursuites ; il y a eu par exemple des payements, une cause de compensation, ou de novation ; des offres réelles ont été faites ; il se peut encore que le dispositif du jugement ne soit pas précis, ou que l'exécution veuille l'outrepasser.

Si ce jugement est rendu depuis un temps assez long, ou si la grosse se trouve entre les mains des héritiers du créancier primitif, on comprend parfaitement la possibilité de ces éventualités, en dehors même de toute idée de fraude ou de mauvaise foi.

Et s'il s'agit d'un acte notarié, le danger pourrait être encore plus grand. On ne conçoit guère en effet que le dispositif d'un jugement ne soit pas conçu en termes précis ; il s'agira ordinairement d'une condamnation pécuniaire dont le *quantum* est nettement déterminé. Au contraire les clauses de l'acte notarié peuvent être nombreuses, ambiguës, ou susceptibles d'interprétations différentes.

Dans les deux cas la formule exécutoire y est insérée, à laquelle provision est due. L'huissier est porteur du titre, et vient pour exécuter ; souvent il apporte à cette exécution les sentiments mêmes de son client aigri peut-être par un procès récent ; car il est son mandataire, et il veut conserver sa confiance et sa clientèle.

Si cependant la poursuite est illégale ou injuste, faut-il

laisser exécuter le défendeur sur-le-champ, lui causant un préjudice peut-être irréparable, sauf à lui laisser, s'il y a lieu, la ressource souvent illusoire, d'une action en nullité d'exécution et en dommages-intérêts?

La loi a pourvu à ce danger, et l'article 806 du Code de procédure civile donne au président du tribunal le pouvoir d'arrêter s'il y a lieu les poursuites commencées, sur la demande de référé que le saisi aura requise de l'huissier, sur le procès-verbal d'exécution.

Le président ne tranche pas les questions soulevées par le saisi : il se bornera à renvoyer les parties se pourvoir au principal devant le tribunal, si cette opposition paraît fondée, ou à ordonner la continuation de l'exécution au cas contraire.

Le saisissant ne saurait se plaindre sérieusement de ce retard, insuffisant pour compromettre ses droits, suffisant cependant pour assurer ceux de son débiteur. Telle est la ressource que la loi met à son service.

Voilà l'utilité première du référé au président ; celle que l'ancien droit connaissait presque exclusivement, ainsi qu'on peut le voir dans les ouvrages des praticiens d'alors, notamment dans Pigeau.

Mais j'ai dit que le référé avait aussi pour but d'assurer aux droits que les parties peuvent tenir soit de leurs conventions, soit de la loi, une satisfaction aussi complète que possible, en quelque sorte adéquate à ces droits. L'essentiel pour un créancier n'est pas en effet d'obtenir un titre exécutoire, qui peut devenir dans ses mains une sorte de titre nu, mais bien plutôt de pouvoir prendre, le cas échéant, les mesures conservatoires destinées à sauvegarder ses droits.

A ce point de vue, le référé apparaît comme un des moyens d'assurer l'exécution de ce vieil adage de droit qui est le droit lui-même, que les parties doivent rester jusqu'au jugement retardé par des lenteurs judiciaires, dans la même situation, c'est-à-dire avec les même avantages qu'au jour de la demande.

Que telle soit la portée de beaucoup des ordonnances de référé, on pourra me le contester, et je n'ai en effet trouvé cette idée développée dans aucun des auteurs modernes. Il m'a semblé cependant qu'elle répond au but de l'ordonnance de référé, et j'ai cru pouvoir ainsi la formuler après Pigeau. Cet auteur étudie la théorie des référés à propos de la demande en justice et comme un incident possible de l'introduction d'une action (T. I, p. 116, *Procédure du Châtelet*, tit. II, ch. VI, Paris, 1787). Comme application de cette idée il cite le référé au cas de saisie-revendication, lorsque l'on veut constituer un gardien judiciaire de l'objet litigieux.

J'aurai à démontrer cette proposition. Mais qu'il me soit permis tout d'abord, de faire remarquer que ce n'est pas là le champ d'application qui caractérise le mieux la juridiction des référés, et ce pour deux raisons.

D'une part en ce qui concerne ces mesures préparatoires destinées à sauvegarder les droits du demandeur, il y aura lieu souvent à une simple ordonnance sur requête, ex. : au cas de saisie-arrêt, etc.

D'autre part d'autres magistrats ont reçu de la loi le pouvoir de prendre ces mesures conservatoires, et leur compétence vient restreindre celle du président des référés ; cela a lieu dans la plupart des hypothèses où la loi donne compétence à un juge-commissaire, comme au cas de faillite, ou à un juge unique comme au président du tribunal de commerce en matière de saisie-conservatoire, ou au juge de paix dans beaucoup de circonstances.

Toutefois sous le bénéfice de ces restrictions, on peut dire que le président du tribunal civil est compétent pour statuer en référé, *sur toutes les mesures provisoires destinées à sauvegarder au cas d'urgence les droits des parties, sur lesquels le tribunal pourra plus tard statuer utilement s'il y a lieu.* C'est ainsi qu'il ordonnera un constat, une expertise, qu'il nommera un séquestre, un administrateur ou un gardien, qu'il prononcera le renvoi d'un employé infidèle, l'expulsion d'un locataire manquant à ses obligations, etc., etc.

Un mot sur quelques-unes de ces hypothèses montrera bien en effet le caractère essentiel du référé, qui est de permettre de prendre toutes les mesures destinées à sauvegarder les droits des parties, sans toutefois rien préjuger quant au fond.

Ex. Un mur mitoyen menace ruine; ou bien le voisin a surélevé sans prendre les précautions nécessaires; un effondrement s'est produit dans une mine ou dans une carrière; un incendie a éclaté, et la police d'assurances ne précise pas la manière dont les experts doivent être choisis ; ou bien encore il y aura des recours successifs excluant la possibilité de s'entendre sur le choix de l'agent. Dans tous les cas il est évident que des constatations immédiates s'imposent, que des travaux de consolidation ou de réparation sont nécessaires et urgents ; le président du tribunal nommera un ou trois experts en référé (Cass. 28 août 1877, S. 78, 1, 344).

Ce sont des intérêts pécuniaires qui se trouvent menacés, soit par suite de l'immobilisation aux mains des locataires de loyers saisis-arrêtés, soit parce qu'il y a litige sur la propriété de meubles, valeurs mobilières, ou immeubles, soit parce qu'une société se trouve en liquidation : le juge du référé peut nommer un séquestre. Ce séquestre peut même avoir des pouvoirs d'administrer, de faire face aux dépenses et frais d'administration, d'entretien, sauf à rendre compte à qui il appartiendra (Cass. 12 mars 1882, S. 82, 1, 349, confirmant un arrêt de la Cour d'Aix du 31 janvier 1881 ; cf. Cass. 10 juillet 1876, S. 76, 1, 405 : Nancy, 26 février 1876 ; D. P. 76, 1, 313 ; Bazot, p. 290 et suiv. ; Cour de Paris, 6ᵉ chambre, 5 mars 1885 ; *Le Droit*, 26 juillet 1885).

Le président nommerait de même en cas d'urgence un administrateur ; ce pouvoir lui est même formellement reconnu par un texte.

Le décret du 22 janvier 1868, art. 21, sur les sociétés d'assurances : « A défaut de nomination des commissaires par l'assemblée générale, ou en cas d'empêchement ou refus d'un ou de plusieurs d'entre eux, il est pourvu à leur nomination ou à leur remplacement par ordonnance du président du tribunal de première instance du siège de la Société, à la requête de tout intéressé, les membres du conseil d'administration dûment appelés. »

Dans d'autres espèces, la conservation provisoire des droits des parties apparaîtra moins réellement, par exemple en matière d'expulsion, ou de renvoi d'un employé, etc. Mais ici on peut dire que l'autorité du président intervient pour empêcher que des dommages plus grands ne soient causés ; c'est encore une manière de sauvegarder des droits.

Il suffit d'assister à quelques audiences des référés pour voir que tel est bien l'esprit de cette juridiction : le plus souvent les parties s'entendent sur la mesure qu'il y a lieu de prendre, sachant bien que rien n'est préjugé quant au fond.

Voilà donc, je crois, une idée générale que l'on pourrait donner du référé au président, à savoir qu'il s'agit d'assurer l'exécution aussi complète et aussi exacte que possible des droits des parties, soit en permettant pour le créancier, ou mieux pour celui qui prétend avoir un droit, les mesures conservatoires de ce droit ; soit au contraire en réservant au débiteur, ou à celui contre qui un jugement a été rendu, ou par qui une obligation notariée a été souscrite, la certitude de ne pas voir l'exécution dépasser la portée de l'obligation. Si tous nos droits et obligations se ramenaient à rapports de créancier à débiteur et respectivement, et si tous devaient aboutir à une instance, on pourrait dire que la *voie du référé s'ouvre avant l'instance au profit du créancier, après l'instance au profit du débiteur.*

Je ne voudrais pas qu'on se méprît sur la portée de cette formule forcément inexacte et incomplète ; les auteurs modernes, soucieux avant tout de réunir des décisions d'espèces, ne s'y sont pas arrêtés ; je ne la donne qu'en m'autorisant pour partie du moins, du **Pigeau** (V. *suprà*).

Cependant il serait peut-être facile de trouver dans le texte même de l'article 806 une justification de cette idée. Cet article prévoit en effet deux cas distincts de référé : « 1° dans tous les cas d'urgence, 2° *ou* lorsqu'il s'agira de statuer provisoirement sur les difficultés relatives à l'exécution d'un titre exécutoire ou d'un jugement, il sera procédé, etc. »

Si l'on partait de l'idée que tous les droits peuvent aboutir à un jugement à prendre, et ensuite à exécuter, ma proposition serait exacte au point de vue du texte lui-même.

Mais je sens bien et je me hâte de dire qu'elle ne suffit pas à rendre compte d'une manière suffisante de la théorie des référés.

En effet, nous avons vu au début que certains cas de référé, presque tous ceux que prévoit le Code de procédure se rapportent surtout à des mesures d'administration de justice, *ex. :* délivrance de certificat en matière de folle enchère; délivrance de seconde grosse, etc.

En outre en ce qui concerne les actes notariés qui sont par eux-mêmes exécutoires, cette théorie ne saurait s'appliquer.

De plus cette classification peut n'être qu'apparente, en ce que même en ce qui concerne les référés sur l'exécution des jugements, il se peut que le référé ne soit que le premier acte d'une procédure en nullité d'exécution.

Enfin et c'est là surtout l'objection à ce système, la plupart des ordonnances rendues par le président créeront un état de choses définitif ; bien que son ordonnance laisse ouverte la voie du pourvoi au principal, il arrivera ordinairement que les parties accepteront cette décision comme ayant créé un état de choses définitif. Telle est en fait cette juridiction ; tel était aussi le vœu du rapporteur : « Vous ferez sans doute avec nous le vœu que l'audience soit rarement saisie de la contestation sur laquelle le juge aura prononcé en son hôtel ; vous désirez pour le bonheur des justiciables, que les jugements sur référé soient dans les départements ce qu'ils sont aujourd'hui dans la capitale, c'est-à-dire l'extinction totale et définitive, d'une quantité de contestations qui, aux yeux de la loi, ne sont jugées que provisoirement.

« Puissent les présidents des tribunaux se pénétrer de tout le bien qu'ils pourront opérer, en faisant ainsi de leur hôtel, par des jugements équitables, un temple de conciliation ; puissent-ils imiter, faire revivre en leurs personnes, et en exerçant ces augustes et paternelles fonctions, ces magistrats célèbres, les d'Argoux, les Dufour, les Angran d'Alleray, qui, chaque soir, environnés de jeunes légistes, dont ils fécondaient les talents, dont ils éclairaient le zèle, anéantissaient par des jugements provisoires rendus à leur hôtel plus de procès qu'ils n'en avaient terminé par des jugements définitifs rendus le même jour, à l'audience du matin ! »

Le vœu du rapporteur a été doublement rempli. Car si d'une

part, la pratique des référés a pris cette place si considérable
que l'on n'a pas trouvé mieux pour la qualifier, que de la comparer à l'influence du prêteur romain, elle a pris surtout ce
caractère de conciliation, d'utilité bien comprise, devant laquelle les procès s'anéantisent, et ce, grâce à l'influence si considérable des présidents qui se sont succédé au tribunal de la
Seine, dignes successeurs des lieutenants civils au Châtelet,
depuis M. de Belleyme (de 1829 à 1856) jusqu'au président
actuel, si bienveillant à tous, M. Aubépin.

Objet de cette étude. Division.

D'après le court exposé qui précède, il est facile de voir que
cette juridiction des référés s'applique dans trois ordres d'hypothèses assez distinctes, qui dans la pratique du tribunal de la
Seine ont amené à trois manières différentes de procéder.

1° Les référés « au cas d'urgence » : j'entends ce mot exclusivement au point de vue de l'article 806 du Code de procédure
civile;

2° Les référés sur les difficultés d'exécution des titres exécutoires (art. 806, 2e partie).

3° Les référés sur procès-verbaux de scellés, et sur inventaires.

1° Dans la pratique de la Seine les premiers sont jugés par le
président assisté de son greffier à l'audience des référés *sur
placets.* Les avoués se présentent eux-mêmes en général, ou par
leurs clercs (De Bell., II, p. 33, 2e éd.), l'affaire étant portée
à l'audience par la rédaction d'un placet, et l'original de l'assignation demeurant aux mains du demandeur, ou plutôt de son
représentant. Ces ordonnances s'expédient ordinairement sous
forme de grosses, la minute rédigée par le greffier demeurant
au greffe. La plupart des cas prévus dans le Code de procédure
que j'ai cités précédemment, se présentent à cette audience des
référés, laquelle se tient les mardis, jeudis et samedis pendant
le cours de l'année judiciaire, et les mercredis et samedis pendant les vacations.

Dans la pratique ordinaire des tribunaux de province on ne

fait pas de placets pour ces sortes de référés ; mais dans tous les cas il y a lieu à assignation principale avec ou sans autorisation du président selon qu'il y a, ou non, des jours fixés pour l'audience des référés. Dans le cas de référé afin de délivrance d'une deuxième grosse, il faut toujours une autorisation, art. 844. (Paris, 6 juillet 1885. J. *Le Droit*, 10 novembre 1885).

2° Les référés sur les difficultés d'exécution, dits sur procès-verbaux d'huissiers, sont portés, à Paris, à une audience quotidienne, spéciale pour les huissiers. L'original du procès-verbal de récolement, sur lequel le débiteur a requis l'apposition d'une demande de référé, est visé par les huissiers audienciers, aux droits de 0 fr. 30 (Art. 152, 1er tarif civil), et porté à l'audience pour l'appel des référés. Le président rend son ordonnance sur-le-champ, ordonnant soit la continuation, soit la suspension des poursuites, et même un délai de grâce si le demandeur y consent. Cette ordonnance s'exécute sur minute, et est rédigée par l'huissier lui-même dans les termes où elle a été rendue, souvent même sur la feuille du procès-verbal contenant la réquisition de référé.

3° Enfin quand il se présente une difficulté sur une apposition de scellés ou un inventaire, le juge de paix ou le notaire en dressant leur procès verbal, mentionnent les dires des opposants, et ajournent sur-le-champ les parties devant le président, lequel les entend en son cabinet avant l'audience ordinaire, et ordonne comme dans les autres cas ce qu'il estime juste. De même des référés sur procès-verbaux des commissaires-priseurs (Isaure Toulouse, *Manuel de procédure pratique*, p. 86 et suiv.).

Cette juridiction s'étend chaque jour à des cas plus nombreux. M. de Belleyme, en 1855, évaluait de 8 à 10,000 les ordonnances rendues chaque année. Le compte général de l'administration de la justice pour l'année 1882 (*J. Off.* du 19 mars 1884) relève 16,051 ordonnances de référé sur placets, et 15,977 sur procès-verbaux. De ces 32,028 ordonnances, 18,260, c'est-à-dire 57 p. 100, ont été rendues par le tribunal civil de la Seine, ou par les magistrats délégués par lui; les 7/10mes sur procès-verbaux, soit 12,865; et le reste, soit 5,395, sur placets.

Pour l'année 1883 les chiffres sont sensiblement les mêmes : 16,553 ordonnances sur procès-verbaux, et 15,953 sur placets. De ces 32,506 ordonnances 19,009 soit 58 p. 100 émanaient du président du tribunal civil de la Seine (*J. Off.* 10 mai 1885).

Ce sont ces derniers seulement que je me propose d'étudier. Quelle que soit l'importance pratique des référés sur procès-verbaux, je ne veux pas m'y arrêter, d'abord parce que l'objet de cette étude doit forcément être assez restreint ; et qu'en outre au point de vue théorique, l'intérêt des questions qu'ils soulèvent est moindre. On sait parfaitement en effet que la plupart de ces référés sur procès-verbaux ne sont introduits en général que pour obtenir quelques délais, et que cette pratique, absolument contraire aux règles de droit strict en cette matière, ne se maintient que par l'esprit de tolérance que les magistrats de la Seine apportent dans leurs décisions, en accordant des délais toutes les fois que le demandeur ne s'y oppose pas formellement, le tout dans le but de retarder des faillites, ou tout au moins les voies les plus rigoureuses de l'exécution du débiteur de bonne volonté.

Mais même en ce qui concerne les référés dits sur placets, je n'entends pas les étudier complètement. Beaucoup de décisions d'espèces relevées dans les textes, ne sont relatives qu'à des mesures d'administration de la justice, et ne présentent aucun intérêt théorique. Je me bornerai donc à rechercher les règles qui doivent déterminer la compétence du président, laissant de côté les applications de détail, et les règles qui ne relèvent que de la procédure proprement dite. J'essayerai d'approfondir par leurs conséquences, le caractère des décisions du président, d'indiquer les principes généraux de sa compétence, m'attachant à rechercher soit dans le texte de la loi, soit dans les nombreux documents judiciaires relatifs à ce sujet, l'esprit propre de cette juridiction.

Cependant avant d'abandonner complètement ces considérations d'un ordre purement pratique, il me paraît utile d'indiquer que ces différences d'application d'une juridiction unique, ne doivent pas en changer les règles essentielles, et que par suite les principes que je vais essayer de poser devraient s'appliquer dans toutes les espèces. C'est dans cet ordre d'idées que la Cour de Paris a décidé que la distinction établie à Paris entre les référés sur procès-verbaux et les référés sur placets est purement règlementaire, et ne modifie en rien les pouvoirs de juridiction qui sont attribués par la loi au juge des référés, de sorte que l'ordonnance rendue sur procès-verbal, alors que d'après cette distinction elle aurait dû être rendue sur placet, est parfaitement valable (Paris, 19 janvier 1882, S. 83, 2,127).

Tel est donc l'objet de cette étude. Pour mieux fixer ces principes, je vais rappeler l'origine des référés dans l'ancien droit, les tentatives du droit intermédiaire, la rédaction du titre des référés, et le rapport si souvent invoqué du tribun Réal ; enfin dans une dernière partie j'exposerai quelques principes essentiels qui se dégagent tant de ces travaux que de la dernière jurisprudence.

PREMIÈRE PARTIE

DES ORIGINES DES RÉFÉRÉS

CHAPITRE PREMIER

DROIT ANCIEN.

Ce n'est pas à Rome qu'il faut chercher l'origine de la juridiction et de la procédure des référés, et Pigeau me paraît avoir été mal inspiré quand, pour trouver des analogies avec les référés il dit : « à Rome il fut un temps où celui qui voulait réclamer le secours de la justice, menait la partie devant le juge en la saisissant *torto collo :* ce sont les propres expressions de la loi des XII Tables. »

Ce qui caractérise en effet une institution, ce sont moins les formes extérieures quelle peut prendre, que le but auquel elle répond ; et il s'agit en matière de référé non pas de faire rapidement juger un litige, mais de prendre une mesure préventive. Au simple point de vue purement extérieur, on pourrait même dire que toute la procédure romaine aboutit à un référé au magistrat.

C'est donc dans l'ancien droit qu'il faut chercher les sources de cette procédure, et je pense qu'on la trouvera facilement en songeant aux lenteurs et aux formalités longues et compliquées des procédures, notamment des procédures d'exécution.

Les praticiens de l'ancien droit étudient en effet avec un soin minutieux les divers incidents qui s'élèvent sur les exécutions, les commandements, les divers procès-verbaux de saisies, affiches, récolements qu'il y aura lieu de faire avant de procéder à la vente, et les oppositions nombreuses qui ne manqueront pas de surgir, et que l'huissier suscitait sans doute comme encore aujourd'hui pour augmenter les frais et par suite ses émoluments.

Le commandement ayant été fait, l'huissier se présente pour saisir ; il se peut que le débiteur refuse d'ouvrir ses portes : il y a lieu alors de l'assigner devant le juge du lieu en référé (art. 5, tit. XXXIII, Ord. 1667).

Supposons que le juge ait ordonné qu'il serait passé outre à son opposition, d'autres incidents nombreux vont surgir : le débiteur soutient avoir une opposition entre ses mains ; il peut prétendre avoir payé ; la femme soutiendra que les meubles lui appartiennent ; ou bien encore c'est un tiers qui survient, par exemple le propriétaire, ou un autre créancier qui prétend avoir déjà opéré une saisie etc. Dans tous ces cas il y a lieu d'en référer au juge du lieu, et à Paris, au lieutenant civil au Châtelet.

Après la saisie opérée, il y aura lieu d'établir un gardien solvable ; si des contestations s'élèvent sur cette solvabilité, on en réfère également au juge du lieu.

Enfin même après la saisie, des difficultés peuvent surgir. On a levé le procès-verbal de référé que l'on signifie à la partie adverse ; la huitaine accordée par l'ordonnance (art. 12, tit. XIII) étant expirée, l'huissier signifie la vente au gardien et enlève les objets saisis pour le vendre au jour indiqué, « s'il ne survient quelques difficultés, ce qui ne manquera guère, » dit un vieil auteur. (*Nouveau style du Châtelet*, tit. II, liv. 3, Paris, 1746). Ces oppositions seront portées à l'audience du lieutenant civil en la chambre civile, qu'il tenait seul, assisté de son greffier, et où était présent un avocat du roi, pour obtenir un passer-outre. Ce sera là un jugement au principal ; bien que les auteurs recommandent de ne pas trop entrer dans l'examen des titres.

Que telle soit l'origine des référés tels qu'ils existent aujourd'hui, cela ne me paraît guère contestable. On recourait au *juge du lieu* statuant seul, dans toutes ces difficultés soulevées à l'occasion de l'exécution des jugements. C'est ce que nous dit *Le parfait patricien français* (Paris, 1680, *De l'exécution des obligations et des saisies*, p. 136.)

L'auteur de *La nouvelle pratique civile et criminelle* (Paris, 1681), au titre des *saisies*, suppose de même, que l'huissier venant pour saisir, accompagné de deux témoins, trouve les portes closes ;

Il doit se retirer *devant le juge du lieu* qui, au bas de son procès-verbal, nomme deux personnes en présence desquelles l'ouverture des portes et la saisie devront être faites, et l'huissier doit faire signer son procès-verbal par ces deux personnes.

Enfin il faut bien se rendre compte des résultats et des droits acquis qu'avait forcément créés l'existence de pouvoirs et de juridictions mal définies. M. Ch. Desmazures rapporte ainsi dans son Traité sur le Châtelet de Paris, un arrêt des registres du Parlement, duquel résultait qu'en 1502, sur la plainte des officiers du Châtelet, la Cour défendit au lieutenant civil de juger aucun procès en sa maison, et fit rendre les épices d'un procès qu'il avait ainsi jugé (*Le Châtelet de Paris*, Paris, 1863).

Nous dirons donc que la compétence du juge du lieu, statuant seul dans ces sortes d'espèces, était la conséquence de pratiques anciennes et générales.

C'est ainsi d'ailleurs que l'a compris le tribun Réal lorsqu'il déclare dans son *Exposé des motifs*, en parlant de l'édit du 22 janvier 1685, que l'on considère généralement comme ayant introduit au Châtelet, ou du moins comme ayant réglementé la pratique des référés, « que cet édit nous permet de supposer qu'il n'a fait que confirmer ou réglementer un usage introduit bien antérieurement. »

Cela apparaîtra comme évident, si l'on considère que l'article 6 de cet édit relatif au référé, ne parle pas des saisies et des incidents qu'elles peuvent soulever, et que cependant la compétence du lieutenant civil était certaine en ces matières.

Cette compétence s'imposait d'ailleurs, et correspondait à ce qui existait partout (V. Glasson, *Les Sources de la procédure*, p. 110). Ainsi que le fait remarquer M. Demiau Crouzihac (*Instructions sur la procédure*, tit. des Référés. Paris, 1813), le pouvoir accordé à Paris au lieutenant civil, était exercé dans les provinces par le premier juge nanti, au moyen d'une ordonnance au pied d'une requête qui était exécutoire nonobstant opposition ou appellation quelconque, lorsqu'elle le portait formellement. Mais ces ordonnances pouvaient donner lieu à des abus auxquels du moins remédiait le débat contradictoire en référé.

J'aurai donc à étudier cet édit du 22 janvier 1685, sur l'administration de la justice au Châtelet de Paris en ce qui concerne la matière des référés, et en tenant compte des extensions que cette juridiction reçut de la pratique. Mais, avant de le faire, de dois rappeler, avec le rapporteur du titre des référés, qu'une autre origine de cette juridiction peut être recherchée dans la Coutume de Normandie, où nous trouvons une institution analogue connue sous le nom de « clameur de Haro ». Ce rappel est d'autant plus nécessaire que plusieurs des règles généralement admises actuellement par la jurisprudence s'y trouvent déjà dans le texte même de la Coutume.

Section I. — De la clameur de Haro.

La clameur (action) de Haro de la Coutume de Normandie présente deux caractères essentiels du référé :

1° Elle suppose *un éminent péril*;

2° Elle met la chose litigieuse sous séquestre jusqu'à ce qu'il ait *été par justice statué sur la provision* (art. 57, tit. XVI, ch. i, *Cout. Normandie*).

La Coutume s'occupe de la clameur de Haro dans le titre consacré aux actions possessoires, et y consacre les articles 54 à 59 qu'il me paraît utile de rapporter.

Art. 54. Le Haro peut être interjeté non seulement pour les maléfices de corps, et pour choses où il y aurait éminent péril, mais pour toutes introductions de procès possessoires, encore que ce soit la matière bénéficiale, ou concernant le fait de l'Église.

Art. 55. Clameur de Haro se peut intenter tant pour meubles que pour héritages.

Art. 56. Les parties sont tenues de bailler respectivement plège et caution, l'une de poursuivre, l'autre de défendre le Haro.

Art. 57. Après la caution baillée, la chose contentieuse est séquestrée par la nature du Haro, jusqu'à ce que par justice ait été ordonné sur la provision.

Art. 58. Le sergent, après la clameur interjetée, doit mettre le séquestre en mains autres que les deux parties.

Art. 59. Le juge ne peut vuider la clameur de Haro sans amende (Glasson, *Sur la clameur de Haro*, p. 46).

Ainsi qu'on peut le voir par la simple lecture de la Coutume,
nous sommes en présence non pas de règles destinées simplement à vaincre des résistances sur l'exécution d'un acte, ou
même à assurer la liberté du commerce, comme nous le verrons
dans l'édit de 1685, mais bien d'une institution toute particulière, née des mœurs mêmes d'un pays, et ayant un caractère
exceptionnel tant dans ses applications que dans les règles de
procédure et de compétence qu'elle présente (Boitard, n° 1067).

La clameur de Haro est une plainte verbale et publique, de
celui à qui l'on fait violence ou injustice dans sa personne ou
dans ses biens, et qui implore la protection de la justice : elle
emporte de soi assignation immédiate devant le juge du lieu.

Pour montrer l'importance et le caractère qu'on lui attribuait,
je ne puis mieux faire que rapporter, d'après Merlin, ce fait
historique. Henri V, roi d'Angleterre, ayant mis le siège devant Rouen en 1417, un prêtre fut député pour lui faire cette
harangue : « Très excellent prince et seigneur, il m'est enjoint
de crier contre vous le grand Haro ». Le roi qui n'avait pas
sans doute les mêmes respects que les Normands pour cette
clameur, passa outre et prit la ville.

Ce caractère presque religieux de l'action à l'origine, laquelle
était plus particulièrement propre à certaines actions crimi-
nelles (Glasson, *Sur la clameur de Haro*, p. 7), se modifia peu à
peu, et à la fin du droit la clameur de Haro s'applique surtout
à la possession des choses litigieuses : elle donne aux choses qui
en font l'objet, ce caractère d'être de plein droit susceptibles
d'être séquestrées, jusqu'à ce qu'il ait été statué sur le litige ;
la clameur s'applique à toutes contestations possessoires et
provisoires ; elle se donne pour conserver la possession, non
pour recouvrer la possession perdue ; les femmes peuvent l'intenter, de même que les impubères, sans besoin d'être assistés,
c'est encore la Coutume qui nous le dit un peu plus loin.

Ce qu'il me paraît important de remarquer ici, c'est le rapprochement de la clameur de Haro et des autres actions possessoires ; les principes de compétences, et les règles qui ser-
vent à déterminer la décision du juge sont en effet les mêmes.
Nous retrouverons souvent cette analogie, qui résulte du but

même que l'on se propose en cette matière ; mais il est intéressant d'en voir une application incontestée dans un document législatif et dans une origine de notre droit.

Disons enfin que cette clameur s'appliquait même en matière bénéficiale, et devait recevoir exécution « si le prêtre a temporel », cela à cause de son caractère tiré des nécessités (Glasson, p. 12).

Et « les coustumiers disent que quand une personne crie Haro sur aucun, *ex ipso* que le cry est fait, celui qui jette ce cry est en la sauve-garde du roy. » Marmier, *Coutumes, Styles et Usages en Normandie*, ch. III, Caen, 1847). « Se aucun cry de Haro est levé pour raison d'héritage, aussitôt que le cry est levé, *ex ipso* l'héritage est en mains du roy (Ibid). »

Tel est donc ce caractère important du Haro, qui est de mettre la chose litigieuse sous séquestre, ce qui permet d'attendre la décision du fond.

Cette action s'appliquait dans tous les cas, quel que soit l'objet litigieux, quelles que soient les personnes en cause.

Enfin la connaissance en appartenait au juge royal ; c'était en effet un puissant moyen d'action, qu'il ne fallait laisser qu'en mains dévouées.

Les rois sentaient si bien d'ailleurs combien cette clameur conservait d'autorité malgré le temps, qu'ils avaient soin ordinairement de promulguer leurs ordonnances exécutoires nonobstant toute clameur de Haro (Glasson, p. 23).

Cette clameur ne fut pas abrogée par l'article 11 de l'ordonnance de 1667, et s'est maintenue dans tout l'ancien droit (Sur ce rapprochement du Haro et du référé, V. Glasson, *loc. cit.*, p. 83). Elle fut abrogée par l'article 594 de la loi du 3 Brumaire an V. (Code des délits et des peines), et par l'article 1041 du Code de Procédure civile.

Section II. — Des attributions du lieutenant civil.

Parmi les attributions nombreuses qui lui appartenaient comme premier magistrat du Châtelet de Paris, le lieutenant civil était spécialement chargé de tenir les audiences de la

Chambre civile et de la Chambre foraine (art. 13, édit de 1685 et édit de 1717); il avait en outre un pouvoir de juridiction spéciale qu'il exerçait en son hôtel (Pigeau, t. I, p. 86 suiv.).

Deux sortes d'actes se portaient à l'hôtel du juge : 1° ceux pour lesquels les nécessités des circonstances exigeaient une solution immédiate, et qui ne pouvaient attendre les jours d'audience; c'étaient les référés (Pigeau, t. I, p. 111 et s.). C'était encore en son hôtel, que le Lieutenant Civil répondait les requêtes à fin de permission d'assigner, de saisir et autres.

2° Ceux que l'incommodité des audiences et le retard qu'ils apporteraient à l'expédition des affaires faisaient regarder comme faits plus convenablement à l'hôtel du juge, tels étaient les avis des parents, les nominations de tuteurs, curateurs, ouvertures de testaments, vérification d'écritures, etc. (Pigeau, t. II, p. 80. *Procédure au Châtelet de Paris.* — Art. 20, édit 1685).

Je n'ai pas à m'occuper de ces fonctions du Lieutenant Civil; mais il me paraît nécessaire de donner quelques explications sur la nature des affaires portées à la Chambre civile, parce que nous verrons combien devait forcément être limité dans l'ancien droit le champ d'application du référé proprement dit. Cet exposé est indispensable pour montrer combien peu était justifiée dans notre pratique moderne la tendance qui portait certains auteurs à restreindre la compétence du président.

L'ordonnance de 1667, tit. XVII, art. 7, portait que des audiences spéciales seraient réservées aux affaires sommaires. Au Châtelet ces affaires étaient jugées par la Chambre civile, et c'était le Lieutenant Civil qui tenait ces audiences (art. 13, édit 1685), assisté simplement de son greffier, et où était présent un avocat du roi (art. 20, même édit). L'article 6 de l'ordonnance de 1667 portait que les parties pouvaient comparaître elles-mêmes et sans procureur; et dans tous les cas ces affaires étaient jugées aussitôt les délais échus, sur simple avenir et sans autre procédure. — Ces audiences se tenaient les mercredis et samedis (art. 13, édit 1685).

Au point de vue des formes, il est certain que nous trouvons bien quelque analogie avec le référé actuel.

Mais au point de vue de la compétence même, les analogies

ne sont pas moindres dans certains cas : nous voyons en effet que l'ordonnance de 1667, tit. XVII, indique comme devant être portées à ces audiences notamment :

Art. 3. « ... Les actions pour occuper les maisons ou fermes, ou exploiter, ou aux fins d'en vuider... au-dessous de 1000 livres. »

Art. 4. « Les appositions et levées de scellés, confection et clôtures d'inventaires et les oppositions formées à la levée des scellés aux inventaires et clôtures, en *ce qui concerne la procédure seulement*, les oppositions faites aux saisies, exécutions, vente de meubles..... »

Art. 5. « Les demandes en élargissement et en provision .....celle à fin de main-levée des effets mobiliers saisis et exécutés, les établissements ou décharges des gardiens, commissaires, dépositaires ou séquestres ..... et tout ce qui requiert célérité, et où il *peut y avoir du péril en la demeure*..... au-dessous de 1000 livres. »

L'article 13 de l'édit de 1685 sur l'administration de la justice au Châtelet a reproduit en résumé la plupart de ces dispositions : « Le Lieutenant Civil ou, en son absence, l'un des lieutenants particuliers, tiendra, les mercredis et les samedis, l'audience de la Chambre civile pour l'expédition des causes où il s'agira de vider les lieux ; .....des saisies et exécutions de meubles faites en conséquence des établissements et décharges de gardiens et de commissaires ; des réparations des bâtiments.... »

Enfin il n'est pas inutile de rappeler qu'en ces matières l'ordonnance de Blois modifiée pour partie seulement par l'ordonnance de 1667 avait prescrit l'exécution provisoire.

Il suffit de lire ces articles et de les rapprocher de ceux que le Code de procédure consacre aux mêmes matières, pour voir qu'il est hors de doute que, dans l'esprit du Code de procédure, un grand nombre des attributions de la Chambre civile doivent aujourd'hui appartenir au juge des référés.

Les articles 404 et suivants (C. pr. c.) qui règlent aujourd'hui les matières sommaires sont loin de donner satisfaction aux nécessités d'urgence que nous avons supposé exister ; l'article 404 énumère bien moins longuement les affaires qui doivent être réputées sommaires, et la procédure ne présente plus le même caractère de rapidité. C'est le tribunal entier qui en connaît ; il n'y a plus d'audiences spéciales ; il y a toutes les lenteurs de la constitution d'avoué, de l'avenir à l'audience et des exceptions possibles ; et il arrive ainsi, comme on peut le constater au tribunal de la Seine, qu'une affaire réputée sommaire parce qu'elle exige célérité est jugée dix-huit mois après la date de l'assignation.

Si l'on part en outre de ce principe que je me propose d'établir, que l'urgence est une notion contingente et toute relative, on arrivera à conclure que les analogies que l'on pourrait chercher dans la pratique du Châtelet doivent être discutées avec soin et souvent écartées. Nous devrons par suite condamner la jurisprudence qui a suivi immédiatement la promulgation du Code de procédure, en ce qu'elle était un reflet trop fidèle, et non justifié, de la pratique antérieure. Cela méritait d'être dit et expliqué.

SECTION III. — **Des référés en l'hôtel du Lieutenant Civil.**

Quand les affaires n'étaient pas du ressort de la Chambre civile, ou bien quand les circonstances étaient tellement urgentes qu'elles ne permettaient pas d'attendre les délais ordinaires des assignations, les parties pouvaient, en vertu d'une ordonnance rendue sur requête, assigner à l'hôtel du Lieutenant Civil.

Cependant cette juridiction était exceptionnelle ; et le désir de l'édit de 1685 est que l'on demande simplement au juge d'abréger les délais des articles 1 et 2, t. III, de l'ordonnance de 1667, délais qui variaient de 3 à 8 et à 15 jours.

L'article 7 de l'édit porte en effet : « Lorsqu'il s'agira de la liberté de prisonniers arrêtés pour dettes hors des cas de l'article 6 (référé), de la main-levée des meubles, chevaux et bestiaux saisis et autres matières qui requièrent célérité, le lieutenant civil pourra permettre d'assigner à un délai plus bref que ceux portés par le 3ᵉ titre de notre ordonnance de 1667 à laquelle nous avons dérogé pour cet égard ; et ceux qui feront arrêter prisonniers leurs débiteurs ou qui les feront recommander pour dettes dans notre bonne ville de Paris, ou qui y feront saisir des carrosses, chevaux, bestiaux et autres meubles en conséquence de jugements rendus dans l'une des cours et juridictions qui y sont établies, ou d'autres actes, seront tenus d'y constituer procureur et d'élire domicile dans ladite ville par les écrous d'emprisonnement, recommandations, saisies ou oppositions et en conséquence ils pourront être assignés aux domiciles qu'ils auront ainsi élus. »

Mais cette faculté d'abréviation de délais pouvait n'être pas suffisante, et comme le font remarquer les auteurs, à côté des affaires *requérant célérité*, et en vue desquelles on permet d'abréger les délais, peuvent se rencontrer des affaires *urgentes* nécessitant une solution immédiate.

J'ai déjà montré comment ces questions s'étaient posées dans la pratique antérieure en matière d'exécution ; l'édit de 1685 vient ajouter de nouveaux cas dans ses articles 6 et 9.

1ʳᵒ *H.* « Quand il s'agira de *la liberté* de *personnes qualifiées* ou *constituées en charges;* de celle des marchands et négociants emprisonnés à la veille de plusieurs féries consécutives ou des jours auxquels on n'entre pas au Châtelet. »

C'était la plus grande partie de la semaine sainte, celle de Pâques, les vacances et autres jours où le tribunal vaque (Pigeau, t. I, p. 111, note *a*).

On peut remarquer que la règle de compétence posée par la fin de ce paragraphe porte une dérogation aux principes de compétence en cette matière. C'était en effet au prévôt des marchands qu'il appartenait de connaître des difficultés « pour raison de marchandises se trouvant dans le port de la ville ». L'édit n'ayant fait aucune distinction, on admit qu'on pouvait en référer au lieutenant civil dans tous les cas requérant célérité (Pigeau, t. I, p. 111, note *b*).

Nous trouverons dans la théorie du droit moderne une controverse sur ce point.

Cette partie de l'article vise l'exécution d'un jugement, et porte en substance que cette exécution doit, dans certaines circonstances très favorables aux yeux du législateur d'alors, recevoir des restrictions.

Mais la jurisprudence avait établi des distinctions plus rationnelles en cette matière et décidé que lorsque le débiteur avait attaqué par voie d'opposition ou d'appel le jugement que l'on voulait exécuter contre lui, c'était par voie de référé en vertu d'une permission du juge, qu'il pouvait suspendre l'exécution (Pigeau, *loc. cit.*, t. 1, p. 842).

Lorsque le débiteur ne se trouvait pas dans ces cas favorisés, ou bien lorsque, sans attaquer l'exécution comme nulle en la forme, étant faite en vertu d'un titre paralysé, lorsque par exemple il invoquait un payement, une compensation, ou l'offre d'une caution, etc., le défaut d'aliments, la qualité de septuagénaire, il n'y avait lieu qu'à assignation à bref délai, devant la juridiction compétente (art. 7, édit 1685, Pigeau, *ibid.*).

2ᵉ *H*. L'édit continue : « Lorsqu'on demandera la *main-levée de marchandises prêtes à être envoyées* et dont les voituriers seront chargés et qui peuvent dépérir... L'*urgence* est manifeste.

3ᵉ *H*. « Du *payement que des hôteliers ou des ouvriers* demandent à des étrangers pour des nourritures ou fournitures d'habits ou autres choses nécessaires. »

Remarquons ici que l'édit s'écarte d'une idée qui est essentielle dans le Code de procédure, le lieutenant civil pouvait en effet, d'après l'édit, prononcer une condamnation pécuniaire; l'urgence semble donc justifier la mesure à prendre. Nous verrons, en droit moderne, que ce qui justifie la compétence du président, c'est moins l'urgence, que la possibilité de sauvegarder des droits par des mesures provisoires, ce qui exclut le droit de condamnation.

Par les mots « étrangers » il faut entendre non seulement ceux qui ne sont pas Français, mais encore les Français, non domiciliés à Paris, qui, y ayant séjourné, y ont fait des dettes d'entretien, vivres et logement; mais il faut qu'il s'agisse de dettes pour nourritures, fournitures d'habits ou autres choses nécessaires; pour toutes autres choses on ne pourrait l'assigner que dans les délais ordinaires et devant le juge de son domicile (Pigeau, I, p. 111, note *c*).

Remarquons en passant que l'art. 175 de la Coutume de Paris accordait un droit de rétention à l'hôtelier : « Dépens d'hôtellerie livrés par hôtes à pellerins ou à leurs chevaux, sont privilégiés, et viennent de préférence devant tout autre sur les biens et chevaux hôtelés ; et les peut l'hôtellier retenir jusqu'à paiement ; et si aucun autre créancier les voulait enlever, l'hôtellier a juste cause de soi opposer... »

4° *H*. Enfin cet article 6 *in fine* porte : « Lorsqu'on réclamera des *dépôts, gages, papiers ou autres effets divertis*. »

Le propriétaire des objets *divertis*, ou plus exactement (Chauveau Q. 2812 *ter*) celui qui prétend avoir sur ces objets soit un droit de propriété, soit un privilège, pourra pratiquer une saisie-revendication. Il devra présenter une requête au juge afin d'être autorisé à revendiquer, et le juge rendra l'ordonnance suivante : « Permis de saisir-revendiquer lesdits « effets, et, en cas de refus, d'ouverture des portes ou d'oppo- « sition aux perquisitions, il nous en sera référé. » (Pigeau, *loc. cit.*, t. II, p. 349.

J'ai cité l'ordonnance d'abord parce que nous y trouvons dans l'ancien droit une ordonnance rendue sur requête contenant la réserve d'en référer, au sujet de laquelle nous verrons tant de difficultés soulevées dans notre droit actuel, sans qu'on ait songé d'ailleurs à ce précédent historique.

D'autre part elle indique bien le mécanisme de cette saisie-revendication. S'il n'y a pas de difficultés soulevées pour l'exécution de l'ordonnance sur requête, la saisie s'opère, et l'on assigne ensuite en validité à la Chambre civile. Si, au contraire, des obstacles se présentent, on va en référé. Ce peuvent être des obstacles matériels, tels que le refus d'ouverture des portes. Mais souvent il y aura lieu à un pouvoir plus large d'appréciation ; ainsi le tiers détenteur des objets peut, ou non, offrir sécurité pour la garde de ses objets : dans ce cas on se bornera à une simple saisie-arrêt entre ses mains. Le tiers détenteur peut même prétendre que ces objets lui appartiennent, qu'il a un droit de gage : dans ce cas le juge sera forcé d'examiner les titres invoqués par le tiers détenteur ; et si ces titres paraissent quelque peu probants, il ne doit pas autoriser la saisie-revendication, et doit renvoyer à l'audience.

Dans aucun cas il ne doit se faire juge de la question de

propriété, qui est réservée (Sur ce développement, V. Pigeau, I, p. 116, suiv. Rapprocher les art. 829 et 831 C. pr. civile).

Procédure. — Dans tous les cas, porte l'édit : « Si le Lieutenant Civil le juge ainsi à propos pour le bien de la justice, il pourra ordonner que les parties comparaîtront le jour même en son hôtel, pour y être entendues et être par lui ordonné par provision ce qu'il estimera juste, sans aucunes vacations ni frais à son égard. »

Il fallait donc en principe une permission du lieutenant civil pour assigner en référé devant lui. Cependant si les circonstances pressent tellement, qu'il ne soit pas possible d'attendre qu'une requête fût répondue, on peut assigner *de plano* sans permission, sauf au juge à décider si le cas était tel qu'on ne pouvait attendre (V. dans Pigeau une formule de référé et d'ordonnance, et quelques détails sur l'ordonnance (*Ibid.*).

Dans d'autres cas au contraire on en référait au lieutenant civil sans permission préalable, mais sur la réquisition que les parties en faisaient aux officiers publics chargés d'instrumenter.

5e *H*. Art. 9 de l'édit. « Lorsque, dans les *appositions et levées de scellés* et dans les *confections d'inventaires*, les parties formeront des contestations, les commissaires, notaires et procureurs qui y assisteront pourront, si les parties le requièrent, se transporter en la maison du Lieutenant Civil pour y être pourvu ainsi qu'il avisera bon être, sans aucun frais ni vacations pour lui, quand même il se transporterait dans les lieux où les scellés sont apposés, et où l'on travaille aux inventaires, et sans que lesdits officiers en puissent prétendre pour eux, lorsque ledit lieutenant civil n'estimera pas nécessaire de rendre aucune ordonnance sur les rapports qu'ils auront faits. Et sera tenu notre procureur audit siège de comparoir auxdits scellés, en cas où il sera nécessaire par l'un de ses substituts. »

Les scellés ne s'apposaient généralement qu'en vertu d'une ordonnance du Lieutenant Civil (*Le Praticien universel*, Paris, 1747, p. 135). Mais au moment même de l'apposition des scellés, des difficultés pouvaient s'élever : ainsi quelqu'un s'opposait, soit parce que l'officier qui se présentait était sans titre, soit en alléguant qu'il y a déjà eu scellé, ou que l'inventaire est déjà terminé (Pigeau, V. mot *Scellé*). Il y avait là des faits matériels à constater ; aussi le commissaire se retirait devant le lieutenant civil en laissant un gardien.

Dans certains cas les questions soulevées pouvaient nécessiter un certain examen des titres. Ainsi une veuve se prétendant donataire universelle en vertu de son contrat de mariage s'oppose à l'apposition des scellés ; le Lieutenant Civil, dans ce cas, ordonnait presque toujours, par provision, l'apposition des scellés, et renvoyait les parties se pourvoir au principal. C'est qu'en effet le Lieutenant Civil ne doit pas, en son hôtel, examiner et juger les titres des parties. Une donation par contrat de mariage peut fournir matière à des difficultés et même être annulée. C'est pour cela que bien que la veuve ait un droit apparent, le juge ne laisse pas d'ordonner par provision l'apposition des scellés qui n'est qu'un acte conservatoire, et qui ne peut porter aucun préjudice aux droits des parties, sauf à la veuve donataire à faire ordonner la main-levée pure et simple à l'audience.

Si l'apposition des scellés était requise par une personne se prétendant créancière, il semble que la veuve ou les héritiers offrant à ce créancier la somme, ou simplement de la consigner, devaient être exempts des scellés, car ce créancier se trouvait désintéressé (*Répertoire universel de jurisprud.* Guyot, Paris, 1782 et 1785, V. mot *Référé* par Mᶜ Laforest, avocat au Parlement).

Les mêmes difficultés pourraient s'élever à l'occasion de la levée des scellés, et l'on pourrait de même en référer (V. *Nouveau style du Châtelet*, Paris, 1746).

Remarquons enfin que, bien que la faculté d'en référer au lieutenant civil en matière de scellés et d'inventaires fût absolument certaine, le principe était plutôt posé dans l'article 4 de l'ordonnance de 1667. Il s'agissait là de matières sommaires relevant de la compétence de la Chambre civile au Châtelet (Rapprocher Code pr. civ., art. 1607, 921, 922, 928, 944, 948).

6ᵉ *H.* Tels étaient les seuls cas prévus par l'édit. Nous savons déjà qu'il faut y ajouter tout ce qui était *relatif aux saisies* et à l'*exécution des jugements*. L'édit n'avait pas à s'expliquer sur ce point, car la pratique était absolument fixée antérieurement. Je n'ai pas y revenir, ce que j'en ai dit me paraissant suffisant (V. *Répertoire universel, loc. cit.; Nouveau style du Châtelet*, V. Référé ; *Praticien universel*, p. 131 ; Merlin, *loc. cit.*; Pigeau, *loc. cit*).

7° *H.* Quelques autres cas s'étaient sans doute présentés en jurisprudence, par exemple en matière de congés. « On n'a pas besoin, dit Pigeau, de prendre sentence sur le congé ; mais si à l'échéance du terme le locataire refuse de sortir, le propriétaire le fait assigner sur-le-champ, en l'hôtel du juge, qui ordonne l'exécution provisoire du congé (Pigeau, t. II, p. 66).

Mais en principe, dit M. Laforest (*loc. cit.*), « en dehors de ces cas qu'il est nécessaire de décider sur-le-champ, le juge doit toujours renvoyer à l'audience même quand il s'agissait d'affaires provisoires par leur nature ; il peut seulement abréger les délais suivant les circonstances. »

Conclusion. L'idée qui se dégage de cet historique et de l'ensemble des textes est que cette juridiction du référé au Lieutenant Civil n'était en quelque sorte, à l'origine, que la conséquence, et peut-être une application du principe de sa compétence en matière sommaire. Les analogies sont frappantes : par exemple, cette faculté de condamnation dans certains cas ; par exemple encore, en matière de contestations relatives à des scellés, la présence d'un substitut du procureur du roi, comme à l'audience de la Chambre civile.

L'ordonnance de 1667 sur la procédure n'en parle pas, et c'est seulement l'édit de 1685 relatif au fonctionnement de la justice au Châtelet de Paris, qui pose ou plutôt consacre les règles que nous venons de voir, et quelques applications de cette compétence.

Il est impossible de trouver dans les textes un principe général, il n'y a que quelques espèces particulièrement prévues, qui toutes se réfèrent à la levée d'obstacles, à la cessation d'entraves apportées sans droit au fonctionnement de la justice, et qu'il y a nécessité de faire cesser sur-le-champ.

Cependant quelques questions étaient nées déjà en jurisprudence, et ce spécialement à l'occasion de la contrainte par corps, où l'on avait déterminé, comme nous l'avons vu, les hypothèses où on pouvait se pourvoir en référé, et celles où il fallait au contraire assigner devant la Chambre civile.

Indépendamment de ces décisions de la jurisprudence, nous voyons que Pigeau avait essayé de rattacher les référés à une théorie de droit; comme j'ai déjà eu l'occasion de le dire, il montre le référé destiné à précéder l'instance, de manière à permettre de prendre les mesures conservatoires qui peuvent être nécessaires. C'est en parlant de ce principe qu'il nous dit « qu'il est impossible de détailler tous les cas qui nécessitent l'usage du référé, parce qu'ils dépendent de circonstances qui varient à l'infini »; et il ajoute « que plusieurs lois et la jurisprudence ont voulu que, dans les cas pressants, on pût sans observer les délais ordinaires obtenir du juge une mesure de précaution. » — Rapprochons cela du passage où il nous montre le référé comme un incident de la demande en justice.

Nous pouvons conclure de cet exposé de l'ancien droit, que ce n'est pas seulement dans le texte de l'édit de 1685, qu'il faut chercher les précédents qui peuvent nous donner l'esprit du titre des référés, c'est aussi dans les règles si formelles et si caractéristiques de la *Clameur de Haro*, à laquelle le rapporteur de la loi actuelle a nettement fait allusion dans son rapport; c'est aussi dans cette jurisprudence et dans cette doctrine qui se créaient peu à peu, bien que les nécessités pratiques ne fussent pas aussi considérables, et c'est de là qu'est passée dans la loi moderne cette disposition large « dans tous les cas d'urgence » laissant le champ grand ouvert au travail de la jurisprudence.

C'est ce que nous étudierons; mais, dès maintenant, il me paraît que l'œuvre du droit ancien peut se résumer en ceci : il y a lieu à référé dans tous les cas où l'exécution d'un acte subit une entrave, et dans tous les cas pressants où il est indispensable d'avoir une mesure de précaution, permettant d'atteindre l'instance au fond. Ce sera presque la rédaction de l'article 806.

Mais remarquons qu'il y a lieu aussi de préciser l'influence que l'on peut tirer des précédents de la Coutume de Normandie; nous serons autorisés à dire que le référé présente beaucoup des caractères de l'action possessoire, et que dans un litige à résoudre le juge devra surtout s'attacher à maintenir l'état de fait actuel, sauf à prendre toutes mesures conservatoires dans ce but.

CHAPITRE II

DROIT INTERMÉDIAIRE.

Le décret-loi des 16-24 août 1790 sur l'organisation judiciaire avait, comme on le sait, émis le vœu « que le Code de la procédure civile soit incessamment réformé, de manière qu'elle soit rendue plus simple, plus expéditive et moins coûteuse » (art. 20, tit. II).

Cette réforme n'eut lieu que par la promulgation du Code de procédure civile, décrété et promulgué du 14 avril 1806 au 9 mai 1806, pour être exécutoire le 1er janvier 1807.

Cependant l'époque intermédiaire présente quelques documents relatifs à cette matière des référés.

Tout d'abord le décret des 16-24 août 1790 donne aux juges de paix certaines des attributions qui appartenaient au Lieutenant Civil (voir notamment le n° 3, art. 10 et l'art. 11, tit. III). En ce qui regarde spécialement l'objet de cette thèse, nous voyons que l'article 11 donne compétence au juge de paix en ce qui concerne l'application des scellés et leur levée ; ce décret ne leur donne pas le pouvoir de connaître des contestations qui peuvent s'élever à ce sujet.

Au point de vue du *référé* proprement dit, la loi du 11 février 1791 vient réglementer le fonctionnement de cette juridiction ; il s'agissait de régler l'activité des tribunaux du département de Paris, ainsi que le portait le rapport à l'Assemblée nationale. Je me bornerai à reproduire cette loi en ce qui nous intéresse.

Article 1. « Les scellés apposés par les commissaires au ci-devant Châtelet de Paris, avant l'institution des tribunaux, seront reconnus et levés par les juges de paix, lesquels lèveront légalement ceux qui ont été apposés par ordonnance de justice sur les titres, papiers et effets des accusés, à la charge d'appeler au procès-verbal de perquisition deux adjoints notables, et sans qu'il soit besoin de la présence d'aucun juge.

« Il sera néanmoins libre à la partie intéressée d'appeler à la reconnaissance des scellés les ci-devant commissaires qui les auront apposés, et dans ce cas les commissaires seront payés par les parties requérantes.

Article 2. « Tous référés relatifs soit à l'apposition des scellés, soit aux incidents qui peuvent naître sur l'exécution des jugements, seront portés devant l'un des juges du tribunal dans le territoire duquel le scellé sera apposé, ou le jugement exécuté ; à la fin de chaque mois les procès-verbaux et ordonnances de référé seront déposés au greffe du tribunal ; lesquels juges seront à tour de rôle chargés de ce travail. »

Les articles 3, 4 et 5 de cette loi règlent la manière de procéder pour terminer les opérations de comptes, liquidation et partages ordonnées par jugement du ci-devant Châtelet.

Cette loi née des nécessités pratiques, et faite pour remédier au trouble apporté dans l'administration de la justice par la suppression du Châtelet, est précieuse en ce qu'elle nous indique bien les cas ordinaires de référé ; ce sont, dit l'article 2, les opérations de scellés, ou les incidents sur l'exécution des jugements ; nous avons vu que l'édit de 1685 ne parlait pas de ces derniers, mais qu'ils s'étaient imposés dans la pratique et par la force des choses, non seulement au Châtelet, mais même dans tout le royaume (V. *Journal des avoués*, Diction., mot *Référé*).

Cette loi est la seule qui intervint dans le droit intermédiaire. Cependant il faut croire que ce *modus vivendi* ne suffisait pas, car je vois que, sans même attendre le Code de procédure, un projet de loi fut soumis au Conseil des Cinq-Cents.

Les auteurs modernes et le tribun Réal lui-même semblent avoir oublié ce document très important sur cette matière, et qui, me paraissant inédit, vaut d'être rapporté *in extenso :*

5ᵉ *Message.*

« Extrait des registres des délibérations du Directoire exécutif.

« Du 26 brumaire de l'an Vᵉ de la République française une et indivisible.

« Le Directoire exécutif formé au nombre de membres requis par l'article 142 de la Constitution arrête qu'il sera fait au Conseil des Cinq-Cents un message dont la teneur suit :

« Le Directoire exécutif au Conseil des Cinq-Cents :

« Citoyens Représentants,

« Le Directoire exécutif appelle en ce moment votre attention sur un des points les plus importants de l'ordre judiciaire, sur la jurisprudence des référés.

« Les référés ne sont connus que pour les cas d'urgence et les nécessités absolues. Leur but est de lever à l'instant ou provisoirement tout obstacle à l'exécution des jugements, toute entrave apportée à des opérations qui ne permettent aucun retard, telles que scellés, inventaires, expertises, revendications de meubles ou marchandises, expulsions de locataires, etc.

« En matière d'exécution l'ordonnance d'*exequatur* est plutôt le cri : « force à la loi », qu'un jugement véritable. Un seul juge pris à tour de rôle réglait sur-le-champ les mesures provisoires de ces sortes d'affaires ; mais l'ordonnance de référé renvoyait toujours le principal à l'audience, et le tribunal ou déclarait alors l'ordonnance définitive, ou la réformait.

« D'anciennes et de nouvelles lois, plutôt particulières cependant pour Paris que générales, et notamment la loi du 11 février 1791, avaient consacré cette forme salutaire des référés ; les tribunaux civils en ont jusqu'ici conservé l'usage qu'ils croient encore d'accord avec la législation actuelle.

« Mais la Cour de cassation ayant pensé qu'aux termes de l'acte constitutionnel, il fallait le concours de 5 juges pour toute espèce de jugements, vous sentirez, citoyens représentants, combien il est instant de fixer toute incertitude à cet égard et de déclarer la législation sur un point diversement interprété entre les autorités judiciaires (V. Arrêt 22 Brumaire an VII. Devil. I, 1, 127).

« L'article 220 de la Constitution porte en effet : « Le tribunal civil se divise en sections. Une section ne peut juger au-dessous du nombre de 5 juges. » Mais antérieurement à la Constitution l'article 7 du tit. IV de la loi du 24 août 1790 statuait également que les juges ne pourraient prononcer en dernier ressort qu'au

nombre de 4 juges, et en première instance au nombre de 3 ;
et cependant dans ce nouvel ordre judiciaire, les référés n'en
furent pas moins maintenus par la loi du 11 février 1791.

« Vous aurez donc à peser, citoyens représentants :

« 1° Si l'article 220 de la Constitution (de l'an III) doit s'é-
tendre au delà de sa disposition textuelle et embrasser d'autres
jugements que ceux à rendre par les sections des tribunaux,
telles que les simples ordonnances ; .

« 2° Si, dans le cas de la négative, la nécessité des référés (nécessité dont les pièces que le Directoire exécutif croit devoir
joindre à ce message vous donneront la conviction) ne doit pas
les faire maintenir, et vous déterminer à les confirmer à nouveau par une mesure générale pour toute la République.

« Au reste, citoyens représentants, quelle que puisse être l'issue
de vos délibérations, sur ce point la plus prompte détermination
sera le premier bienfait que vous puissiez rendre à la justice en
cette circonstance, et le Directoire exécutif, en vous recomman-
dant un objet aussi digne d'être pris en considération par le
Corps législatif, vous invite à le soumettre à la discussion la plus
prochaine.

« Le président du Directoire exécutif. Signé : Barras. »

Cette proposition fut renvoyée à l'examen d'une Commission
spéciale composée des représentants du peuple Favard, Oudot,
et Guillemiot ; mais, malgré mes recherches, je n'ai pas vu qu'il
ait été statué sur ce point (V. *Procès-verbal du Conseil des Cinq-
Cents*, t. XIII, p. 617).

Il est vraisemblable qu'il se produisit un mouvement de jurisprudence contraire à celle annoncée dans le message, car le
tribun Réal, dans son rapport, dit : « Vous désirerez, pour le
bonheur des justiciables, que les jugements sur référé soient
pour les départements ce qu'ils sont *aujourd'hui* pour la
capitale. »

CHAPITRE III

CODE DE PROCÉDURE CIVILE.

Projet du Code et exposé des motifs.

Les articles 820 à 826 du projet du Code de procédure civile, consacrés aux référés, ont été reproduits presque textuellement dans le texte définitif qui a formé les articles 806 à 811. Cependant les articles 807 et 808 ne sont pas absolument rédigés de la même façon que les articles 821 et 822 du projet. Ceux-ci étaient ainsi conçus :

Art. 821. « A Paris et dans les villes dont la population excède 50,000 âmes, la demande sera portée à une audience tenue à cet effet par le président du tribunal de première instance, où celui qui le remplace, aux jours et heures indiqués par le tribunal ; et s'il y a péril dans le retard, le référé pourra être porté chez le président, même les jours de fête. »

Art. 822. « Dans les autres communes la demande sera portée aux audiences ordinaires au jour indiqué, pour être jugée en état de référé. Si néanmoins le cas requiert célérité, le président ou le plus ancien juge pourra permettre d'assigner soit à l'audience, soit à sa maison, à l'heure indiquée, même les jours de fête. »

Cette distinction entre les villes de plus de 50,000 âmes et les autres ne fut pas maintenue, sur une observation de la section du tribunal (V. Locré, t. XXII).

Ce fut la modification la plus importante que subit le projet. Cependant l'article 824 correspondant à l'article 809 actuel fut complété en ce qui concerne l'appel.

Une seule remarque importante doit être faite sur l'article 820 du projet, 806 actuel. Cet article, ainsi que le fit d'ailleurs remarquer le rapporteur du titre des référés, substitue à l'énumération un peu longue et cependant incomplète de l'article 6 de l'édit de 1685 (V. *supra*, p. 24) cette formule très simple et cependant plus complète par sa compréhension : « Dans tous les cas d'urgence, ou lorsqu'il s'agira de statuer provisoirement sur les difficultés relatives à l'exécution d'un titre exécutoire. »

Comme le fait remarquer Locré, cette règle est très simple et préférable à la nomenclature des cas de référés prévue par l'édit; et d'ailleurs, en ce qui concerne les applications qu'on en doit faire, il suffit de se reporter au discours du tribun Réal. Je crois donc indispensable de reproduire cet exposé des motifs (*Corps législatif, séance du* 11 *avril* 1806).

« Notre projet de Code, comme toutes les lois qui ont trait à la procédure, fixe des délais avant l'expiration desquels aucun jugement ne peut être prononcé.

« On a reconnu que les mêmes délais ne pouvaient convenir à tous les cas, et ils ont été, pour certaines circonstances, plus rapprochés selon que ces circonstances requièrent plus ou moins de célérité.

« Mais il n'est pas un homme ayant l'expérience des affaires qui n'ait eu l'occasion de reconnaître très souvent qu'il est des circonstances dans lesquelles le délai d'un seul jour, et même le délai de quelques heures, peut être la source des plus grandes injustices, et causer des pertes irréparables.

« C'est dans les grandes villes, c'est surtout dans cette capitale et au milieu de son immense population, que cette vérité est à chaque instant reconnue.

« Aussi dès 1685 un édit, donné pour l'administration de la justice au Châtelet de Paris, ordonne que dans plusieurs cas, dont il fait une longue énumération, le Lieutenant Civil pourra ordonner que les parties comparaîtront le jour même dans son hôtel pour y être entendues, et être par lui ordonné par provision ce qu'il estimera juste.

« L'existence de cet édit nous permet de supposer qu'il n'a fait que confirmer ou régulariser un usage introduit bien antérieurement, mais que nous trouvons encore dans cette assignation verbale, dans cette *Clameur de Haro*, à laquelle les anciens Normands de l'ancienne Normandie obéissaient avec une si respectueuse soumission.

« Ce qui en 1685 pouvait n'être qu'utile doit être sans contredit reconnu indispensable en 1806. Il ne s'agit plus que de coordonner cette institution au système général, et d'empêcher qu'on ne puisse en abuser.

« D'après l'article 806, on ne doit prendre la voie du référé que dans des cas d'urgence, ou lorsqu'il s'agit de statuer provisoirement sur les difficultés relatives à l'exécution d'un titre exécutoire ou d'un jugement.

« Les lignes tracées par la seconde partie de cette disposition sont assez fortement prononcées pour qu'on ne puisse les franchir sans une évidente mauvaise foi.

« Quelques personnes ont paru craindre qu'il ne fût facile d'abuser des cas d'urgence, dont parle la première partie, et de faire porter sous cette dénomination à l'hôtel du président, ou à l'audience des référés dont parle l'article 807, des contestations qui devraient être portées à l'audience ordinaire du tribunal,

« Nous croyons que cette inquiétude n'est pas fondée et que, sans rappeler la longue nomenclature des cas prévus par l'édit de 1685, la loi s'explique assez clairement, en n'attribuant à l'audience du référé que les cas d'urgence ; le discernement, la probité du président ou du juge délégué feront le reste ; renvoyant à l'audience les contestations qui ne seraient portées à l'hôtel que par une indiscrète et avide précipitation, il n'hésitera pas à prononcer sur celles auxquelles le moindre retard, ne fût-il que de quelques heures, peut porter un préjudice irréparable.

« L'article 809 qui ordonne l'exécution provisoire de ces ordonnances et qui les soustrait à l'opposition, empêche en même temps les abus qui pourraient en résulter, en prononçant que ces ordonnances ne font aucun préjudice au principal ; que par conséquent elles sont essentiellement provisoires, et qu'elles ne pourront être définitives que par un jugement d'audience.

« En sanctionnant ces principes, vous ferez sans doute avec nous le vœu que l'audience soit cependant rarement saisie de la contestation sur laquelle le juge aura prononcé en son hôtel ; vous désirerez, pour le bonheur des justiciables, que les jugements sur référé soient dans les départements ce qu'ils sont aujourd'hui dans la capitale, c'est-à-dire l'extinction totale et définitive d'une immense quantité de contestations, qui aux yeux de la loi ne sont jugées que provisoirement... »

Le rapport fait au Corps législatif par M. Grenier (séance du 21 avril 1806) n'ajoute rien à cet exposé des motifs, il se borne à dire que « les préservatifs contre les abus possibles seront d'abord dans le cœur des présidents, ensuite dans leur intérêt à se maintenir en harmonie avec leurs collègues, et enfin dans les sages réflexions qui leur ont été adressées à ce sujet dans l'exposé des motifs par l'orateur du Gouvernement. »

Il me paraît enfin que c'est ici le lieu de faire remarquer la place qu'occupe le titre des référés dans le Code de procédure ; c'est le titre XVI du livre V, 1ʳᵉ Partie, lequel s'occupe « des voies extraordinaires pour attaquer les jugements », dénomination assez inexacte d'ailleurs. Ce qui ressort de cette classification dans tous les cas, c'est que le législateur ne s'est occupé de formuler la théorie et la procédure du référé, qu'à l'occasion *de l'exécution des jugements* et des actes exécutoires, place que M. Réal considérait comme tout indiquée.

Si l'on veut se reporter aux deux documents de l'époque intermédiaire que j'ai cités, et aussi au rapport du tribun Réal, on verra bien comment la pensée de la loi était de régulariser la procédure relative à l'exécution des jugements ; accessoirement, et dans le cas où un retard de quelques heures même pourrait causer un préjudice irréparable, le rapporteur de la loi veut que le président puisse aussi statuer, mais il était dans la nature des choses que cette seconde application des référés prît l'extension la plus grande, et c'est ce que nous allons constater bientôt.

Jurisprudence et doctrine restrictives de la compétence du juge des référés. — On peut donc s'expliquer le silence des premiers volumes des collections judiciaires sur cette matière ; la pratique des référés n'existait presque pas, c'était là une chose exceptionnelle. La table décennale de 1800 à 1810 de Sirey ne donne que quelques décisions dont beaucoup aujourd'hui ne seraient d'ailleurs pas admises : ainsi, il cite un arrêt décidant que l'appel n'est pas recevable dans la huitaine de la signification (Cass., 1ᵉʳ prairial an XIII). On se pose la question de savoir si l'ordonnance doit être motivée (Paris, 10 frimaire an XI) ; s'il faut une ordonnance du juge pour être autorisé à assigner (Paris, 6 août 1810), et l'on décide que non sur ce dernier point.

Pigeau se borne à reproduire, dans son traité sur « la Procédure civile des tribunaux de France, Paris, 1807 », les règles qu'il avait déjà posées dans son ouvrage sur la procédure au Châtelet. Il étudie le référé, à l'occasion de la demande en justice, et par suite de la classification qu'il fait, et que beaucoup d'auteurs ont d'ailleurs reproduite (Boitard, n° 1068), des affaires requérant célérité, et des affaires urgentes. Celles-ci elles-mêmes peuvent se diviser, et au cas d'extrême urgence on peut aller trouver le juge en son hôtel (V. Pigeau, p. 164 et suiv.). Au surplus, il ne dit rien des règles de compétence, donne comme exemple de référé le cas où un hôtelier a à réclamer le paiement à des étrangers, ou le cas d'une mainlevée sur des marchandises prêtes à partir ; ce sont là des souvenirs de l'ancien droit qui n'apprennent rien ; Pigeau étudie de même la question de savoir si l'ordonnance doit être motivée ; et il conclut que non, l'article 141 ne devant s'appliquer qu'aux jugements. Il étudie aussi la question de savoir s'il y a lieu à opposition, et il arrive à démontrer que oui, lorsque l'ordonnance est rendue en dernier ressort ; mais l'opposition doit être portée devant le Tribunal (Pigeau, p. 168).

Dans son traité intitulé « Questions sur le Code de procédure civile », M. Lepage, ancien avocat au Parlement de Paris, soulève aussi quelques points sur cette matière.

Sur la nature de l'urgence, il reproduit en le commentant le rapport du tribun Réal.

Le ministère des avoués est obligatoire, puisque la loi n'en dispense pas.

Du texte même de l'article 806 est née la question de savoir si l'ordonnance rendue en matière *d'urgence* est provisoire, ou bien définitive. On a voulu trouver une raison de douter dans cette partie du texte : « Quand il s'agira de statuer provisoirement sur les difficultés d'exécution... ce qui semble supposer que, pour la première partie du texte, le président statue définitivement. » Cependant M. Lepage conclut en rappelant l'ar-

ticle 809, aux termes duquel les ordonnances de référé ne doivent pas faire de préjudice au principal.

Enfin il examine la question de savoir si les ordonnances sont
susceptibles d'opposition, et semble dire que non.

M. Leglise aîné, huissier à Dax, dans le *Répertoire de législation, jurisprudence et style des huissiers*, t. VI (1823), examine des
questions du même genre.

Il se demande s'il est nécessaire de demander au juge par
voie de requête une permission pour assigner à l'audience ordinaire des référés ; et conclut pour la négative, ou encore s'il
faut un délai de huitaine pour assigner, au cas où l'on n'aurait
pas d'ordonnance ? Et il cite un arrêt de la cour de Bourges
exigeant ce délai.

Les collections judiciaires ne donnent guère plus d'indications précises que les auteurs : on voit par exemple se soulever
constamment la question de savoir si les ordonnances peuvent
être susceptibles d'appel, lorsque l'intérêt est de moins de
1000 francs (1500 francs aujourd'hui, L. avril 1838, a. 1), question
oiseuse, car on doit admettre que sur la question principale, à
savoir s'il y a ou non *urgence*, il y a toujours lieu à appel. De même
on voit se soulever la question de savoir si l'ordonnance rendue
par un juge en l'absence du président doit mentionner cette
absence ; les arrêts sont très nombreux ; il faut décider que oui.

Mais en ce qui concerne la question essentielle des règles de
la compétence, il est difficile de trouver des documents précis.

Cependant on trouve certaines indications.

D'une part il apparaît comme évident que la jurisprudence au
début, pas plus que les auteurs, ne veulent innover sur l'ancien
droit. « Il y aura lieu à référé, dit Thomines Desmasures dans
son *Traité sur la procédure civile*, t. II, p. 392, quand il y aura
lieu de faire un rapport au juge d'un incident survenu dans l'exécution d'un acte ou d'un autre cas urgent, sur lequel le juge prononce provisoirement et sans préjudice des parties au principal.

« C'est ordinairement lors des saisies et autres exécutions
qu'une partie traduit l'autre en référé ; c'est pourquoi le Code
parle des référés à la suite et comme complément de ce qui
concerne l'exécution.

« Cette voie a néanmoins lieu dans tout autre cas urgent comme levée de scellés et enlèvement d'effets, etc.

« C'est au discernement du juge à reconnaître s'il y a urgence ; il faut dire en général qu'il n'y a urgence et lieu à référé que quand on serait sans justice si on ne l'attestait pour ainsi dire à l'instant même... »

Et dans son ouvrage sur la procédure, M. Carré (§ DXXVI) étudiant ce qu'il faut entendre par les cas d'urgence tend singulièrement à restreindre la compétence du président. Ce pouvoir du président paraît suffisamment précisé par les articles formels du Code de procédure placés en dehors du titre des référés ; dans certains cas il serait moins étendu que celui du lieutenant civil, quelques-unes des attributions de ce dernier étant passées au juge de paix ; de sorte que quand il faut préciser les cas d'urgence, l'auteur arrive à conclure « que l'article 806 n'a pas laissé un pouvoir discrétionnaire au magistrat qui statue en référé, et que les expressions : dans tous les cas d'urgence, se réfèrent aux cas qui sont prévus par les anciens et les nouveaux règlements, ou qui sont dans la même catégorie; en un mot à des cas qui supposent des obstacles dans l'exécution ou un préjudice tellement irréparable, si la mesure de conservation n'est pas appliquée sur-le-champ, que l'on pourrait dire, suivant les expressions de M. le tribun Réal, que l'on serait sans justice si la justice n'était pas rendue à l'instant même où la difficulté se présenterait. »

Et quand il s'agit de prendre des espèces on voit que l'auteur ne s'occupe que des difficultés sur l'exécution des actes.

Dans ses *Éléments du Droit et de la Pratique* (p. 486 et suiv.), M. Demiau Crouzihac, ancien avocat au ci-devant parlement de Toulon, essaie de donner quelques exemples d'urgence où il y aurait lieu à référé :

« La procédure à faire se réduit, dit-il, à quelques formalités que l'habitude rend familières : aussi n'insisterai-je pas sur ces matières qui du reste sont *hypothétiques;* il suffit des premiers principes de la pratique, pour distinguer les matières qui appartiennent à cette juridiction, et pour régulariser les poursuites nécessaires pour en obtenir une décision. »

La loi ne détermine pas les cas d'urgence, mais les circonstances l'indiquent; exemple : une maison est prête à crouler ; il est nécessaire d'y mettre des étais; elle menace d'en entraîner une autre dans sa chute : nomination de un ou trois experts chargés de vérifier sans délais les objets contentieux et de dresser un rapport pour servir aux parties ce que de droit; exemple : il s'agit d'arrêter des travaux ou de les continuer lorsque la continuation ou le retard entraîneraient des dommages évidents; exemple : vidanges en matière de baux et de loyers; exemple : apposition de scellés.

L'auteur s'occupe ensuite de l'exécution des jugements et de la procédure.

Il pose comme règle que le président doit statuer malgré un déclinatoire d'incompétence, attendu l'urgence.

Et sa conclusion est celle-ci : « Il y a beaucoup de tribunaux où l'on donne une place trop importante; on y voit l'appareil des avoués; on y plaide avec méthode, avec solennité, parce qu'on persuade aux parties qu'une défense très soignée est absolument nécessaire et on leur fait dépenser des frais immenses en pure perte ; il faut réprimer ces abus; l'objet du législateur a été de faire terminer sommairement et presque sans frais, comme le prouve le tarif, une foule d'incidents que la chicane avait inventés pour entraver la marche de la justice ou grossir les procès ; il suffit de l'analyse la plus simple des faits pour mettre le juge à même de prononcer.

« A quoi sert cet étalage d'érudition, d'éloquence, ces élucubrations dont on assomme le juge, tandis qu'il ne doit rendre qu'une décision purement provisoire à laquelle les difficultés de droit sont le plus souvent étrangères?

« Il faut se faire une idée juste de cette institution, assimilée en quelque sorte aux justices de paix; son objet est de faire cesser des dissensions accidentelles, et d'ordonner ce que l'on peut faire provisoirement, sans en venir aux mains et jusqu'à ce que le tribunal statue. La considérer sous un rapport plus étendu, c'est la dénaturer. C'est créer une juridiction intermédiaire qui nuirait à l'organisation judiciaire; il faut donc s'en tenir aux termes de la loi, et procéder aussi sommairement que possible : tel est le vœu du législateur. »

On voit donc, par ces quelques citations, que la juridiction des référés jouit d'une véritable défaveur ; comme dernier document je dois rapporter l'annotation si souvent citée des arrêtistes du *Journal de Bruxelles*. Elle se trouve dans la collection du *Journal du Palais* (V. *Répertoire*, t. II, n° 43) et au bas de l'arrêt de Rome du 6 juillet 1811, dans le recueil de Devill. 1809 à 1811, 2ᵉ, p. 517.

« Le Code de procédure nous a donné un titre particulier des référés, ce qui est propre à nous persuader que l'avantage de cette mesure a été justifié par l'expérience. Mais les règlements les plus sages ne sont pas toujours entendus selon les vues du législateur ; et cette nouvelle disposition du Code de procédure a déjà tant produit de procès sur la compétence du juge en référé, qu'il faudrait en déplorer l'usage s'il n'était pas possible de fixer les idées sur l'objet de cette procédure. La difficulté est donc de savoir dans quels cas il y a lieu à référé.

« Il faut bien se garder de confondre deux choses qui sont très distinctes : la célérité, et l'urgence.

« Une cause exige célérité ; mais elle ne fait pas pour cela l'objet d'un référé ; la loi permet seulement d'abréger les délais.

« L'urgence présuppose que, quelle que soit la briéveté du délai, le fait ne peut attendre la réunion de tous les membres du tribunal, sans qu'il en résulte péril en la demeure. C'est alors que la voie du référé est ouverte ; mais le magistrat chargé de l'application de l'article 806 se tromperait souvent, il excéderait ses pouvoirs, s'il ne prenait pas pour guides les *dispositions particulières du Code de procédure et les règles antérieures dont elles sont prises* : c'est là ou dans des actes semblables, que son attribution paraît circonscrite (V. aussi Boitard, n° 1068).

« Le propriétaire d'un bâtiment le destine à une fabrique ; il y commence quelques changements ; mais une partie de ce bâtiment est occupée par un locataire qui s'oppose au nouvel œuvre du propriétaire ; il cite ce dernier en référé pour qu'il lui soit fait défense de rien faire au préjudice de son bail. Aucune action n'était ouverte ; ce locataire l'introduit par forme de référé ; le président du tribunal civil prononce provisoirement en faveur du locataire, et renvoie au principal devant le tribunal ; était-ce là le cas d'un référé ? La cause exigeait célérité, et le délai pouvait être abrégé ; mais le préjudice n'était pas irréparable : on n'enlevait pas de meubles, on n'exécutait pas, un jour de plus n'ôtait rien de l'effet de l'action : n'était-ce pas étendre la disposition de l'article 806 ? Si l'on consulte l'ancien règlement, aucun fait de cette nature n'autorise le recours en référé : le Code de procédure est rédigé dans le même sens.

« C'est en effet une démarche assez singulière, que celle de faire statuer sur une action litigieuse avant qu'elle soit introduite devant le juge qui doit la décider. Il n'en est pas ici comme d'une opération qui se fait par le ministère d'un officier public, en vertu de la loi ou d'un jugement, ni comme d'une mainlevée ou de la disposition d'une chose qui ne pourrait plus se représenter.

« En peu de mots, cessation d'entraves, levée d'obstacles, aplanissements des difficultés sur l'exécution, sur des saisies, conservation d'un fait ou d'une chose sans lesquels l'action n'a plus d'intérêt ; voilà ce qui peut faire l'objet d'un référé dans les matières qui ne sont pas réservées à la connaissance du juge de paix.

« Dans tous les cas autres que ceux qui sont déterminés par la loi, et où il s'agit de l'exercice d'un droit litigieux fondé sur des faits permanents, quelque célérité qu'exige la décision, c'est au tribunal à statuer sur assignation à bref délai.

« N'est-il pas évident qu'en prenant la voie du référé, hors des circonstances qui prescrivent une mesure conservatoire ou la levée d'un obstacle au cours de la justice, on aurait deux instances pour une, puisque le lendemain de l'ordonnance de référé, on jugerait la cause au principal, et que le tribunal se trouverait en état d'accorder, s'il y avait lieu, le provisoire sur lequel il aurait été inutile de prononcer la veille ?

« Si, sous prétexte d'urgence ou de provisoire, le président était juge en référé, il y a peu d'affaires qu'on ne trouvât moyen de commencer ainsi, et bientôt nous tomberions dans une confusion de pouvoirs sur lesquels on ne verrait plus que des appels d'incompétence sur les ordonnances de référé. »

En résumé, on doit dire que les cas d'urgence se réfèrent aux *cas prévus dans les anciens et nouveaux règlements ou ceux qui sont dans la même catégorie.*

Presque tous les auteurs ont reproduit ce passage en donnant aux idées qui y sont exprimées une entière approbation ; cependant il y a lieu d'y faire des réserves.

Sans doute il y a dans ces observations des idées dont on ne saurait méconnaître la justesse relative : mais ce qu'il faut contester, c'est leur valeur systématique. Cette doctrine pourrait en effet se formuler ainsi : le législateur, en énumérant dans le Code de procédure un certain nombre de cas dans lesquels il y a lieu à référé, aurait créé un type auquel il n'aurait fait que se reporter dans l'article 806, type nécessaire s'imposant à la conscience du juge, qui, en dehors des hypothèses spécialement prévues, n'aurait d'autre faculté que de rechercher les analogies présentées par les faits qui lui sont soumis. L'urgence aurait ainsi reçu en quelque sorte une qualification, faisant obstacle à la libre appréciation du juge, et sans doute on sous-entendait que la Cour de cassation, juge souverain des qualifications légales, exercerait sur ce point son contrôle régulateur.

Il aurait donc fallu apprécier l'urgence, pour se référer aux analogies des textes, et des précédents ; d'autre part il fallait qu'elle fût extrême ; mais l'urgence suffisant, on était amené à dire que le président statuant en référé était compétent même en matières administratives (V. Bertin, n°ˢ 232 et suiv.), commerciales et autres ; qu'au cas d'urgence proprement dite, la décision du président pouvait être définitive (argument tiré *a contrario* de l'opposition de deux cas de l'article 806) ; que le juge ne pouvait ordonner une expertise, ce qui serait de nature à préjuger le fond (Bourges, 7 avril 1832, *Journal des avoués,* t. XLIII, p. 574) ; que la cour saisie de l'appel d'une ordonnance peut, en l'annulant comme incompétemment rendue, évoquer le fond (Rome, 6 juillet 1811 ; Devill. 1811, 2, 518). Et surtout les décisions en matière de référé sont peu nombreuses.

Influence novatrice de M. de Belleyme.

Mais, sous l'empire des nécessités pratiques, la jurisprudence créa bientôt de nouveaux cas de référés ; la juridiction du président apparut comme indispensable en raison du nombre plus grand des affaires. Comme le disait M. de Belleyme, « la justice rendue par un seul magistrat offre des garanties et des avantages que l'on appréciera mieux chaque jour, et d'ailleurs les cours royales exercent leur autorité régulatrice et souveraine sur l'ordonnance du président comme sur le jugement de trois juges. Les hommes de pratique regardent comme un avantage dont chacun profite à son tour la faculté *de terminer ou d'instruire* une affaire par un référé qui prévient bien des procès (De Bell., *Obs. génér.*, 3ᵉ édit., p. 7).

Désireux de rendre aux justiciables une justice expéditive, en même temps que sûre, sollicité d'ailleurs par les praticiens qui recouraient plus volontiers à ce mode de procéder, soit pour éviter des lenteurs, soit pour éviter des frais, M. de Belleyme, depuis l'année 1826, où il fut nommé président du tribunal de la Seine, rendit ainsi un grand nombre d'ordonnances qu'il a rassemblées d'ailleurs, avec les arrêts confirmatifs, et celles des autres présidents dans son traité connu des *Ordonnances sur requête et sur référés*, qui est devenu comme une codification de ce sujet.

Les présidents qui se sont succédé ont continué son œuvre, qui, malgré les tendances restrictives de certains arrêts de cours d'appel, a fini par passer en jurisprudence.

Et alors il s'est produit ceci : c'est que la cour de cassation fut bientôt saisie elle-même de pourvois nombreux contre les arrêts statuant sur l'appel, les ordonnances de référés. Mais comme elle avait déclaré dès le début que l'urgence était une question de fait qu'elle ne devait pas examiner, jurisprudence dans laquelle elle a persisté d'ailleurs (V. Cass., 13 juillet 1871, D., 71, 1, 83. — Cass., 14 mars 1882. S. 82. 1. 349), les questions qui lui étaient soumises se ramenaient toujours au point de savoir si l'ordonnance faisait préjudice au principal.

L'article 809 du Code de procédure apparaît alors comme le plus important des titres des référés, et comme c'est le seul qui pose véritablement une question de principes, c'est sur lui surtout que la théorie des référés s'est fondée.

On en arrive ainsi à motiver les ordonnances, par exemple en matière d'expertise, en invoquant de simples raisons d'utilité : « Attendu qu'une expertise est utile et urgente.... » rédaction qui fait bien comprendre que là n'est pas la partie essentielle de l'ordonnance, et que là ne doit pas être cherché l'esprit de la loi, mais bien dans la règle de l'article 809.

Et c'est en obéissant à la même idée que, dans la dernière table du Dalloz décennal ainsi que du Sirey, on voit les décisions rapportées, présentées comme le développement et l'application de l'idée qui apparaît comme essentielle, à savoir que le président ne doit pas préjudicier au principal.

Tel est aussi l'esprit de la législation. Ainsi le décret du 22 janvier 1868 relatif aux sociétés d'assurance donne au président le droit de désigner en référé un administrateur en cas d'empêchement de l'un de ceux qui étaient nommés. Y aurait-il urgence absolue, telle que le retard d'un seul instant causerait un préjudice irréparable? Non. Cependant le président est compétent parce que, sans entrer dans l'examen des statuts de la société ni de sa situation présente, il prend matériellement une décision qui, sans préjudicier à aucun droit, permettra d'attendre la prochaine assemblée des actionnaires.

La loi des 15 juin, 5 juillet 1872 relative aux titres au porteur donne un autre exemple plus frappant encore. Cette loi permet au propriétaire de titres au porteur dépossédé de faire, sous certaines conditions de formes, opposition au paiement des intérêts et au transfert des titres. « Quand il s'est écoulé « une année depuis l'opposition sans qu'elle ait été contredite, « et que dans cet intervalle deux termes au moins d'intérêts « ou de dividendes ont été mis en distribution, l'opposant peut « se pourvoir en référé pour toucher les arrérages et même le « capital au cas où il deviendrait exigible (art. 3). » Le président peut accorder cette autorisation sous caution (V. art. 4 et 6). Au bout d'un certain temps (art. 5 et 15) l'opposant non contesté se fera remettre un duplicata du titre.

Cette disposition législative est très curieuse en ce qui nous concerne, et montre bien exactement l'emploi du référé. D'une part, on ne peut dire sérieusement qu'il y aurait péril en la demeure à ne pas toucher les arrérages ; l'esprit de la loi est que le président doit cependant être compétent parce que sa décision ne préjudicie pas au principal ; d'autre part, on voit que cette ordonnance du président, bien que statuant au provisoire, peut créer un état de choses définitif, si l'opposition n'est pas contredite. Enfin il apparaît ainsi que l'un des grands avantages de l'ordonnance peut être de déplacer la possession d'une chose litigieuse, et par suite donner à l'une des parties le rôle de défendeur à l'instance principale. Nous retrouverons cette dernière idée à propos de la question de savoir si les ordonnances de référé sont susceptibles de recours en cassation (V. *suprà*).

DEUXIÈME PARTIE

PRINCIPES DE COMPÉTENCE

Généralités. — Difficultés de formuler des règles générales.

Il me reste maintenant à essayer de déterminer les principes réglant la compétence du juge des référés; c'est la partie la plus difficile de mon sujet.

Il s'agit en effet de généraliser les règles qui peuvent s'appliquer aux diverses hypothèses.

Or, ce travail est rendu difficile pour plusieurs raisons. Tout d'abord les auteurs qui ont traité cette matière n'ont pas procédé ainsi; ils se sont efforcés surtout d'énumérer les cas dans lesquels on peut en référer. Or, cette énumération, qui est très précieuse pour les consultations que l'on veut faire, ne répond pas à l'idée d'une thèse.

D'autre part, ainsi que le long exposé historique l'a fait voir, les précédents, loin de nous aider, ne pourraient au contraire qu'être une cause d'erreur par cette triple raison d'une part que la plupart des cas prévus par l'édit de 1685 sont aujourd'hui de la compétence des juges de paix; qu'en outre les cas ordinaires des référés s'élevaient à raison des saisies et des inventaires; et qu'enfin l'organisation judiciaire n'est plus la même.

Les documents judiciaires des recueils modernes sont très nombreux; mais comme le fait très bien remarquer M. Bazot (p. 172), leur richesse même est un embarras. La jurisprudence oscille sans cesse sous les influences opposées des présidents novateurs, ou d'autres plus timorés; et de plus cette jurisprudence reçoit rarement le contrôle directeur de la cour de cassation, mais seulement des cours d'appel qui, obéissant toutes à des nécessités locales et spéciales, donnent sur les mêmes questions des solutions opposées.

L'étendue même des matières auxquelles peuvent s'appliquer les référés est une autre cause d'erreur. Il n'est presque pas de questions en effet où, sous l'empire d'une nécessité urgente, on ne soit porté à demander au président une ordonnance destinée à conserver les droits des parties, de sorte qu'il devient difficile de poser des règles générales.

Cette généralisation devient plus difficile encore en présence d'ordonnances que l'on pourrait appeler « prises d'accord entre les parties ». Chaque jour, en effet, il arrive que les parties comparaissent devant le président pour lui demander une mesure qui semble tout d'abord dépasser sa compétence, par exemple l'attribution à titre de provision alimentaire de sommes déposées chez un notaire, en attendant l'issue de la liquidation. Les deux parties tombant d'accord devant le juge sur le *quantum* de cette provision, le président rendra, tous droits au fond réservés, une ordonnance sur le vu de laquelle les tiers seront autorisés à payer cette provision.

Enfin les présidents ont eux-mêmes compliqué le sujet en insérant dans leurs ordonnances rendues sur requête « la réserve du référé ». Le président autorise une saisie-arrêt ou une saisie-revendication, mais la fin de l'ordonnance porte : « Disons toutefois qu'il nous en sera référé au cas de difficultés. » Ici, c'est indépendamment de toute urgence que le président statue ; et cependant ainsi que la cour de cassation vient de le décider par un arrêt du 10 novembre 1885, nous sommes en présence d'un véritable référé, et d'une ordonnance susceptible d'appel, comme toute autre (Cass., 10 nov. 1885. S. 86. 1. 9).

En face de cette multiplicité d'aspects (et je n'ai parlé que des cas d'urgence, laissant de côté les cas prévus par les textes, et les référés sur exécution) la doctrine n'est pas faite : aucun auteur n'a abordé la question, en recherchant les principes ; je voudrais essayer d'en rechercher quelques-uns, ceux qui apparaissent comme certains ; et je les suivrai dans leurs diverses conséquences, ou plutôt dans leurs développements.

Il est bien entendu que les règles que je pose ne doivent servir à étudier que les cas d'urgence proprement dits. Je laisse volontairement de côté ce qui peut être dit sur l'exécution des titres exécutoires, et sur les cas divers que prévoit le Code de procédure ; je n'étudierai pas davantage cette réserve du référé. Ce n'est pas à dire que les règles que je vais poser ne sauraient s'appliquer à ces hypothèses (V. arrêt, Paris, 19 janvier 1882. S. 83. 2. 127); mais elles seraient souvent incomplètes. Chacune de ces matières pourrait d'ailleurs fournir le sujet d'un ouvrage, et je dois me borner.

Ces observations faites, et en me bornant aux cas d'urgence, je crois que l'on peut formuler les principes suivants en ce qui touche la compétence du juge des référés.

Division.

1er *Principe*. — Le président n'est compétent pour statuer en référé qu'autant qu'il y a urgence.

2e *Principe*. — Les ordonnances de référé ne feront aucun préjudice au principal (art. 809, C. proc. civ.).

3e *Principe*. — Le juge du principal est seul juge compétent pour connaître du provisoire.

4e *Principe*. — Le juge des référés ne doit pas, sous prétexte d'urgence, déroger à l'ordre des juridictions.

5e *Principe*. — Les parties peuvent former devant le juge des référés un contrat judiciaire dont l'effet semble être une sorte de prorogation de juridiction.

6° *Appendice*. — Le président peut lui-même étendre sa compétence, en dehors des cas ci-dessus, par la réserve dé lui en référer qu'il insère dans ses ordonnances sur requête.

Ce sont ces diverses règles que je vais étudier sous des chapitres différents, en les analysant successivement.

CHAPITRE PREMIER

DE L'URGENCE (Art. 806).

§ 1. — Interprétation rigoureuse et littérale de la première jurisprudence.

Il semble vraiment qu'en essayant de définir l'urgence qui donne lieu à la compétence du juge des référés, les auteurs aient voulu en quelque sorte excuser le législateur d'avoir introduit dans nos Codes cette procédure exceptionnelle ; tellement qu'en prenant à la lettre cette définition on en arriverait à dire qu'il n'y aura presque jamais lieu à référé.

Le tribun Réal a pu autoriser cette confusion : « Quelques personnes ont paru craindre qu'il ne fût facile d'abuser des cas d'urgence dont parle la première partie de l'article, et de faire porter sous cette dénomination, à l'hôtel du président ou à l'audience des référés dont parle l'article 807, des contestations qui devaient être portées à l'audience du tribunal. Nous croyons que cette inquiétude n'est pas fondée, et que sans rappeler la longue nomenclature des cas prévus par l'édit de 1685, la loi s'explique assez clairement en n'attribuant à l'audience des référés que les cas d'urgence. Le discernement et la probité du président ou du juge délégué feront le reste ; renvoyant à l'audience des contestations qui ne seraient portées à l'hôtel que par une indiscrète et avide précipitation, il n'hésitera point à prononcer sur celles auxquelles le *moindre retard, ne fût-il que de quelques heures, peut porter un préjudice irréparable.* »

C'est de cette dernière phrase qu'est née sans doute la confusion, car il y a véritablement en cette matière une confusion absolue.

M. Thomines Desmasures prétend, dans ce même ordre d'idées, qu'on doit dire « qu'il n'y a d'urgence et lieu à référé, que quand on serait sans justice si on ne l'obtenait pour ainsi dire à l'instant même » (Cf. Pigeau, *Procéd. civ.*, t. I, p. 164).

« L'urgence présuppose, disent les arrêtistes du journal de

Bruxelles précité, que quelle que soit la brièveté du délai, le fait ne peut attendre la réunion de tous les membres du tribunal sans qu'il en résulte péril en la demeure .»

M. de Belleyme lui-même, pour justifier cette juridiction des critiques que ne manquait pas de soulever sa jurisprudence novatrice, parle lui aussi des cas où « il est indispensable de statuer, sous peine de perdre le droit, ou d'éprouver un préjudice irréparable ». Mais il se hâte de sortir de cette théorie restreinte (*Obs. prél.*, p. 6).

La jurisprudence nous donne également des solutions très restrictives. « Il faut que l'urgence soit absolue, c'est-à-dire qu'il y ait un péril réel à attendre l'audience ordinaire du tribunal même à bref délai » (Rome, 6 juillet 1811, D. A. n° 96).

Mais bientôt les arrêts ne donnent plus de définition, et se bornent à dire que «la loi n'ayant pas énuméré les cas d'urgence a laissé au discernement et à la conscience des magistrats le soin d'en faire la distinction » (Rouen, 25 avril 1826, *J. des avoués*, 1827, t. XXXII, p. 149). Et la Cour de cassation proclame que « la loi ayant abandonné à l'appréciation discrétionnaire et souveraine du juge des référés les cas divers d'urgence qui peuvent déterminer sa compétence, sa décision ne peut tomber sous son contrôle » (Cass. 1871, D. 71, 1, 83 ; Req. 14 mars 1882, D. 82, 1, 24 ; S. 82, 1, 349).

§ 2. — Analyse et détermination de l'idée de l'urgence.

Nous voyons donc que la doctrine se montre tout d'abord très rigoureuse, et que la jurisprudence se borne bientôt à affirmer le pouvoir discrétionnaire du juge, sans poser des règles pour guider les recherches. Je vais donc, en dehors de ces sources, essayer de rechercher et de formuler les caractères de l'urgence.

Je rappelle d'abord, avec les auteurs, que le Code, après avoir établi des délais d'ajournement pour les cas ordinaires (art. 72 et 73, C. pr. civ.), permet pour les cas qui requièrent célérité d'abréger les délais en vertu d'une ordonnance du président.

Il se peut que cette abréviation des délais, qui ne saurait

ètre de moins de trois jours francs, soit insuffisante : dans ce cas il y aura lieu à référé, parce qu'il y a alors urgence.

Mais on doit dire qu'il y aurait également urgence et par suite lieu à référé, toutes les fois qu'on peut craindre les lenteurs forcées résultant de la procédure que suit une instance principale.

Qu'on veuille bien en effet considérer que, sur une demande principale, il sera loisible à tout défendeur de soulever des exceptions, que le juge devra successivement trancher par des décisions diverses si le défendeur les soutient ; de là des lenteurs, et même, nous plaçant au simple point de vue de la procédure, qu'on considère les retards que vont apporter les délais de mise au rôle, de distribution, de constitution et d'avenir à l'audience, les plaidoiries ; puis, le jugement rendu, les incidents sur les qualités ; la difficulté d'obtenir un jugement exécutoire sur minute, etc.

Voilà autant d'éléments dont il faut tenir compte ; et l'on est amené à dire que l'urgence se mesure tant en raison des faits de la cause et des circonstances, que des lenteurs provenant des formalités judiciaires ; on est conduit dès lors à accepter dans un grand nombre de cas la procédure du référé qui, par cela seul qu'elle ne peut préjudicier au principal, donne au juge un pouvoir plus grand pour écarter les pures difficultés matérielles que soulève un défendeur difficile.

Telle était, je crois, la pensée de M. Bazot, qui d'ailleurs précise fort bien la nature de l'urgence (v. p. 314 et suiv.) : « L'article 806 du Code de proc. civ. dit que le juge des référés connaîtra de *tous les cas d'urgence ;* disposition vraiment trop laconique et qui a besoin d'un commentaire ! Cette interprétation, nous l'avons cherchée dans une étude critique de la doctrine et de la jurisprudence ; grâce aux lumières qui se dégagent de ces deux sources si riches, il nous est possible de distinguer plus clairement l'étendue et les limites des attributions du juge des référés.

« Il a prise sur toutes les matières du droit, les matières administratives exceptées (à ce sujet je fais des restrictions, ainsi que je le démontrerai par la suite). Toutes en effet peuvent faire naître des intérêts urgents, faire craindre un préjudice imminent, et, dans cette situation, les justiciables ne pourraient s'accommoder des lenteurs des procédures ordinaires.

« Dans ces circonstances pressantes, le juge des référés interviendra, et d'abord il constatera souverainement cette condition de l'urgence qui motive et légitime son intervention.

« La compétence du juge des référés, issue de cette nécessité, se mesure à cette nécessité ; s'il peut connaître de toutes les matières (même restriction), il n'a pas le droit de les épuiser en se substituant aux juridictions ordinaires. Allant au plus pressé, il prescrira seulement une mesure provisoire, destinée à arrêter un préjudice ou à le prévenir ; il ordonnera un constat ou une expertise, nommera un séquestre, prononcera quelquefois une expulsion ou une réintégration *manu militari ;* puis, quand il aura ainsi fait la part des exigences du moment, il renverra les parties à se pourvoir devant les tribunaux compétents pour faire statuer définitivement sur leurs contestations.

« Sa mission sera souvent entravée par la mauvaise foi des plaideurs, qui, suscitant des prétentions sans fondement, essayeront, par de prétendues questions principales, de provoquer de sa part une déclaration d'incompétence.

« Le juge des référés doit savoir déjouer ces calculs, en ne s'arrêtant que devant des droits légitimes et sérieux ; par un scrupule excessif, il ne doit pas se laisser condamner à l'impuissance. Si donc une partie se prévaut d'un droit certain *qu'elle tient de la loi ou d'un titre régulier*, il ne suffira pas de la dénégation de son adversaire, ou de sa résistance aveugle, pour que le juge des référés se dessaisisse et s'abstienne de rien juger, même provisoirement. »

En résumant ce que je viens d'exposer sur les caractères de l'urgence, qui est une déterminante de la compétence du président, j'arrive à dire :

1° L'urgence est une idée absolument contingente ; c'est une question de fait et de milieux. C'est ainsi que les rédacteurs du projet de Code civil avaient créé une distinction au point de vue des référés entre les villes de plus et de moins de 50,000 habitants. Et c'est ainsi pour cela que la pratique des référés, si répandue à Paris (la moitié des ordonnances sont rendues à Paris,

V. *suprà*, compte rendu de l'administration de la justice), est presque inconnue dans certains petits tribunaux, où il est facile de saisir le juge du fond.

2° Le président rendra son ordonnance, en prenant en considération non seulement les événements imprévus et urgents qui amènent les justiciables à s'adresser à lui, mais aussi les lenteurs que, par suite de circonstances déterminées, peut subir l'exercice de la justice dans son tribunal et qui motivent suffisamment les mesures provisoires.

3° Le président se déterminera surtout par la nature de la décision sollicitée, et devra d'autant moins s'attacher à l'idée d'urgence, que son ordonnance fera moins de préjudice au principal (De Bell., 3ᵉ éd., I, p. 376).

Ce sont là, avant tout, choses d'appréciation et de mesure ; le tribun Réal disait : « Les cas d'urgence sont abandonnés à la prudence et à l'expérience du juge. Il doit *éviter de prendre des mesures irréparables et ordonner celles dont le refus causerait un préjudice en définitive.* »

Cette définition est encore la meilleure, puisque c'est celle que M. de Belleyme se borne à rappeler (t. 1, p. 375).

Et M. Darnaud, dans son *Traité sur la juridiction des référés*, reproduit cette pensée en disant : « Les cas d'urgence sont ceux en général où il y aurait *danger* et parfois préjudice irréparable pour les parties à attendre une décision au principal. »

Je rappelle enfin une formule d'ordonnance du président du tribunal civil de la Seine, où on en arrive à invoquer des motifs d'utilité bien comprise : « Attendu qu'une expertise est utile et urgente, etc... » Cette formule se comprend très bien à l'aide des règles que j'ai posées.

C'est cette considération tirée de l'urgence qui amènera le président à rendre un grand nombre d'ordonnances, soit pour la protection d'*intérêts matériels*, comme lorsqu'il ordonnera une expertise à l'effet de faire des travaux réconfortatifs ou un séquestre pour éviter des dilapidations de valeurs ou des détournements d'objets mobiliers, ou une expulsion quand un locataire nouveau devra remplacer celui qui a donné ou reçu un congé régulier ; l'autorisation pour un locataire de déposer à la

Caisse des consignations ses loyers frappés d'opposition, soit par des *considérations d'humanité*, comme lorsqu'il s'agira de réduire au cinquième les effets d'une opposition frappant des sommes ayant un caractère alimentaire ; soit par *des raisons d'affection et de devoirs ou droits de famille*, comme en matière de garde et de visites d'enfants au cas de séparation de corps, ou d'animosité entre les grands-parents et leurs enfants, ou leurs gendres, etc. S'il ne se basait que sur cette idée, le président serait volontiers amené à étendre sa compétence ; mais il y a la règle restrictive de l'article 809 qui lui interdit de connaître de beaucoup de difficultés que des plaideurs trop pressés voudraient lui soumettre, et qui empêche qu'on ne puisse craindre l'extension de sa juridiction.

§ 3. — Conséquences de l'idée d'urgence quant à la procédure.

Si maintenant on veut se placer au point de vue exclusif du Code de procédure, on verra que l'idée d'urgence, qui paraît essentielle dans le rapport du tribun Réal, motive toutes les règles spéciales du titre des référés. A ce point de vue on dirait facilement que le titre entier est le développement ou plutôt la conséquence de l'idée d'urgence.

1° Le délai de l'assignation n'est pas de huitaine franche. M. Demiau Crouzilhac (S. 1831. 2, 72) a voulu soutenir le contraire, et un arrêt de la Cour de Bourges du 13 juillet 1830 est dans ce sens : « Considérant que hors les cas particuliers où la loi fixe le délai des assignations à un terme très court, il n'y a qu'un seul délai qui est de huitaine franche... » Cette idée est absolument abandonnée.

On admet généralement que le délai sera d'un jour franc, et pour le jour d'audience indiqué par le règlement du tribunal (art. 1033, C. pr. civ. Loi 3 mai 1862, supposant que le *dies a quo* et le *dies ad quem* ne comptent pas. Art. 57 règlement 30 mars 1808. De Bell., t. 1, p. 405).

Mais ce délai peut être abrégé, par suite de circonstances, et le président appréciera souverainement si, en fait, le délai a été suffisant (De Bell., I, p. 403, Paris, 8 mars 1870 ; S. 70. 2. 101).

Dans les cas d'extrême urgence on peut assigner même d'heure à heure, soit à l'audience, soit à l'hôtel du juge, mais en vertu d'une permission du juge (art. 808), même les jours de fête.

Dans ce cas l'assignation sera régularisée par huissier commis, et en plus sera « *heurée* » (Bertin, p. 201).

2° Il n'y a pas de mise au rôle (art. 5 du décret du 12 juillet 1808 déclarant qu'il n'y a pas de droits de mise au rôle perçus en matière de référés). Dans la pratique de la Seine il y a simple visa aux droits de 0 fr. 30.

3° Il n'y a pas de plaidoieries ; les parties peuvent se présenter elles-mêmes ; les avoués ont une simple vacation de 3 fr. ou de 5 fr. (art. 93, Tarif du 6 février 1807, pour Paris).

4° L'ordonnance peut, au cas d'extrême urgence, être rendue sur minute ; cette minute ne sera même pas signée du greffier, si l'ordonnance est rendue en l'hôtel du juge ; l'exécution peut en être ordonnée même avant enregistrement (art. 809, 811). Dans l'intérêt du fisc les présidents doivent ordonner l'enregistrement dans les trois jours et commettre un huissier pour la garde de l'ordonnance (De Bell., 2ᵉ édit., t. I, p. 283, note 3).

5° L'exécution est ordonnée par provision, nonobstant appel (809). Il n'y a pas d'opposition, ni lieu à défaut profit joint (De Bell., I, 410). Elles peuvent être exécutées même dans la huitaine de la signification. Le délai d'appel est de quinzaine, et cet appel sera jugé sommairement (809 *in fine*).

6° Enfin, en raison même de l'urgence, c'est le président du tribunal du lieu qui est compétent pour statuer (Paris, 13 juin 1868. D. 68, 2, 178 ; Bazot, p. 226 ; Carré et Chauveau, Q. 2764 *bis*. — De Bell., I, 400).

Il n'y a pas de texte, mais des raisons de nécessité, et d'ailleurs des analogies; ainsi l'art. 554 du Code de procédure civile : « Si les difficultés élevées sur l'exécution des jugements ou actes requièrent célérité, le *tribunal du lieu* y statuera provisoirement et renverra la connaissance du fond au tribunal d'exécution » (Bioche, t IV, p. 179). Art. 606 : « La décharge des gardiens sera demandée contre le saisissant et le saisi par une assignation en référé devant le juge du lieu de la saisie. » (Cf. 921, 922 C. pr. c. au cas d'inventaires; 980 C. pr. c. 567 et 821).

CHAPITRE II

Art. 809. — Les ordonnances de référé ne feront aucun préjudice au principal.

C'est le principe fondamental de la compétence du juge des référés. Si le magistrat n'écoutait que les sollicitations des parties qui pourraient venir lui demander décision sous prétexte d'urgence, il y aurait certainement à craindre de nombreux conflits de juridiction. Cette crainte n'est pas chimérique, et il suffit d'avoir quelque pratique des affaires, pour se rendre compte de la faveur qu'obtiendrait cette juridiction si rapide, par les mesures de toutes sortes que l'on sollicite pour forcer le cadre de la compétence actuelle du président.

Le rapporteur de la loi avait bien prévu ce danger : « Quelques personnes ont paru craindre qu'il ne fût plus facile d'abuser des cas d'urgence dont parle la première partie de l'article 806, et de faire porter sous cette dénomination à l'hôtel du président, ou à l'audience des référés, des contestations qui devraient être portées à l'audience ordinaire du tribunal. »

Le remède est dans le discernement et la probité du président ; mais c'est dans les dispositions de l'article 809 qu'il trouvera le principe essentiel de sa compétence : « Cet article qui ordonne l'exécution provisoire de ses ordonnances et qui les soustrait à l'opposition empêche en même temps les abus qui pourraient en résulter, en prononçant que ces ordonnances ne font aucun préjudice au principal ; que par conséquent elles sont essentiellement provisoires et ne pourront devenir définitives que par un jugement d'audience. » (Réal, *Exposé des motifs au Corps législatif*, séance du 11 avril 1806.)

On peut voir que la plupart des décisions judiciaires se déterminent surtout par cette considération, et même quelquefois d'une manière exclusive. Il est donc très important d'analyser cette idée.

Malheureusement c'est assez difficile à raison de la multiplicité des points de vue auxquels on peut se placer, et aussi de la complexité de l'idée même.

Prenons d'abord les textes.

L'édit de 1685, qui est incontestablement la source où il faut chercher l'origine du texte de l'article 809, disait : « Si le lieutenant civil le juge ainsi à propos pour le bien de la justice, il pourra ordonner que les parties comparaîtront... pour être par lui ordonné *par provision ce qu'il estimera juste...* » (art. 6). L'article 7, à propos des inventaires, portait : « ... Pour y être pourvu ainsi que le lieutenant civil *avisera bon être....* »

L'article 806 dit : « Quand il s'agira de *statuer provisoirement* sur les difficultés », etc.

Et l'article 809 : « Les ordonnances de référé *ne feront aucun préjudice au principal...* »

On voit donc que ces points de vue sont assez différents, bien que caractérisant tous cette compétence.

La doctrine qui résulte des arrêts n'est guère moins variée.

Beaucoup d'arrêts se bornent à reproduire, sans en dégager la pensée, la phrase de l'article 809. D'autres disent que le juge des référés peut prendre les mesures conservatoires, préparatoires ou d'instruction ; certaines décisions mettent en opposition les mesures qu'il peut prendre et celles qui appartiennent au tribunal, et disent que si le tribunal peut soit reconnaître, soit conférer un droit, il n'appartient au juge des référés que de faciliter l'exercice de droits constants et reconnus.

Je vais essayer de dégager une analyse de ces divers documents.

Tout d'abord, il est intéressant de mettre en relief la différence d'application que présentent les deux hypothèses très distinctes où il y a lieu à référé, les cas d'urgence, et les difficultés d'exécution.

Voici dans le premier cas la situation. Les parties sont en procès, mais avant que les tribunaux compétents soient à même de prononcer sur le fond du droit, l'intérêt litigieux se trouve compromis, et est menacé d'un préjudice imminent. Le juge des référés, considérant exclusivement cet intérêt, sans avoir besoin d'entrer aucunement dans l'examen du litige principal, ordonnera une mesure provisoire et conservatoire, telle qu'une apposition de scellés, un inventaire, un constat de lieux, une expertise, la nomination d'un séquestre. Deux instances se suivront ainsi, distinctes non seulement par leur objet, mais surtout par leurs effets. Le juge des référés restera ordinairement étranger à la contestation principale qui divise les parties, et ne l'aura ni jugée ni préjugée ; alors même qu'il ferait autre chose que prendre une mesure purement conservatoire, et qu'il assurerait l'exécution de conventions reconnues ; la question reste intacte pour être jugée au fond par les tribunaux qui doivent en connaître.

En matière d'exécution, cette séparation du provisoire et du principal ne se présente plus de même. Il s'agit de savoir si un jugement sera exécuté, ou si sur le référé le juge suspendra les poursuites. Le juge devra donc entrer forcément dans l'examen des titres qui lui sont soumis, comme le ferait le tribunal lui-même, si, par exemple, on lui demandait, en vertu de ces mêmes titres, la nullité de l'exécution, le président en référé ne saurait prononcer cette nullité de l'exécution, mais il a le pouvoir considérable de suspendre l'exécution commencée, ce qui souvent donnera les mêmes résultats quant au but poursuivi.

C'est en ce sens seulement qu'il y a lieu de dire en cette matière que l'ordonnance ne fait pas préjudice au principal (Riom, 4 janvier 1860, D. 62. 2, 80). Le juge des référés, dit en substance cet arrêt, pouvait bien ordonner d'urgence un sursis à la saisie-exécution pratiquée, mais il devait laisser intact le fond du droit, en respectant la saisie elle-même dont la validité ne pouvait être jugée que par le tribunal ; dans l'espèce l'ordonnance avait eu pour résultat de restituer aux frères Garnier, demandeurs en référé, les objets placés sous saisie.

L'ordonnance aurait été bien rendue au contraire si le juge des référés s'était borné à suspendre l'exécution, examen fait des moyens soulevés.

Or on peut se rendre compte que l'ordonnance qui suspend ainsi une exécution présente deux caractères qui semblent in-

conciliables avec l'idée de provisoire qu'on se plaît à donne
aux référés :

D'une part l'examen des titres, comme le ferait le juge du
fond ;

D'autre part le préjudice matériel qui peut en résulter.

L'examen des titres, ou si l'on aime mieux de la *question
principale*, est absolument nécessaire ; car, ainsi que le fait remarquer M. Chauveau, « si l'on admettait le système opposé,
et qu'on le suivît dans ses plus rigoureuses conséquences, il
serait vraiment impossible de dire quelle est la compétence
du juge des référés sur les difficultés relatives à l'exécution
des actes et jugements, ou, pour mieux parler, il n'en aurait
aucune.

« En effet il n'est point d'hypothèses en cette matière, où le
magistrat ne doive examiner soit le titre judiciaire ou authentique, soit les actes par lesquels on cherche à en détruire
l'effet ; pas d'hypothèses où le sursis à l'exécution ne soit
l'objet de la demande portée devant lui.

« Si donc on lui défend d'une manière absolue d'interpréter
ces actes, c'est lui défendre également d'en apprécier le sens :
et si la connaissance du fond lui est totalement interdite,
comment connaîtra-t-il de l'exécution, qui n'en est que la
conséquence ?.. » (Chauveau sur Carré, Q. 2754 *ter*. De Bell.,
I, 379).

Ceci admis, il faut bien reconnaître aussi que l'ordonnance
aura souvent aussi pour effet de léser des droits. Il s'agit, ne
l'oublions pas, d'arrêter l'exécution d'un titre auquel provisio n
est due ; certains arrêts disent que « respect est dû au titre authentique » ; et cette entrave apportée à l'exercice d'un droit
sanctionné et reconnu après un long procès peut-être, où
toutes les juridictions auront été épuisées par le défendeur, est
de nature à causer un grave préjudice ; sans compter l'insolvabilité peut-être imminente de ce défendeur.

Tel sera le résultat si le juge suspend les poursuites commencées ; si au contraire il en ordonne à tort la continuation,
quel préjudice ne va-t-il pas en résulter pour le débiteur ! La
vente de ses meubles saisis, le discrédit, la ruine !

En quoi faut-il donc dire que l'ordonnance du président ne fait pas ou ne doit pas faire préjudice au principal, dans ce cas de référé sur procès-verbal d'exécution?

1° En ce que le juge du fond reste pleinement compétent pour statuer sur le débat déjà soumis au juge des référés ; il n'est pas lié par sa décision. Il pourra donc prononcer soit le mal fondé de la demande en nullité d'exécution, soit l'irrégularité de cette exécution.

2° L'ordonnance rendue au profit d'une partie n'est exécutée par elle qu'à ses risques et périls ; rien n'empêche donc le juge du fond, au cas où il reconnaîtrait que l'ordonnance a été exécutée à tort, d'allouer tels dommages-intérêts au débiteur que bon lui semblera comme réparation du préjudice qu'il a subi (Riom, 4 janvier 1861, D. 62, 2, 80).

3° En ce que le juge des référés s'abstient d'ordonner la continuation des poursuites toutes les fois que l'opposition *paraît fondée*.

Il resterait à développer cette idée et à en suivre les applications ; mais ce serait me laisser entraîner à exposer toute la théorie des référés sur les difficultés d'exécution, et tel n'est pas l'objet de cette étude (V. de Bell., I, p. 377, 442 et suiv. ; Bertin, II, p. 93, et suiv. ; Bazot, § 3, art. 2).

Nous restons donc en présence des cas d'urgence proprement dits, prévus par le commencement de l'article 806. Il y a lieu de préciser les principes qui doivent déterminer le juge des référés dans la distinction et l'application du provisoire et du principal.

Nous pourions remarquer tout d'abord qu'à la différence de ce qui se passe pour les référés sur l'exécution des titres authentiques, la distinction du principal et du provisoire se présentera d'une manière fort nette, non seulement en ce que le juge des référés n'aura pas ordinairement à entrer dans l'examen des titres qui détermineront le juge du fond, mais aussi en ce que la mesure qu'il ordonnera aura une portée bien spéciale, sur laquelle le juge du fond ne reviendra pas lorsque plus tard il sera saisi ; de la sorte, l'état de choses ainsi créé par l'ordonnance apparaîtra comme définitif, ayant une portée spéciale qui ne sera pas anéantie par la décision au fond.

Prenons l'exemple que je vais longuement rapporter du référé à fin de réduction au cinquième des effets de la saisie-arrêt. Le président a statué, et réduit les effets de l'opposition, eu égard à leur caractère alimentaire, au tiers, au quart, ou au cinquième des sommes saisies-arrêtées : le juge du fond saisi de la demande de validité de la saisie-arrêt va-t-il annuler cette décision ? En aucune manière : le jugement à intervenir validera la saisie-arrêt dans ce qu'il en subsiste, et opérera transport judiciaire au profit des créanciers ; ce n'est que par voie de conséquence, et implicitement, que le jugement aura confirmé l'ordonnance, mais son objet était tout différent.

Prenons une autre espèce. Une maison menace ruine. Le propriétaire voisin demande la nomination d'un expert chargé de faire les travaux nécessaires pour conjurer un péril imminent. Lorsque plus tard on saisira le juge du fond, est-ce que le débat portera sur l'objet du référé ? En aucune façon : il y aura à examiner les titres, à déterminer la part des responsabilités de chacun, par suite de l'exécution des travaux, mais on ne débattra plus la question de savoir si ces travaux étaient nécessaires et s'il y avait lieu à expertise.

De même dans le cas où un séquestre ou un administrateur provisoire serait nécessaire. C'est pourquoi il est dit dans tous ces cas que l'ordonnance sera exécutée aux frais, risques et périls de qui de droit, aucune responsabilité ne pouvant dès à présent être établie.

Ceci ainsi précisé, nous allons nous demander s'il n'y a pas des règles simples auxquelles on peut reconnaître que le président est ou non compétent.

Or il me semble que dans la plupart des espèces on pourrait se poser les deux questions suivantes, qui serviront de critérium.

1ʳᵉ *Question.* « *Si le président rend l'ordonnance dans les termes de la demande, restera-t-il quelque chose à juger par le juge du fond ?* »

2ᵉ *Question.* « *L'état de choses que va créer l'ordonnance, sera-t-il tel que l'on ne puisse remettre les choses dans leur état primitif, au cas où le juge du fond déciderait qu'il doit en être ainsi ? »*

Sous une autre forme on pourrait encore dire : « Le résultat de l'ordonnance doit-il être tel, que le juge du fond n'ait aucun moyen de remédier au fait accompli ? »

Or il est incontestable que si, dans une espèce déterminée, on peut répondre affirmativement à la première de ces questions et négativement à la seconde, le président est compétent. La plupart des mesures purement conservatoires se justifient ainsi.

Qu'allons-nous décider si la solution demandée au président doit aller à l'encontre de l'une de ces deux questions ?

1° N'est-ce pas faire préjudice au principal, que de juger avant les juges du fond les questions mêmes qui leur seront soumises ?

2° N'est-ce pas également faire préjudice au principal, que de créer un état de choses définitif ?

Or il est certain que ces deux questions doivent s'expliquer et se compléter l'une par l'autre, et qu'il arrivera ordinairement encore que, lorsqu'une seule des règles qu'elles supposent se trouve violée, le juge des référés n'en demeure pas moins compétent quand il y a urgence.

Prenons un exemple. Une ville a fait avec ses habitants des contrats pour la distribution des eaux moyennant une redevance fixe ; les polices que consent la ville portent qu'à défaut par les parties de se prévenir trois mois avant le 1er janvier de chaque année, il y aura tacite reconduction. Dans le courant d'un exercice annal, la ville prend une décision en vertu de laquelle elle entend résilier les anciennes polices, et imposer de nouvelles conditions, notamment l'installation d'un compteur. En vertu de cette décision l'administration municipale adresse à ses abonnés une circulaire imprimée contenant dénonciation de la police en cours, et offre le nouveau règlement. Mais le mode d'envoi de cette circulaire étant insuffisant, il se trouve que certains abonnés ne l'ont pas reçue ou prétendent ne l'avoir pas reçue, et la ville ne peut faire la preuve contraire. Cependant le 1ᵉʳ janvier étant arrivé, la ville ferme les robinets de prise d'eau ; plainte des intéressés invoquant la tacite reconduction ; assignation en référé pour voir réouvrir les conduites d'eau, attendu que les polices n'étaient pas résiliées.

Le président était-il compétent?

1° Il est certain que le président, après avoir décidé que, le contrat n'étant pas résilié, il y avait lieu de réouvrir les conduites, ne laissait rien à trancher au juge du fond ; ou plutôt celui-ci eût été saisi de la même question.

2° Mais l'ordonnance liait-elle le juge du principal, au cas où celui-ci aurait cru devoir décider autrement que le premier? En aucune façon ; car il n'y avait aucun obstacle pour lui à ordonner la fermeture des conduites d'eau, sauf à condamner la partie demanderesse en référé au payement de la fourniture de l'eau depuis le jour de l'ordonnance au jour du jugement sur le fond (*Cailliet contre ville de Corbeil*, jugement du tribunal de Corbeil statuant en état de référé du 7 janvier 1886).

Le jugement décida qu'il y avait lieu d'ordonner la réouverture des conduites d'eau, et dans l'espèce il était rendu conformément aux principes.

Prenons cette même espèce, et supposons que la ville ait régulièrement justifié qu'elle avait fait cesser le contrat. Le juge aurait dû dire que les conduites d'eau resteraient fermées. Aurait-il pu en ordonner la suppression? Non, car il eût fait un acte en contradiction non seulement avec la première des règles ci-dessus posées, mais aussi avec la seconde : il eût fait préjudice au principal.

Nous pourrions supposer maintenant une espèce différente, où la seconde de ces questions seule va se trouver violée; par exemple le cas d'une réduction au cinquième des effets d'une saisie-arrêt; et ici encore je dirai que le président est compétent vu l'urgence; mais ici je vais laisser la parole à M. le conseiller Gouget sur l'arrêt fameux de la Cour de cassation du 17 février 1874.

Résumant tous ces développements, j'arrive donc à conclure :

1° Le président est compétent en référé quand la question

qu'on lui soumet respecte les deux règles que supposent les deux questions plus haut posées.

2° Il est de même compétent quand une seule de ces règles se trouve violée, si toutefois il y a urgence à prendre la mesure sollicitée.

Les principes sur cette idée essentielle en matière de référé, que l'ordonnance ne doit pas faire préjudice au principal, se trouvent développés avec la plus grande force et la plus grande netteté par M. le conseiller Gouget, lors d'un pourvoi sur lequel la Cour rendit, le 19 février 1874, un arrêt de rejet dans les circonstances suivantes.

Le 31 décembre 1872, M. le président du Tribunal de la Seine avait rendu une ordonnance réduisant au cinquième de tous les émoluments d'un sieur Clère les effets de l'opposition formée par un sieur Lucas, attendu que « partie de son salaire doit être considérée comme alimentaire. »

Le 11 mai 1873, la Cour confirmait l'ordonnance sur l'appel de Lucas.

Pourvoi en cassation, se fondant sur ce que l'arrêt avait violé l'article 809, qui défend que les ordonnances portent aucun préjudice au principal. La condition essentielle de la compétence du président, disait-on, c'est que la décision qu'il prend avec son caractère tout provisoire ne lèse aucun droit. Il ne peut qu'ordonner ou empêcher une mesure, arrêter ou hâter une exécution; mais il ne saurait modifier la situation des parties d'une manière irréparable. — D'autre part il tranche une question déjà soumise aux juges du fond; et il apprécie le caractère des sommes saisies-arrêtées, ce qui dépasse évidemment sa compétence; en tranchant cette question, qui est très difficile à résoudre, on risque une contrariété de décision avec celle que rendra le tribunal.

M. Gouget, conseiller rapporteur, répond : « Les griefs relevés par le demandeur contre l'arrêt attaqué ne manquent pas, nous le reconnaissons, de gravité; mais nous ne pensons pas qu'ils soient à l'abri d'objections sérieuses. Toute l'argumentation du pourvoi repose, en définitive, sur la disposition de l'article 809 C. proc. civ., portant que les ordonnances sur référés ne feront aucun préjudice au principal. Ce principe est incontestable, mais il faut en déterminer avec soin la portée véritable et ne pas en étendre l'application au delà des limites qu'il comporte. »

Les tribunaux ont seuls le droit de résoudre au fond les difficultés qui divisent les parties, et le juge des référés n'est institué que pour prendre au provisoire les mesures urgentes. Il en résulte que ses décisions ne pourraient lier les tribunaux relativement à la solution du litige. C'est ce qu'explique parfaitement la formule usitée dans toutes les ordonnances de référé : « Au principal renvoyons les parties à se pourvoir, et cependant, et *par provision*, vu l'urgence, disons, etc... ».

Il est donc vrai que les décisions rendues en référé n'exercent en droit aucune influence sur le principal, qu'elles le laissent complètement intact. Mais peut-on conclure, comme le prétend le pourvoi, qu'elles ne peuvent modifier d'une manière irréparable en fait les situations des plaideurs?

Évidemment, non. Il faut au contraire reconnaître que, dans une foule de circonstances, les conséquences de fait des sentences de référé sont sans remède possible, qu'elles sont de nature à causer un dommage définitif à l'une des parties. En matière de scellés, par exemple, il s'agit d'autoriser ou d'interdire une apposition ou une main-levée sans description immédiate; en matière de saisie-exécution, de surseoir ou passer outre à des poursuites; en matière d'emprisonnement, de maintenir l'arrestation d'un débiteur, ou d'ordonner sa mise en liberté; en matière de location, de prescrire l'expulsion d'un locataire ou de lui conserver la jouissance des lieux; dans tous ces cas, et dans une multitude d'autres, qu'il est inutile de rappeler, la compétence du juge des référés ne saurait être mise en doute, et l'on est cependant forcé de reconnaître que les ordonnances peuvent singulièrement compromettre les intérêts des parties, qu'elles peuvent rendre sans utilité pratique pour elles les décisions rendues plus tard en leur faveur par le juge du fond.

Le président du tribunal de la Seine a-t-il, dans la cause, statué sur le fond du litige, ou s'est-il borné à prescrire une

mesure provisoire qui laissait intacte au fond les droits respectifs des parties? Telle est donc l'unique difficulté du procès.

« Lucas avait pratiqué une saisie-arrêt sur les appointements
de Clère, son débiteur; la question de savoir si cette saisie était
régulière, si en conséquence elle devait être validée, ou si
mainlevée totale ou partielle devait en être prononcée pour un
motif quelconque, constituait un débat sur le fond de droit, que
le tribunal de la Seine seul avait qualité pour juger, aux termes
de l'article 567 C. proc. *Mais à côté de cette question s'en
présentait une autre :* Clère prétendait que ses appointements
étaient sa seule ressource pour subvenir à ses besoins et à ceux
de sa famille; qu'ils avaient dès lors, au moins pour partie, un
caractère insaisissable; que le tribunal appelé à statuer sur le
mérite de la saisie apprécierait plus tard cette prétention, mais
qu'en attendant sa décision, il y avait lieu de recourir à une
mesure urgente, et à l'autoriser à toucher par provision les
sommes que le président estimerait nécessaires pour ses aliments et ceux de sa famille.

« Cette demande ne constituait-elle pas, comme le déclare la
Cour de Paris, un débat urgent, et ne sollicitait-elle pas une
mesure provisoire? N'y avait-il pas lieu par suite d'appliquer la
disposition de l'article 806 qui permet d'assigner devant le
président du tribunal dans tous les cas d'urgence?

« Il n'est pas douteux que la décision par laquelle Clère a été
autorisé à toucher provisoirement les quatre cinquièmes de
ses appointements nonobstant la saisie-arrêt de Lucas est de
nature à causer un dommage peut-être irréparable à ce dernier,
mais il n'en est pas moins exact de dire qu'elle ne préjudicie
pas, en droit, au principal, *car le tribunal conserve, avant
comme après cette décision, le pouvoir d'apprécier en toute
liberté,* et d'après les documents qui lui seront fournis, les difficultés qui lui seront soumises.

« Ces *difficultés seront d'ailleurs autres que celles portées devant
le juge des référés.* — Le tribunal est, en effet, appelé à valider la saisie-arrêt, ou à en donner mainlevée, tandis que le
président s'est borné à autoriser, provisoirement et jusqu'à la

6

décision du tribunal sur le fond, le débiteur saisi à toucher une portion de ses appointements malgré la saisie-arrêt.

« Il est bien vrai que, pour justifier la mesure qu'il prescrivait, le président s'est fondé sur le caractère alimentaire des appointements saisis, et que ce caractère devra être pris en considération par le juge du fond pour statuer sur le fond de la saisie ; mais la contradiction qui peut se produire sur ce point entre deux décisions, quelque regrettable qu'elle soit, ne saurait avoir pour conséquence de mettre obstacle à l'exercice des pouvoirs conférés au juge des référés : une semblable contradiction est possible dans la plupart des cas où sa compétence est établie, et l'inconvénient qui peut en résulter n'a pas paru assez grave au législateur pour l'empêcher d'instituer cette compétence.

« C'est qu'en effet *la bonne administration de la justice exige impérieusement, dans certaines circonstances, qu'il soit statué sans aucun retard sur les difficultés urgentes qui divisent les parties ;* les soumettre aux formes ordinaires de la procédure, ce serait, en réalité, leur refuser justice ; comme par exemple, assujettir un débiteur placé sous la main du garde du commerce aux lenteurs d'une assignation, même à bref délai, et d'un débat à l'audience ordinaire, pour décider s'il a été régulièrement arrêté. Le président du tribunal est, en pareil cas, investi du droit de prononcer provisoirement sur la contestation ; sa décision laisse existant le pouvoir du tribunal qui doit être ultérieurement saisi du litige ; mais en attendant, elle règle la situation des parties.

« *Les pouvoirs ainsi donnés au président sont immenses, mais indispensables ;* il doit en user avec réserve, mais la loi s'en rapporte à sa prudence, et ne lui impose d'autre limite que l'urgence dûment constatée.

« S'il en est ainsi, le reproche d'excès de pouvoir adressé à l'ordonnance rendue par le président du tribunal de la Seine, dans l'espèce, semblerait difficilement admissible, car l'urgence de la mesure sollicitée par le défendeur éventuel ne saurait être l'objet d'une discussion sérieuse. Il a été admis par la jurisprudence (Cass., 10 avril 1860, S. 60, 1, 502), et non contesté par le pourvoi, que les appointements d'un employé de commerce peuvent être dans une certaine proportion considérés comme alimentaires, et, à ce titre, comme insaisissables. Clère réclamait l'application de ce principe et soutenait que la saisie pratiquée par Lucas le privait de l'unique ressource qui lui permettait de subvenir à ses besoins et à ceux de sa famille ; mais avant que ses prétentions pussent être appréciées par le tribunal saisi de la demande en validité de la saisie-arrêt, un délai, malheureusement assez long, était inévitable, et dans l'intervalle il se trouvait exposé à mourir de faim, lui, sa femme et ses enfants ; jamais l'urgence n'avait été mieux justifiée. Il était donc fondé à se pourvoir en référé pour obtenir l'autorisation de toucher immédiatement, à titre de provision, une certaine quantité de ses appointements, et le président était compétent pour ordonner la mesure qu'il a prescrite. »

Conformément à ces conclusions, la Cour a rejeté le pourvoi, en considérant : « Que si l'article 809 du C. proc. civ. porte que les ordonnances ne feront aucun préjudice au principal, il faut en conclure qu'elles ne lient en aucune façon le tribunal pour l'appréciation du litige au fond ; mais qu'on ne saurait en induire que le président n'a, en aucun cas, qualité pour prescrire, à titre provisoire, une mesure de nature à causer peut-être à l'une des parties un dommage irréparable en fait » (Cass. *Req.*, 17 fév. 1874. S. 74, 1, 245 et 246 ; D. 74, 1, 445).

Cette jurisprudence a reçu l'entière approbation de M. Bazot (V. p. 362 et suiv.).

Prenant comme point de départ tout ce qui a été dit jusqu'ici, j'arrive à formuler les propositions suivantes, qui serviront d'entêtes aux sections suivantes :

1° *Le président peut prendre toutes les mesures conservatoires qui permettent d'attendre la décision du tribunal, sans toutefois impliquer d'avance le jugement à intervenir.* Le résultat de son ordonnance sera souvent alors dans le as de régler la possession dans la chose ou du droit litigieux pendant le procès au fond ou en l'attendant. Par suite, sa compétence se déterminera souvent de la même manière que celle du juge du possessoire.

2° *Le président ne peut jamais juger ou préjuger le fond*, et ses ordonnances ont toujours un caractère provisoire alors même que le débat au fond soulèverait les questions déjà posées devant le juge des référés ; si en fait son ordonnance ne pouvait avoir ce caractère, le président devrait se déclarer incompétent.

3° *Le président peut toutefois et doit assurer le libre exercice de droits dès à présent certains,* ou *l'exécution de contrats non contestés ;* mais il n'aurait pas le pouvoir de les interpréter.

4° La *formule que l'ordonnance ne fait pas préjudice au principal ne veut pas dire qu'elle ne doive jamais causer de préjudice.*

Les nécessités qui donnent lieu à référé sont en effet souvent de nature à causer un dommage, soit que le président s'abstienne de statuer, soit qu'au contraire il ordonne ce qui lui est demandé ; il faut dire qu'il ne doit pas hésiter dans certains cas, malgré une exception d'incompétence, à prendre parti ; mais ce préjudice ne peut résulter que des mesures en quelque sorte accessoires au fond, qu'il y a lieu d'ordonner, sans que jamais il implique la suppression de l'intérêt qui est le fond du procès.

Quand l'ordonnance doit avoir pour résultat : 1° de statuer sur la question même dont le tribunal sera saisi ; 2° de se motiver par de pures considérations de droit ; 3° de causer un préjudice matériel non réparable, le président est certainement incompétent.

Dans le doute il doit plutôt dire qu'il n'y a lieu à référé, l'ordonnance devant être alors le maintien de l'état de choses actuel, et la possession étant, dans une certaine mesure, une présomption de droit.

En terminant cet exposé préliminaire, je crois bon de citer un arrêt de la Cour de Paris du 6 décembre 1879 (D. 81, 2, 168), qui montre bien de quelles considérations doit dans la pratique s'inspirer l'ordonnance :

« Attendu que le juge des référés est compétent pour statuer au provisoire, dans tous les cas où le tribunal dont il fait partie serait compétent lui-même *ratione materiæ;* que le tribunal aurait à trancher une question de propriété (v. *infra, Mat. administr.*). Sur le second moyen : Attendu que la cour en matière de référé n'a pas actuellement à examiner : 1° si le droit d'usage et d'habitation conféré en 1750 à l'institut des frères, c'est-à-dire à une personne juridique, qui en 1792 a cessé d'exister légalement, n'a pas été à cette dernière époque naturellement éteinte par la mort même de l'usager ; 2° si ce droit a, plus tard, en 1808, pu, par un effet rétroactif du Décret du 17 mars qui rendait à l'institut des frères sa personnalité juridique, revivre à leur profit ; 3° si ce droit n'étant pas accordé à de simples particuliers *ut singuli,* a pu être consenti pour plus de cent ans, soit sous l'empire du Code civil pour plus de trente ans ;

« Attendu que la Cour doit uniquement rechercher si la possession que l'intimé demande à conserver provisoirement se rattache au titre de 1750 en vertu duquel elle pourrait être utile, ou bien simplement au titre postérieur qui la rendait précaire ;

« Attendu que *le titre apparent de leur possession subordonné à la qualité même d'instituteurs publics est entaché de précarité :*

« Par ces motifs réforme l'ordonnance et dit que la commune sera mise en possession du local. »

Cet arrêt, mieux que de longs développements, montre à quel ordre de considérations doit s'attacher le juge des référés : ce qu'on lui demande, c'est, le plus souvent, de déterminer à qui la possession de la chose litigieuse doit rester pendant le procès, tellement qu'il serait possible de dire que sa juridiction complète celle du juge de paix, comme juge du possessoire (Cass., 20 juillet 1882, S. 85, 1, 58). C'est ainsi que la Coutume de Normandie nous l'avait déjà montré. C'est ainsi que la force des choses, et cette distinction du possessoire et du pétitoire qui se présente même en matière mobilière, ont amené la juridiction du président à se déterminer en réalité par des considérations analogues à celles qui régissent les juges de paix en matière d'action possessoire ; comme ceux-ci, nous dirons qu'il devra se déterminer le plus souvent par des considérations de fait et maintenir l'état de choses existant, ou celui qui vient d'être troublé. C'est cette idée qu'il importe de préciser, ce que je vais essayer de faire tout d'abord.

Section I. — Mesures purement conservatoires.

§ 1. — Expertises.

Le pouvoir d'ordonner une expertise rentre essentiellement dans les attributions du président. La jurisprudence a cependant d'abord hésité à l'admettre : c'est qu'en effet il peut arriver souvent que la mission confiée à l'expert préjuge le fond et présente un caractère interlocutoire.

C'est ce que la Cour de Bourges avait décidé dans un arrêt du 7 avril 1832 (S. 1833, 2, 70) : « Attendu que le juge ne pouvait ordonner une opération de nature à préjuger le fond. »

De même la Cour de Paris avait réformé une ordonnance de référé : « Considérant que la mesure ordonnée a un caractère interlocutoire ; que conséquemment le juge des référés a excédé ses pouvoirs » (Paris, 6 juillet 1844 ; de Bell., I, 418). Dans l'espèce le président avait ordonné une expertise pour vérifier si, déduction faite de 10 mètres selon les règlements, une carrière vendue avait la contenance portée au contrat ; l'intérêt était dans la diminution du prix qui aurait pu être demandée.

Aujourd'hui la jurisprudence admet d'une manière large la compétence du président pour ordonner la nomination d'un expert en référé. C'est que si en fait l'expertise a souvent pour effet de préjuger les droits des parties, en droit il n'en reste pas moins certain que le rapport de l'expert ne lie pas le tribunal, qui peut se déterminer par des raisons toutes différentes. C'est ce que la Cour de cassation a décidé par deux arrêts récents, l'un de la Chambre des requêtes du 15 janvier 1874 (S. 74, 1, 484); et un autre de la Chambre civile, du 28 août 1877 (S. 78, 1, 344. — D. 78, 1, 214), conçus dans des termes identiques : « Attendu qu'aucune disposition de la loi ne s'oppose à ce que les juges du fond prennent pour base de leur décision (la Chambre des requêtes avait dit : « pour élément d'appréciation ») une opération prescrite par le juge des référés et à laquelle il a été procédé contradictoirement. »

C'est qu'en effet les juges ont en cette matière une certaine latitude, et qu'ils pourraient même prendre, à titre de renseignement, des éléments tirés d'une expertise nulle (Cass., 9 fév. 1869, S. 69, 1, 162. — De Bell., I, 109 ; II, 187).

La Cour de Grenoble a fait une curieuse application de ce principe ; les faits de la cause ressortent suffisamment de la simple lecture de l'arrêt. « Attendu que la procédure des référés a pour but de pourvoir aux cas d'urgence à l'aide de mesures provisoires, conservatoires du droit des parties et qui n'impliquent point le fond du litige ; — que le juge du référé l'est également de l'opportunité et de l'étendue de ces mesures ; — que dans le cas particulier où il s'agissait de faire constater par des hommes de l'art si les deux enfants jumeaux dont Philomène Melgrand était accouchée le 29 février dernier, et qui étaient inhumés depuis 24 jours, avaient vécu, ou s'ils étaient sortis morts du sein de leur mère, il était à craindre qu'une décomposition plus avancée des corps ne mît obstacle à l'expertise demandée, ou ne la rendît douteuse ; — qu'il y avait donc urgence à ce qu'elle eût lieu sans retard ; — que c'était à l'appelante, qui soutient que les enfants ont vécu, à l'établir et à provoquer les constatations nécessaires ; — qu'elle a à s'imputer d'avoir par son inaction rendu le référé nécessaire ; — attendu qu'il n'est pas exact de dire que ces expertises, quelque importantes qu'elles pussent être, dussent préjuger le fond du litige et engager le tribunal ; — qu'il restait maître d'en apprécier la valeur, d'en discuter la pertinence et de se déterminer par d'autres preuves et par d'autres documents qui seraient produits par l'appelante ; — que ces constatations ne perdent donc pas leur caractère provisoire » (Grenoble, 13 juillet 1872. S. 72, 2, 292).

Dans le même sens, Angers, 30 mars 1871 (S. 71, 2, 262).

On admet généralement que, vu l'urgence, le président peut nommer un seul expert (Bioche, Expertise, n° 33. Grenoble, arrêt précité ; Paris, 5 février 1870 ; Bordeaux, 4 déc. 1878, S. 79, 2, 180. V. Bertin, n° 712. Dutruc, *Supplément*, t. III, Référé, n° 111). — Cependant j'ai vu un arrêt récent de la Cour de Paris décider qu'à défaut du consentement de toutes les parties, le président devait, conformément à l'article 303 Code pr. civ., nommer trois experts.

Le président dispense ordinairement l'expert du serment d'office, vu l'urgence. Cependant la Cour de Paris a décidé que même en cette matière le serment était de rigueur (Paris, 28 nov. 1868, S. 69, 2, 54. — Bazot, p. 381).

C'est surtout en ce qui touche les rapports de voisinage, ou à l'occasion de travaux à entreprendre, que se présenteront les divers cas où il y a lieu d'ordonner une expertise en référé : cette procédure, que M. de Belleyme semble désireux de voir restreindre (II, p. 180), est d'un usage quotidien à Paris ; et l'on peut même dire que seule elle a permis la reconstruction de rues entières, par la facilité que l'on donne aux propriétaires mitoyens de pénétrer dans la maison voisine, d'y faire tous travaux de clôture provisoire, pendant la reconstruction du mur séparatif, le tout sans avoir à craindre de bien grosses indemnités.

On peut voir là une curieuse application de la règle ci-dessus posée. Nous allons voir en effet le propriétaire constructeur autorisé à démolir le mur mitoyen parce qu'il prétend qu'il est insuffisant pour supporter les constructions par lui projetées ; il soutiendra même que le mur est insuffisant pour les constructions actuelles du voisin, et qu'il ne réussit à se maintenir que parce que sa maison servait en quelque sorte d'étayement à la maison voisine ; il demande à pénétrer chez les locataires de son voisin, et à y faire tous travaux ; il demandera souvent même à faire reconstruire le mur d'après son axe, lorsque par suite de vétusté ou de mauvaise construction il s'en trouvait dévié ; n'oublions pas qu'il peut s'agir de travaux considérables où des millions seraient engagés ; et cependant la jurisprudence constante du président du tribunal de la Seine admet qu'en vertu d'une simple ordonnance de référé, et par un seul expert, dispensé du serment d'office, ces travaux s'exécuteront malgré toutes résistances, l'expert ayant le pouvoir de requérir la force armée pour pénétrer chez le propriétaire voisin et chez ses locataires. L'expert donnera son avis sur l'état du mur et tranchera la question de savoir dans quelle proportion les parties doivent contribuer à sa reconstruction ; il fixera les indemnités à accorder aux locataires et dira à la charge de qui elles incombent, et dans quelles proportions.

Ne devait-on pas voir là des questions principales ? Faut-il dire, en tous cas, qu'on n'y fait pas préjudice ?

On pourrait répondre comme le fait la Cour de cassation, et dire que les tribunaux conservent un pouvoir d'appréciation lorsqu'ils accorderont ultérieurement toutes indemnités. Cette réponse ne serait pas pleinement satisfaisante. Il faut dire que si le président a pu ordonner de telles mesures, c'est que le demandeur agit en vertu d'un droit certain, et d'une qualité reconnue qui lui donne le pouvoir d'agir ainsi, celle de propriétaire mitoyen. Si des dommages sont causés, c'est qu'ils sont inévitables, et l'intervention de l'expert est plutôt de nature à permettre de les constater. Enfin il y a urgence, ou plutôt nécessité absolue d'agir ainsi, et de pouvoir vaincre des résistances que l'on sait d'avance mal fondées, afin de pouvoir permettre l'exécution de grands travaux d'ensemble, que chaque habitant d'une grande ville doit prévoir, comme une sorte de servitude s'imposant dans l'intérêt général de la cité elle-même et de ses habitants (Paris, 24 mars 1879, S. 79, 2, 137 et note).

Il y a bien d'autres missions que l'on peut confier à des experts ; ex. : des missions de constat, ou de surveillance de travaux. Dans la plupart des cas où un nouvel œuvre sera entrepris, il y aurait lieu à une expertise : si les travaux entrepris semblent contraires aux droits du voisin, l'expert aura pour mission de les faire cesser ; mais on ne prescrirait pas en référé la démolition des travaux (De Bell., II, p. 180. — Dutruc, *loc. cit.*, n° 65).

Mais remarquons que l'expert nommé en référé ne saurait avoir plus de pouvoirs que le président n'en aurait lui-même : il ne saurait donc interpréter des titres de propriété, trancher une question de droits, de servitudes, etc. (Sur tous ces points V. de Bell., t. II, p. 181 et les arrêts rapportés. Bertin, n°ˢ 711 à 718 et les arrêts ; 729 et suiv. ; 736 et suiv. ; 766 et suiv.).

N'oublions pas enfin que le président est incompétent pour nommer en référé un expert à l'effet de déterminer les réparations dites locatives ; cela rentre dans la compétence du juge de paix (De Bell., I, p. 397. Loi 25 mai 1858, art. 5. Dutruc, *loc. cit.*, n° 14). Il est de même incompétent pour nommer des experts en matières commerciales et administratives, ainsi que nous le verrons plus loin.

§ 2. — Séquestres. — Administrateurs provisoires.

Le séquestre est la remise, entre les mains d'un tiers, d'une chose mobilière ou immobilière, dans le but de sauvegarder les droits des parties intéressées à sa conservation. Il y a lieu à séquestre en général quand la propriété ou la possession d'une chose se trouvent contestées (Aubry et Rau, § 408 et suiv.).

Or cette mesure rentre essentiellement dans la compétence du juge des référés toutes les fois qu'il y a urgence.

Il est nécessaire qu'il y ait péril. Dans une espèce assez curieuse le président a rendu une ordonnance confirmée par la Cour de Paris le 5 mars 1885 (V. *Le Droit*, 26 juillet 1885), dans laquelle il décidait qu'il n'y avait pas lieu d'ordonner un séquestre. Il s'agissait de statuer sur un référé introduit par un propriétaire contre ses locataires qui, se trouvant à fin de bail, annonçaient la liquidation de leurs marchandises : le propriétaire, prétendant que son gage disparaissait, demandait la nomination d'un séquestre, chargé d'encaisser les recettes jusqu'à concurrence de ses loyers, et du montant des réparations locatives. Ordonnance portant que : « Attendu que l'agencement et le matériel garnissant les lieux sont importants, et qu'il n'apparaît pas en l'état de péril..... disons n'y avoir lieu à référé. »

Il y aura lieu à nomination de séquestre, par exemple :

1° Si l'usufruitier ne fournit pas caution d'administrer en bon père de famille (C. civ., art. 601) ;

2° Si des parties ne peuvent s'entendre sur l'administration de l'immeuble qui leur appartient par indivis ;

3° A des meubles ou à des immeubles saisis sur un débiteur (Paris, 23 mars 1872 ; Bertin, p. 477 ; Bazot, p. 290) ;

4° Au cas de contestation sur la propriété d'un meuble ou d'un immeuble (De Bell., II, p. 209 et les arrêts. — Bertin, II, 477) ;

5° Au cas de saisie immobilière, alors qu'il est nécessaire de placer sous la main de justice les fruits de l'immeuble (Bertin, *ibid.*) ;

6° Pour recevoir des mains des locataires les loyers saisis-arrêtés (Cass. 12 mars 1882. S. 82, 1, 349). Cet arrêt confir-mait un arrêt de la Cour d'Aix du 31 janvier 1881, lequel avait infirmé une ordonnance de référé.

« Attendu, dit l'arrêt, que les saisies-arrêts faites par la ville de Marseille n'étaient point encore validées, et qu'aucun droit exclusif sur les loyers ne lui était encore attribué, il n'était pas possible de l'autoriser elle-même à recevoir ;

« Attendu, d'autre part, qu'il y avait danger soit à laisser s'ac-cumuler les loyers aux mains des locataires plus ou moins sol-vables, soit à déclarer qu'ils les verseraient eux-mêmes à la caisse des dépôts et consignations..... »

Et les autorités citées par Bertin (p. 478), ainsi que les autres espèces (Nancy, 26 février 1876 ; Cour Cass., 10 juillet 1876. S. 76, I. 405).

Voir aussi les nombreuses applications indiquées par M. de Belleyme, t. II, p. 209 et suiv.

On s'est demandé si le juge des référés pouvait nommer un séquestre pour la garde et l'administration des biens d'un *débi-teur en déconfiture*. La Cour de cassation, dans un arrêt du 17 janvier 1855, a décidé que non ; mais l'arrêt pouvait paraître se déterminer par les circonstances de la cause. Dans un arrêt plus récent du 10 juillet 1876 (S. 76, 1, 405), la Cour de cassa-tion a encore proclamé la même doctrine, qui est certaine.

Par arrêt du 26 février 1876, la Cour de Nancy avait nommé un séquestre à l'effet de recouvrer toutes les créances qui ap-partenaient à un débiteur, faire pour lesdits recouvrements toutes diligences et actes conservatoires, se faire remettre par tous débiteurs tous titres, registres et papiers nécessaires, tou-cher toutes créances chirographaires et hypothécaires, etc.

La Cour de cassation a cassé cet arrêt :

« Attendu que chacun a la libre disposition de ses biens, et que nul ne peut être privé du droit de les administrer qu'en vertu d'une disposition formelle de la loi ;

« Attendu que l'article 1961 n° 2 du Code civil confère aux tribunaux la faculté de placer sous séquestre judiciaire soit une chose litigieuse entre deux ou plusieurs personnes, soit une chose déterminée affectée à la garantie d'obligations du débiteur, mais que cette disposition de loi ne les autorise pas à appliquer une telle mesure, à titre provisoire ou à titre définitif, au patrimoine entier d'un particulier non négociant, fût-il en déconfiture ; d'où il suit qu'en chargeant un séquestre d'administrer, dans l'intérêt collectif des créanciers, tout le patrimoine du demandeur, à raison de son état de déconfiture, l'arrêt attaqué a violé les dispositions ci-dessus visées. — Casse.... »

M. Bertin critique vivement cette décision de la Cour de cassation ; et comme toujours en cette matière, il invoque des raisons d'utilité incontestable, ajoutant que ces sortes de décisions sont purement conservatoires et ne causent aucun préjudice au principal (t. II, n° 1007).

Dans le même ordre d'idées, M. de Belleyme avait déjà dit que les créanciers d'un débiteur en déconfiture pourraient, s'ils étaient tous d'accord, faire nommer un séquestre chargé de faire tous les actes d'administration et de liquidation (De Bell., p. 211, II).

Je prendrais plutôt parti pour la jurisprudence, suivant en cela l'opinion de M. Bazot (p. 295). Il paraît, en effet, bien difficile d'admettre que, sous prétexte d'urgence, on puisse créer de toutes pièces une situation juridique absolument contraire à toutes les dispositions de la loi. Il y aurait peut-être à régler législativement la situation résultant de l'état de déconfiture, et à créer un état de choses analogue à la faillite. Mais on ne peut soutenir que par une simple ordonnance essentiellement provisoire, le président puisse faire ce que le tribunal serait certainement incompétent à ordonner.

C'est ce que la Cour de Lyon a décidé dans un arrêt du 26 janvier 1871 (S. 71, 2, p. 11. D. 71, 2, 45) : « Attendu que la juridiction des référés est exceptionnelle, et qu'elle doit être restreinte dans ses limites légales ; — attendu que l'ordonnance dont est appel a statué sur une question de bail de caution en

matière d'hoirie bénéficiaire, et a dépouillé l'héritier sous bénéfice d'inventaire de son droit d'administration faute par lui
de fournir bonne et solvable caution dans un délai déterminé; que cette ordonnance a donc statué sur le fond en
substituant une peine plus grave que celle de l'article 807, § 2,
du C. civ., d'après lequel, si l'héritier bénéficiaire ne fournit
pas la caution voulue, les meubles sont vendus et le prix est
déposé, ainsi que la portion non déléguée du prix des immeubles, pour être employés à l'acquit des charges de la succession.... »

La Cour de Riom a décidé de même, et avec raison, dans
une espèce analogue : « Considérant qu'en venant demander
la nomination d'un séquestre au lieu et place du Sr D... institué, avec saisine des biens, exécuteur testamentaire de feu
François L..., les héritiers de celui-ci ont soumis à la juridiction exceptionnelle du juge des référés un litige où s'agitait le
fond du droit et dont la juridiction ordinaire pouvait seule être
saisie » (Riom, 13 nov. 1883, D. 85, 2, 64).

Il va sans dire que le séquestre ainsi nommé, dans les limites
tracées par le Code civil, aura, s'il est nécessaire, le pouvoir de
faire les actes d'administration indispensables, et de pourvoir
aux dépenses d'entretien (Paris, 26 août 1876, S. 76, 2, 317.
Cass., 12 mars 1882. S. 82, 1, 349).

Mais l'ordonnance serait entachée d'excès de pouvoir si elle
accordait au séquestre le droit de payer sur les revenus les
créanciers hypothécaires ou privilégiés (même arrêt de la Cour
de Paris); ou encore si elle lui donnait comme rémunération
de ses services, non pas seulement un salaire, mais une part
des bénéfices de l'administration qui lui est confiée (Cass.,
23 juillet 1878, S. 79, 2, 15 ; Bazot, p. 290).

Il y a lieu à nomination d'un *administrateur provisoire* d'une
communauté ou d'une succession, toutes les fois que les parties
sont encore dans les délais pour faire inventaire et pour délibérer. L'administrateur aura pour mission de faire les actes
conservatoires, de gérer ou vendre le fonds de commerce, de
donner congé, de vendre les objets mobiliers, faire les paiements
exigibles, et recouvrer les créances; en un mot, selon la formule

usitée, de représenter la succession tant activement que passivement.

C'est ordinairement par jugement sur requête en la chambre du conseil que l'administrateur sera nommé. Cependant ce pourrait être l'objet d'une ordonnance de référé. Un arrêt de la Cour de Paris du 18 novembre 1871 décide que celui qui réclame une succession comme légataire universel institué par un testament olographe, et dont la qualité est contestée, est recevable à demander en référé, même avant son envoi en possession, les mesures provisoires et urgentes qui peuvent être nécessaires, et notamment la nomination d'un administrateur provisoire (S. 71, 2, 197 ; Douai, 3 déc. 1867. S. 68, 2, 35).

En ce sens, M. de Bell., II, 307, *formule ;* Bioche, Référé, n° 31. — Dutruc, *Supplément*, n°s 70 à 79.

Sur le pouvoir de l'*administrateur judiciaire d'un office*, voir de Bell., II, p. 337.

Le juge des référés est de même compétent pour ordonner la nomination d'*un gardien* pour empêcher l'enlèvement du mobilier, par ex. : pendant les poursuites de folle enchère (D. A. n° 94 et les autorités rapportées). — Rapprocher l'art. 681 nouveau au titre de la saisie immobilière (Loi 2 juin 1841 ; De Bell., II, p. 39).

Terminons enfin par une remarque. Quand je dis que le président est principalement compétent pour ordonner les mesures conservatoires, je ne veux pas dire qu'il suffise pour se pourvoir en référé que la mesure à prendre ait ce caractère conservatoire, il faut aussi dans tous les cas cette autre condition tirée de l'urgence. C'est ce que la chambre civile de la Cour de cassation a jugé par arrêt du 13 juillet 1871 (D. 71, 1, 84) :

« Attendu que si, aux termes de l'article 78 du décret du 30 décembre 1809, le trésorier est tenu de faire tous les actes conservatoires pour le maintien des droits de la fabrique, et tous les actes pour le recouvrement de ses revenus, cet article n'attache au caractère conservatoire de ces actes et diligences aucune présomption légale d'urgence, qui les fasse nécessairement rentrer dans la compétence exceptionnelle du juge des référés.... »

§ 3. — **Le juge des référés se trouve, vis-à-vis du juge du fond, dans la même situation que le juge au possessoire vis-à-vis du juge du pétitoire; par suite les principes de compétence doivent être les mêmes.**

Il y a une sorte d'hérésie juridique à parler d'action possessoire en matière mobilière; le principe de l'article 2279 du Code civil, qui suppose que la propriété des meubles se trouve appartenir à celui qui en a la possession, implique comme conséquence qu'il n'y a pas à régler la procédure à suivre pour recouvrer cette possession au cas où elle serait perdue, et où l'on se trouverait dans l'une des hypothèses où l'on peut la recouvrer; le Code ne devait s'occuper que de la demande en revendication, par laquelle on cherche à recouvrer la propriété même de la chose mobilière, et qui est soumise aux règles ordinaires de la procédure.

Il semble cependant qu'il peut se présenter des hypothèses où, à côté de la demande en revendication des meubles, objets mobiliers ou droits incorporels, on peut trouver une situation qui ressemble, dans une certaine mesure, à une demande au possessoire.

S'il s'agit d'un objet mobilier isolé, nous trouvons la saisie-revendication (A. 826 et s. C. pr. civ.); en matière de saisie-arrêt le tiers saisi détient pour le compte d'une personne indéterminée quant à présent (A. 557); s'il s'agit d'un droit incorporel, nous trouvons diverses mesures : ainsi on peut nommer un séquestre d'un fonds de commerce, ou de toute universalité de patrimoine ; la loi du 5 juillet 1872 règle la possession des titres au porteur frappés d'opposition; j'aurai enfin l'occasion de citer des arrêts relatifs, soit à la possession de lettres missives dont l'adresse est incertaine, soit à la possession d'un appartement sur lequel deux personnes prétendent avoir également un droit de location. Ne peut-on pas dire vraiment, dans toutes ces hypothèses, que nous sommes bien réellement en présence d'un droit de possession dont il y a lieu de régler la procédure et les règles de compétence, indépendamment de toute action au fond, je dirais presque de toute action en revendication?

Si nous partons de là, nous dirons qu'il y a lieu d'appliquer au juge des référés toutes les règles de compétence du juge du possessoire en matière immobilière, et dès lors nous trouverons des règles certaines de compétence pour nous guider dans cette matière si ardue des référés où tous les principes semblent faire défaut.

Tout d'abord, je soutiens que les analogies existent, et je crois pouvoir l'établir :

1° *Saisie-revendication* (Art. 826 et suiv. C. pr. civ., 1926, 2102, § 4, C. civ., 2279, C. civ.).

La saisie-revendication est le moyen de procédure par lequel une personne, en vertu de l'autorisation du juge, saisit entre les mains d'un tiers un objet qu'elle prétend lui appartenir, ou sur lequel elle prétend avoir un droit de gage.

L'effet de cette saisie est de faire que le tiers détenteur devient « gardien » de l'objet saisi-revendiqué, et comme tel était autrefois contraignable par corps (2060, n° 4, C. civ.) et est aujourd'hui sous le coup de l'art. 400, C. p. ; on peut établir un tiers gardien, si l'on craint la fraude (C. pr. civ., 830). Ce gardien conserve donc la possession de cette chose, et tel a été le but exclusif de cette procédure de saisie-revendication ; or remarquons que l'article 829 donne expressément compétence au juge des référés pour connaître des difficultés qui peuvent s'élever. Cet article parle des oppositions à la saisie, et nous avons dès lors à nous demander quelles seront les règles de compétence pour statuer sur ces oppositions, plus exactement quelles seront les règles qui détermineront le juge à régler la possession de la chose revendiquée.

Sur ces questions, voir De Bell., I, 290 ; Bertin, I, n°⁵ 509 et suiv.

2° *Titres au porteur.* — La loi des 15 juin-5 juillet 1872 donne de même formellement compétence au président.

Art. 1. « Le propriétaire de titres au porteur qui en est dépossédé par quelque événement que ce soit peut se faire restituer contre cette perte, dans la mesure et sous les conditions déterminées par la présente loi. »

L'article 2 indique que le propriétaire dépossédé doit notifier ce fait à l'établissement débiteur, et l'article 11 impose en outre l'insertion au *Bulletin des oppositions.*

Art. 3. « Lorsqu'il se sera écoulé une année depuis l'opposition sans qu'elle ait été contredite, et que dans l'intervalle deux termes au moins d'intérêts ou de dividendes auront été mis en distribution, l'opposant pourra se pourvoir auprès du président du tribunal civil du lieu de son domicile, afin d'obtenir l'autorisation de toucher les intérêts ou dividendes échus ou à échoir, au fur et à mesure de leur exigibilité, et même le capital, etc. »

L'article 4 impose l'obligation de fournir caution, laquelle est déchargée au bout de deux ans, et les articles 5 et 15 règlent l'attribution définitive du titre au bout de dix années.

Or, il est évident que nous sommes ici encore en présence d'une véritable possession, d'une chose mobilière, possession dont la loi règle les effets, et pour laquelle elle règle la compétence du juge quant à la jouissance provisoire et quant à l'attribution définitive.

3° *Universalité du patrimoine.* — Il me suffit de renvoyer à ce que j'ai dit plus haut, à l'occasion des séquestres et des administrateurs provisoires. C'est la jurisprudence seule qui a créé ces pouvoirs, aujourd'hui si répandus dans la pratique.

Or, que l'on veuille bien en examiner les effets. N'est-il pas certain qu'il arrivera très souvent que les séquestres ou administrateurs seront chargés de gérer, de posséder les biens d'une personne pendant que des procès au fond seront pendants?

4° *Saisie-arrêt* (Art. 557 et suiv. C. pr. c.). — N'en serait-il pas de même en cette matière, si le tiers saisi voulait se décharger de la garde des sommes saisies-arrêtées entre ses mains : il n'aurait qu'à assigner le saisissant et son créancier en référé pour être autorisé à déposer à la caisse des consignations et se trouver valablement libéré?

5° *Droits mobiliers.* — En matière de *location* d'appartement, le président du tribunal de la Seine a jugé qu'en présence de deux locations verbales, celui qui était en possession des lieux le premier devait être maintenu dans cette possession.

En ce qui concerne les *lettres missives* dont le destinataire est incertain, la Cour d'Amiens a jugé, sur l'appel d'une ordon-

7

nance de référé, qu'il y avait lieu de faire ouvrir les lettres devant le juge de paix du lieu, lequel les remettrait à l'une ou l'autre des parties ; n'était-ce pas encore une manière de trancher cette question de possession ? (Amiens, 26 janvier 1869, D. 74, 2, 422.)

Disons donc que le juge des référés est un véritable juge du possessoire en matière mobilière.

Mais alors nous allons trouver l'application des règles connues, relatives à l'action possessoire, et qu'il suffit de rappeler.

Art. 23, C. pr. civ. « Les actions possessoires ne seront recevables qu'autant qu'elles auront été formées.... par ceux qui, depuis une année au moins, étaient en possession paisible par eux, ou les leurs, à titre non précaire. » Il n'y a pas bien entendu, en notre matière, à nous occuper du délai de la possession.

Art. 24. « Si la possession ou le trouble sont déniés, l'enquête qui sera ordonnée ne pourra porter sur le fond du droit. »

Art. 25. « Le possessoire et le pétitoire ne seront jamais cumulés. »

Art. 26. « Le demandeur au pétitoire ne sera plus recevable à agir au possessoire. »

Or, il me semble que toutes ces règles paraissent écrites pour notre sujet. Même en ce qui concerne le délai pour agir et où il n'y a certainement pas à s'attacher à la possession annale, nous dirons que la partie qui veut se pourvoir en référé à l'occasion d'un fait déjà ancien n'est pas recevable, attendu qu'elle a reconnu elle-même implicitement qu'il n'y avait pas urgence ; ce que l'on peut dire, c'est que la règle posée au titre des référés est beaucoup plus stricte que celle de l'article 23, C. pr. civ.

Je ne veux retenir de ce rapprochement que ce que M. Carré nous dit à propos de l'examen des titres, question qui soulève de nombreuses difficultés en notre matière.

« Le juge du possessoire peut-il s'éclairer par les titres? Dans quels cas doit-il y recourir? Le cumul du possessoire et du pétitoire n'est-il pas toujours à craindre? Quelles mesures faut-il prendre pour l'éviter ? »

« Autant de questions embarrassantes... Le juge saisi d'une

action possessoire ne peut se dispenser de la juger; mais il doit se souvenir qu'il n'est point juger de la propriété.

« Que doit-il adjuger ou dénier? La possession. A qui doit-il l'adjuger? A celui qui prouve l'avoir précédemment détenue avec toutes les conditions voulues par la loi, etc.

« Or, il est beaucoup de cas où les titres seuls peuvent faire connaître le caractère de la possession. Ex. : si elle est précaire, etc.

« Le juge du possessoire consultera les titres lorsque dans ces titres se trouveront les éclaircissements propres à apprécier, soit l'existence, soit les caractères de la possession ; il n'y aura point d'égards si cette existence et ces caractères se trouvant établis d'ailleurs, les titres n'auraient de portée que relativement à la question de propriété...

« Il faut se demander de quelle manière devra avoir lieu l'appréciation des titres, dans les cas où les juges du possessoire peuvent et doivent s'y livrer?

« Doivent-ils se borner à les recevoir comme un fait, sans avoir la faculté de discuter leur valeur intrinsèque, d'examiner s'ils sont réguliers ou nuls, soit dans la forme, soit dans le fond?

« Borner là leur mission ce serait, qu'on nous passe le mot, faire des magistrats de véritables machines; ce serait leur enlever leur qualité de juges, puisqu'ils n'auraient plus qu'à s'incliner devant le titre qui leur serait exhibé et à en constater l'existence, puisqu'on les forcerait à baser leur décision sur des actes que souvent ils ne pourraient s'empêcher de regarder comme frauduleux ;... il déclarera que tel titre lui paraissant suffisant, tel autre insuffisant soit pour établir, soit pour infirmer la possession que réclame le demandeur, il la concède ou la dénie : il jugera de la valeur des titres en tant qu'ils sont titres de possession et ne s'en occupera pas en tant qu'ils sont titres de propriété... »

L'auteur rapporte le résumé d'arrêts qu'il cite à l'appui de sa doctrine; c'est ainsi que :

1° Le juge du possessoire peut consulter les titres pour apprécier si la possession est ou non précaire ;

2° Pour savoir si la possession est fondée, lorsqu'il s'agit d'une servitude discontinue ou de tout autre objet imprescriptible (V. Cass. civ., 11 février 1885, D. 85, 1, 424);

3° Si une action possessoire était formée par un prétendu acquéreur, qui se mettrait en possession en vertu d'un acte de vente infecté de nullité apparente et visible, le juge de paix devrait accueillir telle action ;

4° Le juge ne peut recevoir comme preuve de la possession un titre qui fonderait uniquement la propriété (V. Cass. civ., 25 février 1885, D. 85, 1, 408).

Et réciproquement il y a excès de pouvoir lorsque la possession étant constante, le juge du possessoire déclare vicieux le titre sur lequel repose la propriété et par suite déclare l'action mal fondée.

5° Dans les cas où le juge du possessoire doit examiner les titres, il a le droit de rechercher leur validité au fond et dans la forme, pour conclure s'il peut les prendre en considération, ou s'il y a lieu de les rejeter, pour juger de l'existence ou des caractères de la possession (Carré et Chauveau, Q. 100 et suiv. — Allain, *Manuel des Juges de paix*, t. II, p. 181 et suiv.).

Les règles ci-dessus posées me semblent toutes applicables en notre matière, et c'est pourquoi je suis allé chercher dans une matière réglementée par des textes des règles certaines de compétence, des indications pour nous diriger. Qu'on veuille bien remarquer toutefois qu'elles ne le seront pas toujours.

Il arrivera souvent en effet, en matière de référé, qu'il ne sera pas possible de prendre une mesure accessoire au fond du procès, et destinée à créer momentanément une possession de l'objet litigieux ; il arrivera très souvent, comme je l'ai déjà dit, que le débat qui sera porté devant le juge du fond sera le même qui était soulevé en référé, et que les raisons invoquées seront également les mêmes. Tel sera par exemple le cas où le débiteur saisi en matière de saisie-arrêt demandera au président de l'autoriser à toucher malgré l'opposition : il est bien évident dans ce cas que sa compétence doit être fort restreinte, car elle est emprisonnée en quelque sorte par celle du juge du fond

D'autre part, la juridiction des référés se plie à des exigences très variées, et va jusqu'à permettre d'assurer l'exécution des titres reconnus : en raison même de sa plus grande extension, les règles posées en matière d'action possessoire ne sauraient toujours s'y appliquer. Il m'a paru utile cependant de relever cette analogie qui très souvent sera exacte; toutes les fois, en effet, que l'on devra créer, pour assurer l'exécution du jugement à intervenir, une sorte de possession de l'objet litigieux, on pourra se référer sûrement aux règles édictées en matière d'action possessoire. Je dirai même que, dans beaucoup d'autres cas, ces règles de compétence recevraient aussi application (*Sur le rapprochement du référé et de l'action possessoire*, voir Cass., 20 juillet 1882, S. 85, 2, 58).

Section II. — **Le président ne peut jamais en référé ni juger ni préjuger le fond ; ses ordonnances ont en ce sens un caractère essentiellement provisoire.**

§ 1. — Condamnation.

1. Il ne pourrait prononcer de condamnation à des *dommages-intérêts*.

Cela semble évident au premier abord. Ne doit-on pas regarder une condamnation à des dommages-intérêts comme une mesure définitive? Rappelons-nous les questions posées ci-dessus, auxquelles il y aurait lieu de se référer dans la plupart des cas : « Le juge du fond aura-t-il quelque chose à trancher, une fois l'ordonnance rendue? » Évidemment non, dans l'espèce, puisque c'est la même question qui lui sera soumise, et c'est sur les mêmes motifs qu'il aura à baser son jugement.

Ne peut-on pas voir que des conflits résulteraient de cette confusion de juridiction ? (Bertin, n° 76.)

Faudra-t-il dire que le juge du fond aura la faculté de faire restituer les dommages-intérêts alloués à tort d'après lui par le président? Mais le conflit n'en serait que plus flagrant et plus regrettable.

A un autre point de vue ne serait-il pas possible d'imaginer que le même débat subit quatre degrés de juridiction successifs, l'ordonnance pouvant être confirmée à la Cour, pour se trouver infirmée par un jugement de première instance, lequel pourrait être lui-même susceptible d'appel devant la Cour qui a déjà statué sur la question?

D'ailleurs peut-on vraiment dire qu'il y a urgence?

Il suffit d'indiquer la question et les conséquences qu'entraînerait l'admission de ce système pour le réfuter.

Aussi la Cour de Metz dans son arrêt du 1er juin 1833 (*P.* à sa date, D. 1834, 2, 184) a fort bien jugé en disant : « Attendu que le président du tribunal civil de Rethel, en prononçant des dommages-intérêts contre Neveux, a excédé les pouvoirs conférés par l'article 805 du Code de procédure civile, puisqu'il aurait statué sur le principal. »

Cependant la Cour de Paris a jugé qu'une caissière provisoirement expulsée en vertu d'une ordonnance de référé, non seulement devait être réintégrée dans les lieux et fonctions qu'elle occupait, mais qu'il y avait lieu en outre de lui accorder des dommages-intérêts pour réparation du préjudice causé par l'expulsion (Paris, 1er février 1873, S. 73, 2, 87). — La Cour de Paris a pu se trouver entraînée à rendre cette décision par les circonstances particulièrement favorables de l'espèce, car elle avait antérieurement déjà annulé une première ordonnance autorisant l'expulsion ; mais il n'en faut pas moins reconnaître que sa décision était reprochable, une telle mesure dépassant ses pouvoirs, et constituant en quelque sorte l'évocation du fond, ce qu'elle ne pouvait faire (Bertin, n° 75 et suiv. V. dans ce sens Poitiers, 6 août 1879, D. 1879, 2, 263).

II. *On ne contraint pas en référé.* — Il ne s'agit pas, bien entendu, de la contrainte matérielle résultant de l'intervention du commissaire de police ou de la force armée; cela n'est, en somme, que l'exercice de la formule exécutoire insérée dans les ordonnances, comme dans tout acte authentique.

Mais il y aurait à se demander si le juge des référés peut, comme les tribunaux le feraient, contraindre une partie à s'exécuter sous peine d'encourir une sanction pénale, se résolvant en dommages-intérêts (art. 1142 du Code civil).

Or il faut certainement dire que non, et ce pour deux raisons : d'une part il y aurait lieu pour le président d'interpréter l'acte ou les faits pouvant donner lieu à des dommages-intérêts ; d'autre part cette condamnation pécuniaire imposée comme sanction est essentiellement une mesure du fond.

C'est ce que la Cour de cassation a déclaré par son arrêt du 6 février 1877 (S. 77, 1, 168).

« Attendu que l'arrêt attaqué statuant en état de référé dispose que : « dans le délai de huitaine, et sous une contrainte de 200 francs par chaque jour de retard, M⁰ Roger sera tenu de remettre sur récépissé à M⁰ Dulong, avoué en appel des défendeurs, les pièces qui se trouvaient entre ses mains pour les dites pièces lui être rendues directement après l'arrêt du fond.

« Qu'il s'agissait de grosses, que le demandeur prétendait retenir parce que des frais lui étaient dus ;

« Attendu que le juge des référés ne peut sans excéder ses pouvoirs statuer sur l'existence, ni régler l'effet ou l'étendue d'un privilège contesté ou d'un prétendu droit de rétention ;

« Qu'ordonner à l'avoué non payé de ses frais, et qui excipe de son droit de rétention de se dessaisir des pièces, et ce sous une contrainte pécuniaire, c'est en réalité statuer sur le fond du droit litigieux, en déterminer la portée et préjudicier au principal » (Cassation d'un arrêt de la Cour de Rouen du 3 mai 1875, S. 77, 2, 7).

C'est ce que M. de Belleyme fait aussi très justement remarquer (t. II, p. 206) : il n'y a pas de sanction, donc pas de contrainte possible (V. l'ordonn. de M. le président du tribunal civil de Corbeil du 28 août 1844, rapportée par l'auteur).

III. *Dépens.* — Du caractère provisoire de l'ordonnance, on a tiré pendant longtemps d'une manière absolue la conséquence que le juge des référés ne devait pas statuer sur les dépens.

Cependant des arrêts assez récents sont venus depuis affirmer en cette matière la compétence du président.

Ces deux points de vue contraires s'expliquent très bien pour qui veut suivre le développement de la juridiction des référés. Dans l'ancien droit comme dans le commencement du droit moderne, on voit que les cas ordinaires de référés se présentent en matières d'exécutions ; dans ces diverses hypothèses, il n'y avait comme dépens que la vacation au référé qui était de deux ou de trois livres (*Nouveau style du Châtelet*, Paris, 1746), et qui se trouvait comprise dans les frais d'exécution. En ce qui concerne les référés sur scellés et inventaires, l'article 3 de l'édit de 1685 portait que les parties pouvaient se transporter devant le lieutenant civil, sans aucune vacation ni frais. »

Cette pratique ancienne est passée dans les usages ; aussi on en voit la trace dans un arrêt de la Cour de Rome, du 3 octobre 1809, rapporté par le *Journal des avoués* (mot *Référé*), ainsi conçu : « La Cour, considérant que l'arrêté de la consulte extraordinaire du 1er septembre, inséré dans le bulletin 32, rend *le président simple exécuteur de mandats en état de sortir effet*, sans lui accorder une faculté séparée, comme serait en référé une condamnation aux dépens ; déclare nulle et non avenue l'ordonnance de référé dont s'agit, mais seulement dans la partie qui concerne la condamnation aux dépens. »

Cette pratique peut d'ailleurs s'autoriser de cette considération que le référé est souvent, dans les cas d'urgence, destiné à prescrire des mesures conservatoires, où les dépens seraient réservés par le tribunal lui-même, s'il avait été saisi. L'expert, le séquestre comprendront les frais de référé dans les frais de leur mission.

M. de Belleyme rappelle l'usage de Paris : « La jurisprudence constante du tribunal de la Seine ne peut, en référé, prononcer une condamnation de dépens ; et comme il ne s'est jamais élevé de contestation à ce sujet, je n'ai fait que poser la règle (2e édition, II, p. 23). Cette règle était celle de mes prédécesseurs ; mais en cas d'appel d'une ordonnance de référé, la Cour de Paris, en vertu de son pouvoir souverain, et parce que le provisoire peut devenir le définitif, s'il n'y a pas d'instance au principal, prononce la condamnation aux dépens, avec raison, selon moi » (V. aussi 3e édition, I, 397).

On est quelque peu surpris de trouver cette explication de la pratique de la cour de Paris, de la part de M. de Belleyme. En droit, le provisoire ne peut jamais devenir définitif ; et si en fait cela arrive très souvent, cette circonstance résultant des choses mêmes s'appliquerait aussi bien aux ordonnances de référé qu'aux arrêts en cette matière.

Il y aurait peut-être une raison plus probante tirée de l'article 149 du tarif, lequel porte que les frais faits sur les appels d'ordonnances de référé *seront liquidés* comme en matières sommaires. L'article 93 du tarif en première instance ne vise que le coût de la vacation, sans parler de liquidation de dépens.

Dans tous les cas, la pratique du tribunal de la Seine, qui paraît être celle de la plupart des tribunaux, est restée celle qu'indiquait M. de Belleyme. M. Chauveau (*Supplément*, n° 2754 *ter*), et M. Bioche (*Référé*, n° 301), pensent que cette pratique doit être maintenue. En ce sens on peut encore citer un arrêt de la Cour de Bourges du 30 août 1831 (S. 33, 2, 433), et un autre de la Cour de Douai du 12 avril 1843 (S. 46, 2, 33) : « Attendu que le président du tribunal aurait dû réserver les dépens puisqu'aux termes de l'article 809 C. pr. civ., les ordonnances sur référé ne sauraient faire aucun préjudice au principal... »

Mais après avoir constaté ce point de vue, il est bon de montrer comment la jurisprudence s'en est affranchie peu à peu.

C'est d'abord la Cour de Douai qui, deux ans après l'arrêt sus rappelé, vient changer sa doctrine et dire que : « Attendu que l'article 130 du Code de procédure civile porte que toute partie qui succombe doit être condamnée aux dépens ; attendu que la condamnation aux dépens doit être prononcée par le juge de la difficulté qui y a donné lieu ; attendu que toute demande en référé forme une instance à part, qui suit son cours indépendamment de l'action principale, s'il en existe une, et peut être portée jusqu'en appel dans les cas où la loi autorise ce recours..... »

La Cour de Bourges, dans un arrêt du 9 novembre 1870 (S. 71, 2, 47), décide de même, pour éviter qu'une instance ne devienne nécessaire pour cette question tout accessoire des frais.

Un arrêt de la Cour d'Amiens du 4 mars 1874 (S. 74, 2, 109) vient reconnaître ce système, en y apportant cependant un certain tempérament, et en laissant une certaine latitude au juge :

« Considérant qu'il appartient à toute juridiction de statuer sur les dépens faits devant elle ; — que sans doute, en référé, il y a lieu le plus souvent de les réserver, mais qu'il peut aussi y avoir intérêt à statuer, pour éviter dans l'avenir l'introduction d'une instance qui n'aurait pas d'autre objet ; — qu'il rentre donc dans le pouvoir comme dans la mission du juge, particulièrement en appel, de décider dans quelle mesure les dépens seront rapportés..... »

Tout récemment la Cour de Bordeaux, dans son arrêt du 2 janvier 1882 (*Gazette du Palais* du 5 juin 1882) a décidé que lorsque les mesures obtenues en référé terminent définitivement le litige, le juge doit statuer sur les dépens pour éviter aux parties une nouvelle action en règlement des frais qu'elles ont exposés. Cet arrêt confirme en la précisant la doctrine de la Cour d'Amiens.

Le dernier arrêt sur la matière est, je crois, de la Cour de Riom du 12 novembre 1883. Cet arrêt décide que le juge des référés ne pourrait condamner aux dépens, et en ordonner l'emploi en frais de liquidation et partage. — L'ordonnance infirmée avait nommé un administrateur provisoire d'une succession (D. 1885, 2, 64).

Les auteurs, M. Bazot (p. 383 et suiv.) et M. Bertin (n° 262 et suiv.) donnent toute leur approbation à cette jurisprudence.

Elle se motive en effet par des considérations de fait invincibles ; d'une part les frais de référé qui, dans l'ancien droit, comme d'ailleurs dans les référés sur procès-verbaux, sont très peu élevés, puisque la réquisition de référé était insérée sur le procès-verbal de recolement dont elle faisait partie, sont assez considérables dans les référés dits sur placets, c'est-à-dire dans tous les cas où l'on procède par assignation principale, et où on lève la grosse ; ce qui a lieu dans tous les cas d'urgence. Les frais seront de 70 à 80 francs, dans les cas ordinaires.

D'autre part, il est certains cas où il est véritablement regrettable de ne pas statuer sur les dépens. Prenons pour exemple du référé en rapport l'ordonnance autorisant une saisie-arrêt. Quand le président, sur le référé, a rapporté la première ordonnance, il n'y a pas lieu à instance au principal, attendu

que la seconde ordonnance du président rétracte la première et
la fait considérer comme non avenue. Il faudra donc introduire
une instance principale uniquement pour les dépens !

Il serait facile de multiplier les exemples de fait.

Mais en droit peut-on dire que cette condamnation aux dépens fasse préjudice au principal? Je ne le pense pas. N'oublions
pas que bien souvent l'objet de l'ordonnance ne sera pas l'objet
de la demande principale : pourquoi, si le défendeur en
référé vient à succomber, ne serait-il pas condamné aux dépens
du référé qu'il a provoqué par sa résistance injuste, alors même
que sur ce fond — qui se trouve porter sur une question
distincte — il aurait gain de cause?

Résumant cet exposé, je crois que l'on peut dire que la Cour
d'Amiens a bien jugé, en disant que le juge des référés peut
dans certains cas condamner aux dépens; et je crois compléter
la pensée de cet arrêt, en disant avec la cour de Bordeaux que
l'ordonnance peut prononcer cette condamnation sans crainte
de préjudicier au principal, toutes les fois que le débat sur le
fond portera sur des questions que le juge des référés ne doit
pas avoir à examiner même au provisoire ; on n'aura pas en
effet à craindre dans ce cas des décisions contraires, ce qu'il faut
éviter. Cela se présentera par exemple dans le cas de référé
tendant à réduction au cinquième des effets de la saisie-arrêt
(V. *supra*, p. 66.)

D'autre part n'oublions pas que toutes les fois que le juge des
référés prendra des mesures purement conservatoires, par la
force même des choses, il devra réserver les dépens, ou plutôt
s'abstenir de statuer sur ce point (Bertin, n° 268).

**§ 2. — Reconnaissance d'un droit, d'un privilège, etc. —
Droit de famille.**

Il est à peine besoin d'insister sur ce point, que le président
est absolument incompétent pour reconnaître l'existence d'un
droit, ou pour le conférer; son pouvoir se réduisant à faciliter
l'exercice de droits certains ou non sérieusement contestés. Ce
serait porter en référé une demande principale; or cette assigna-

tion serait nulle, même d'office, comme nullité d'ordre public (Cass., 29 avril 1818, De Bell., 1, p. 389). Je vais donner quelques exemples qui serviront moins à établir le principe qui est absolument certain, qu'à délimiter son champ d'application.

I. *Remploi.* — La Cour de Lyon dans son arrêt du 22 novembre 1851 (D. 54, 5, 638) en fournit une application à propos du *Remploi*. Elle dit :

« Considérant que le juge des référés ne peut pas préjuger le fond du procès par une mesure définitive, ni à plus forte raison le vider; — Considérant que dans l'espèce le fond du procès consiste à savoir si l'emploi de la somme de 16 429 francs offerte par les mariés Choret est ou non admissible; — Considérant que l'ordonnance de référé, au lieu de se borner à statuer d'urgence, sur la mesure provisoire qui était demandée, à savoir la *consignation de ladite somme pendant la durée de l'instance,* a tranché la question même du procès au fond en ordonnant un autre emploi, c'est-à-dire un *placement hypothécaire* par le ministère du notaire qu'il a désigné; — ... Qu'on ne peut appeler provisoire un placement hypothécaire dont la durée ne devait pas se borner à celle du procès, mais pouvait être étendue à six ans et même plus; — Qu'on *ne peut de même appeler provisoire une décision telle, que par son seul résultat la contestation principale est définitivement vidée.* »

Cet arrêt est utile à consulter parce qu'il montre très bien ce que le juge des référés aurait dû faire dans l'espèce qui lui était soumise.

II. *Privilège.* — Le juge des référés est incompétent pour statuer en référé sur le point de savoir si les meubles dont un pensionnaire du locataire se prétend propriétaire sont soumis au privilège du bailleur (Paris, 12 juin 1876, S. 77, 2, 85).

Le président avait décidé autrement (ordonnance du 4 mai 1876) : « Attendu que la veuve de Leitho, pensionnaire des religieuses, justifie que le petit mobilier par elle introduit dans eur couvent, rue de la Glacière, 25, lui appartient personnellement; — Que le propriétaire ne paraît pas avoir un intérêt sérieux à retenir le gage ; — Qu'il y a urgence pour la demanderesse à quitter la maison à raison de son mauvais état de santé;

P. C. M. autorisons la dite dame à enlever tous les meubles et effets mobiliers lui appartenant... »

Ce que le président ne pouvait ordonner directement, il ne pouvait non plus le faire en quelque sorte indirectement, je veux dire en nommant par exemple un séquestre avec pouvoir de payer des créances hypothécaires ou privilégiées, qui pourraient être contestées ; ce séquestre aurait le droit de payer les frais d'entretien, mais ne pourrait verser les loyers de la maison au propriétaire contre qui une saisie immobilière aurait été faite, ou qui serait grevé d'oppositions (Paris, 21 août 1876, S. 76, 1, 405. V. De Belleyme, t. I, p. 276 ; Bazot, p. 290 suiv.).

Le président ne pourrait de même statuer sur l'exercice d'un droit de rétention, ainsi que nous avons vu la Cour de Cassation le décider dans son arrêt du 5 février 1877 (S. 77, 1, 168).

Ce principe absolument certain a été consacré par un arrêt de la chambre civile déjà ancien, mais très utile à citer (Cass., 3 août 1847, S. 47, 1, 729). Cet arrêt décide que la caisse des dépôts et consignations, dépositaire d'une somme frappée d'oppositions par plusieurs créanciers, n'est pas tenue de payer tout ou partie de cette somme à l'un des créanciers, porteur d'une ordonnance de référé contradictoirement rendue avec le débiteur, reconnaissant l'existence d'un privilège en sa faveur, et ordonnant à la caisse de payer, lorsque cette ordonnance a été rendue hors la présence des autres créanciers qui n'y ont pas été appelés, et que la caisse elle-même n'y a pas été partie.

Les motifs de l'arrêt sont déterminants ; l'ordonnance n'avait pas et ne pouvait pas avoir force de chose jugée, et était doublement irrégulière ; d'une part les ordonnances de référé ne peuvent préjudicier au principal : or, attribuer une partie des fonds du débiteur, c'est préjudicier au principal en disposant du gage commun ; d'autre part tous les créanciers n'avaient pas été appelés, de sorte qu'on ne pouvait en leur absence reconnaître l'existence d'un privilège qui les primait (En ce sens, Caen, 6 mai 1864. S. 64, 2, 291).

Une note sous l'arrêt ci-dessus rapporte une circulaire ministérielle, rappelant qu'aux termes de la loi du 28 nivôse

an **XII** les caisses publiques ne pourraient payer que sur jugement.

III. *Propriété, Servitudes, Enclave.* — Le président ne peut
trancher une question de propriété : cela est hors de doute
(Paris, 26 octobre 1846. De Bell. II, 181) : « Attendu qu'il s'agit
d'une question de propriété sur laquelle il ne peut être statué en
référé. » Il ne saurait non plus reconnaître l'existence d'une
servitude au profit d'un fonds sur un autre : ce serait trancher
le principal.

Mais la Cour de Cassation a fort bien jugé, dans un arrêt de
la chambre des requêtes du 10 avril 1872 (**D.** 73, 1, 12), que
lorsqu'il est constant qu'un héritage n'est actuellement susceptible d'être exploité qu'au moyen d'un passage sur le fonds
voisin, le juge des référés peut, en déclarant l'urgence, et en
réservant les moyens et droits des parties, autoriser provisoirement le propriétaire dudit héritage à se servir du passage contesté : « Attendu que le juge des référés, en constatant que les
défendeurs éventuels étaient dans l'impossibilité actuelle
d'exploiter leur propriété par un passage autre que celui dont
la commune leur conteste l'usage, et en leur accordant provisoirement, en raison de l'urgence déclarée, l'autorisation provisoire de se servir de ce passage, a réservé tous les droits et
moyens des parties... » (V. cet arrêt dans Sirey, 1872, 1, 389).

IV. *Propriété des lettres.*

Il se présentera souvent en matière d'inventaire des questions sur la propriété des lettres; la mission du président ne
peut dans ce cas présenter de dificultés. Il doit se borner à
nommer un séquestre, ou à désigner un dépositaire de ces
papiers ou lettres, ce qui permet d'attendre un jugement au
fond (De Bell., p. 329 ; Bertin, nos 690 et suiv.).

Mais une question plus délicate peut se poser, entre personnes
qui se prétendent *destinataires* de lettres missives dont l'adresse
est incertaine.

Le président est-il compétent pour statuer?

Incontestablement il y a urgence.

Mais n'y aurait-il pas appropriation de la lettre dans le seul
fait de la recevoir et de la décacheter, en vertu d'une ordon-

nance du juge, alors que cependant la question de destination n'est pas résolue ?

La Cour d'Amiens a rendu un arrêt, le 26 janvier 1869 (D. 74, 2, 422), qui respecte les principes et donne provisoirement satisfaction aux prétentions des parties.

Elle décide que le président peut ordonner, à titre provisoire, que les lettres dont l'adresse porte en même temps le nom d'un ancien huissier, et l'indication de son ancienne profession, seront déposées entre les mains du juge de paix et ouvertes devant lui par l'ancien titulaire en présence du nouveau, pour être remises à l'un ou à l'autre suivant qu'elles concerneraient la personne ou la fonction (Dans le même sens, ordonnance du 17 juin 1870 du président du tribunal du Havre ; Dutruc, *Supplément*, III, n° 117).

V. *Pensions et provisions alimentaires.*

On peut statuer en référé sur la demande de simples provisions alimentaires, si le titre et le droit ne sont pas contestés. Cela pourra avoir lieu en faveur soit du cohéritier non saisi, à l'encontre de son cohéritier en possession des biens de la succession ; pour la veuve, commune en biens jusqu'à l'issue de la liquidation, et même pour la femme dotale dans l'année qui suit le décès de son mari (1564 et 1565 C. civ.). Comme le fait remarquer M. de Belleyme (p. 215, t. II), il ne s'agit en somme dans ces divers cas que de simples mesures d'administration, et la compétence du président résulterait suffisamment des dispositions de l'article 944 du Code de procédure civile.

Mais on ne pourrait statuer en référé sur une *pension alimentaire* parce que cette demande, quoique désignée comme provisoire, doit avoir un effet périodique permanent, et tout au moins illimité dans sa durée. C'est ce que la Cour de Toulouse a décidé avec raison dans un arrêt du 21 août 1838 (S. 40, 2, 470. V. en ce sens M. de Belleyme, p. 214, II. — Bertin, p. 66. — Dalloz, J. G. n° 122 et suiv., *Référé*).

VI. *Droit de famille :* 1° *Difficultés relatives aux sépultures et inhumations.*

Deux questions peuvent se présenter : il s'agira de déterminer : 1° le lieu de l'inhumation ; 2° les formes de la cérémonie funèbre. Ce sera ordinairement ce second point qui donnera lieu aux difficultés les plus grandes; nous allons voir successivement le cas où le défunt a laissé un testament, et celui où le conflit s'élève seulement entre les héritiers, les parents ou le conjoint.

Première hypothèse. — Le défunt a manifesté sa volonté.

Il est certain, ainsi que je vais avoir à l'expliquer plus loin, que le président est compétent, d'après notre droit actuel, pour assurer en référé l'exécution d'un testament par lequel, entre autres dispositions, le défunt aurait réglé les conditions dans lesquelles il entendait que ses funérailles fussent faites.

Mais que fallait-il décider lorsque le testament ou l'acte que l'on représentait comme tel ne contenait aucune disposition quant aux biens, ou lorsque la famille du défunt s'opposait à l'exécution de ce testament par des raisons tirées de la volonté dernière présumée du de cujus, ou encore lorsque celui qui pouvait se présenter porteur d'un acte par lequel le défunt avait entendu régler ses funérailles était complètement inconnu et étranger à la famille, et venait contredire ses sentiments les plus intimes, dans cette circonstance toute privée?

Ces diverses questions, auxquelles la querelle religieuse donne un intérêt parlementaire, ont donné lieu en 1883 à un projet de loi adopté par la Chambre des députés d'alors, adopté ensuite par le Sénat et qui vient d'être voté en première délibération à la Chambre des députés (Séance du 18 février, J. O. 19 février 1886).

Je reproduis les articles tels qu'ils ont été adoptés par la Chambre des députés.

« Art. 1er. Toutes les dispositions relatives aux honneurs funèbres seront appliquées, quel que soit le caractère des funérailles, civil ou religieux.

« Art. 2. Il ne pourra jamais être établi, même par voie d'arrêté, de prescriptions particulières applicables aux funérailles en raison de leur caractère civil ou religieux.

« Art. 3. Tout majeur, ou mineur émancipé, en état de tester, peut disposer de son corps en faveur des établissements d'instruction publique et des sociétés savantes, et régler les conditions de ses funérailles, notamment en ce qui concerne le caractère civil ou religieux à leur donner.

« Il peut charger une ou plusieurs personnes de veiller à l'exécution de ces dispositions.

« Sa volonté exprimée dans un testament ou dans une déclaration faite, soit par devant notaire, soit sous signature privée en forme testamentaire, a la même force qu'une disposition testamentaire relative aux biens; elle est soumise aux mêmes règles quant aux conditions de la révocation.

« Art. 4. En cas de contestation sur les conditions des funérailles, il est statué dans les vingt-quatre heures sur la citation de la partie la plus diligente, par le président du tribunal civil du lieu du décès, jugeant en référé, et sans appel.

« La décision est notifiée au maire, qui est chargé d'en assurer l'exécution.

« Il n'est apporté par la présente loi aucune restriction aux attributions des maires en ce qui concerne les mesures à prendre dans l'intérêt de la salubrité publique.

« Art. 5. Sera puni des peines portées aux articles 199 et 200, C. pén., sauf application de l'article 463 dudit Code, toute personne qui aura donné aux funérailles un caractère contraire à la volonté du défunt ou à la décision judiciaire, lorsque l'acte constatant la volonté du défunt ou la décision du juge lui aura été dûment notifié. »

Je ne veux pas rapporter ici les discussions soulevées par cette loi, et encore moins en étudier la portée. La question la plus importante qui ait été soulevée est relative à la manière dont on pourrait établir la révocation tacite du testament, aucune difficulté ne se présentant au cas de révocation expresse. La commission et l'orateur du gouvernement, s'inspirant d'ailleurs en cela de la pensée de M. Labiche, rapporteur au Sénat, entendaient maintenir les règles du droit commun, règles assez restrictives comme on le sait (Aubry et Rau, t. VII, p. 516 et suiv.). Les orateurs de la droite proposaient au contraire divers amendements d'après lesquels « la preuve de la révocation tacite pourrait résulter de présomptions graves, précises et concordantes »; ou encore pourrait être établie par témoins.

Ces divers amendements furent rejetés, et il faut bien dire que leur adoption eût souvent causé de graves embarras au juge des référés.

On peut se demander toutefois quelle va être exactement la compétence du juge des référés, même avec le texte adopté. L'idée qui ressort de la discussion est bien que l'on a voulu faire du président un juge souverain des difficultés qui se présenteront. C'est ainsi que ses ordonnances sont sans appel.

Mais on eût dû faire davantage encore pour assurer l'exécution de la pensée de la loi. De droit commun en effet le président ne doit pas faire préjudice au principal ; il ne doit ni juger ni préjuger le fond ; il ne peut qu'assurer l'exécution d'un titre certain. Mais au cas de contestations graves sur la validité du testament, ou sur les conditions de sa révocation soit directe, soit surtout tacite, le président devra-t-il se déclarer incompétent, attendu qu'il ne peut statuer sans juger le fond ; devra-t-il au contraire trancher ces questions essentiellement de principal ?

Cette dernière idée paraît résulter de la discussion. Mais c'est une dérogation si considérable au droit commun des référés, qu'il ne me semble pas qu'on puisse y suppléer sans un texte formel, et il eût été, ce me semble, quelque peu utile de s'en occuper lors de la discussion de la loi.

Deuxième hypothèse. — Le défunt n'a pas *manifesté sa volonté ;* il faut chercher, d'après la jurisprudence, à qui appartient en ce cas, le droit de faire procéder à l'inhumation.

La Cour de Nancy, dans un arrêt du 14 août 1869 (S. 70, 2, 6) a décidé que ce droit appartient au mari, et ce, en s'appuyant sur des raisons très élevées :

« Attendu que, quelque respectable que soit le droit de la mère, il se trouve primé par celui du mari, qui, dans l'état de nos mœurs et sous l'empire d'une législation essentiellement spiritualiste, participe de l'indissolubilité du lien conjugal ; — Qu'on ne comprendrait pas que ce lien, réputé indissoluble pendant la vie, perdît au décès toute sa puissance, pour rendre, en quelque sorte, étrangers l'un à l'autre ceux que la nature, la religion et la loi avaient étroitement unis ; — Qu'en consentant au mariage de sa fille, la mère abdique ses droits personnels au profit de son gendre ; — Que d'un autre côté, en acceptant ou en choisissant celui qui va devenir son époux, la fille ne s'oblige pas seulement à l'aimer plus que sa mère, à l'honorer, sinon comme un maître, comme un protecteur, comme un appui, comme un guide, et à l'aider toujours dans la mesure de ses ressources, de ses aptitudes et de ses forces ; qu'elle s'oblige à n'avoir d'autre domicile que le sien, et que cette obligation de le suivre partout où il voudra se rendre implique l'idée qu'il reste le maître de déterminer le lieu de sa sépulture, puisque le lieu de la sépulture est ordinairement celui du décès, et le lieu du décès celui du domicile dumari... » (Cf. Trib. de Saint-Quentin, 24 décembre 1884. S. 85, 2, 205).

La doctrine de cet arrêt auquel MM. Bertin et Bazot donnent toute leur approbation est donc que c'est au conjoint qu'appartient le droit de régler les conditions de la sépulture.

Mais peut-il se réclamer de ce droit devant le juge des référés, quand il se trouve en désaccord avec la famille de sa femme ? Le président ne doit-il pas craindre de statuer sur le fond du droit?

En ce qui touche le *lieu de la sépulture*, je pense qu'il faut dire que le président fera sagement d'ordonner le dépôt du corps dans un caveau provisoire, sinon au lieu désigné par le mari, tout en réservant le droit de la famille de le faire déplacer, s'il y a lieu, après jugement.

En ce qui concerne les *cérémonies du culte*, il est moins facile de statuer, car le jugement au fond ne pourra pas faire qu'elles n'aient eu lieu, s'il décide que l'une des parties avait le droit de réclamer cette abstention ; et ce n'est pas là une de ces questions qui puissent se résoudre en dommages-intérêts. Quand le de cujus a manifesté sa volonté, il faut la suivre (Lille, 22 juin 1883. S. 85, 2, 206).

Sinon il faut suivre des présomptions ; et dire que le défunt doit être enseveli selon les rites de sa religion (Lille, 17 juin, *ibid.*).

Le droit de régler les funérailles appartiendra ensuite aux exécuteurs testamentaires ; puis au conjoint, puis aux héritiers les plus proches (Cour de Parme, 9 mai 1882. S. 85, 4, 5).

Dans le doute absolu, il vaudrait mieux s'abstenir d'ordonner le service religieux. Lorsque le tribunal aura prononcé définitivement, les parents ou la partie qui réclamait le concours du ministre du culte pourront toujours réparer par un service funèbre religieux les cérémonies momentanément omises. C'est ce que décide M. Bertin, n° 1243 et suiv. Cette solution est la seule en effet qui puisse être compatible avec les pouvoirs délimités du président, et avec le religieux respect qui est dû à la volonté des parties en cette matière.

2° *Opposition à mariage.*

La Cour d'Angers a décidé que le président était incompétent pour statuer sur une demande en mainlevée d'opposition à mariage (Angers, 15 janvier 1879 ; S. 81, 2, 159) :

« Considérant que le juge des référés ne pouvait connaître de l'opposition, d'une part parce qu'aucune urgence spéciale ne motivait le recours à sa juridiction exceptionnelle ; d'un autre côté parce que, vu la nature de l'affaire, il ne pouvait statuer sans préjudicier au principal. »

Au contraire le président serait compétent, nonobstant le pourvoi contre un jugement qui aurait rejeté une opposition à mariage pour ordonner qu'il serait passé outre à la célébration du mariage nonobstant les défenses faites à l'officier de l'état civil : c'est que dans ce cas il s'agirait seulement de statuer sur l'exécution d'un jugement, et que le motif tiré du pourvoi pour retarder cette exécution est mal fondé, attendu que le pourvoi n'est pas suspensif (Bastia, 7 décembre 1859 ; P. 1861, 491).

3° *Prononciation de vœux monastiques.*

La Cour de Poitiers a décidé que quand le tribunal était saisi d'une double demande, l'une à fin d'interdiction d'une personne majeure entrée dans un couvent, l'autre à fin de déclarer que cette personne a été séquestrée par la supérieure, il n'appartenait pas au président d'ordonner, même provisoirement, que cette personne se retirera pendant la durée du litige dans un autre lieu qu'il lui plaira de désigner.

Le 2 juillet 1879, le président du tribunal de la Rochelle avait rendu l'ordonnance suivante :

« Attendu que le but de la demande en interdiction formée

contre la demoiselle L... serait compromis à l'avance par les donations que celle-ci pourrait consentir avant la décision sollicitée du tribunal... ; — attendu que si la prononciation des vœux n'entraîne aucun engagement civil, elle constitue un lien moral et religieux, qui ne laisserait pas entière la situation de la demoiselle L... ; — attendu en fait qu'il n'y a aucun inconvénient sérieux à ordonner la sortie du couvent; — attendu que cette mesure ne touche pas au fond, puisqu'elle est toute provisoire, et que son effet cessera aussitôt le jugement rendu... » — L'ordonnance ordonnait en conséquence la sortie du couvent, et prononçait en outre une condamnation en 500 francs de dommages-intérêts contre la supérieure par chaque jour de retard (V. *suprà*, p. 89).

La Cour de Poitiers, dans son arrêt du 6 août 1879, a infirmé l'ordonnance en se fondant sur ce que les mesures demandées étaient précisément celles qui faisaient l'objet de la demande principale; — que quant aux mesures qu'il pouvait y avoir à prendre dans l'intérêt de la personne dont l'interdiction allait être poursuivie, elles étaient soumises à des règles spéciales, et n'étaient sous aucun rapport de la compétence du juge des référés; — qu'il était inadmissible qu'il puisse être statué par voie de référé sur une question intéressant la liberté des personnes et des consciences (D. 1879, 2, 263).

Et, ainsi que le fait remarquer l'annotateur de Dalloz, la condamnation accessoire en des dommages-intérêts constituait plus encore que la mesure provisoire elle-même une mesure du fond (V. *On ne contraint pas en référé*, p. 90).

4° *Réintégration du domicile conjugal.* — C'est une question controversée de savoir si le mari peut contraindre sa femme de réintégrer le domicile conjugal *manu militari*. La Cour de cassation, dans un arrêt du 18 mars 1878 (D. 1870, 1, 201), a déclaré qu'il y avait lieu à une contrainte en dommages-intérêts. Or on doit dire que le juge des référés serait compétent non pour prononcer ces dommages-intérêts, mais pour ordonner toutes mesures de nature à faire revenir la femme mariée au domicile de son mari, par exemple, le rapport de ses objets mobiliers (Aix, 22 mars 1884; *La Loi*, 16 avril 1884).

§ 3. — De la chose jugée.

Les ordonnances de référé ne produisent pas l'autorité de la chose jugée.

Il importe de préciser la portée de cette proposition, qui paraît trop absolue pour être absolument juste.

Il est bien certain que le juge des référés est lié par ses ordonnances, comme les juges de droit commun sont liés par leurs jugements (Dall., J. G., n° 94 *in fine*). L'ordonnance une fois rendue est acquise aux parties, et ne pourrait être réformée que par l'appel (De Bell., 2ᵉ édition, t. II, p. 23). — Il a été jugé en ce sens que le président des référés ne peut, par une nouvelle ordonnance, rétracter la première alors qu'il n'est intervenu, soit dans la situation des parties, soit dans les faits de la cause, aucun changement qui puisse avoir donné lieu à ce retour de volonté (Paris, 27 avril 1884 ; Dall., *loc. cit.*).

Mais il est non moins certain que les ordonnances du président ne lient en aucune façon le juge du fond :

« Considérant que les ordonnances de référé ne font aucun préjudice au principal ; d'où il suit qu'on ne peut en faire résulter l'autorité de la chose jugée » (Paris, 4 juin 1832 ; De Bell., t. I, p. 423. Dalloz, J. G., n° 218).

La Cour de cassation (chambre des requêtes, 4 novembre 1863 ; D. 64, 1, 36 ; S. 63, 1, 537) :

« En ce qui touche la prétendue violation de la chose jugée : attendu que le juge des référés ne statue que provisoirement sur les difficultés qui, en cas d'urgence, lui sont soumises, et que ses décisions ne font aucun préjudice au principal. »

Tout récemment encore la chambre des requêtes, dans un arrêt du 16 février 1885 rapporté dans la *Gazette des Tribunaux* du 18 février 1885, a décidé que l'ordonnance par laquelle le juge du référé, saisi d'une contestation entre un propriétaire et son fermier, a prescrit, sans qu'il y ait eu résistance de la part d'aucune des parties en cause, l'estimation des cheptels, foins, pailles et fumiers du domaine affermé, constituait une mesure préparatoire qui, ne préjugeant pas le fond, n'était pas susceptible d'acquérir l'autorité de la chose jugée.

Par suite, cette ordonnance n'a pu faire obstacle à ce que les juges du fond, écartant une estimation effectuée dans des conditions qui la frappaient de nullité, fixassent la valeur contestée desdits cheptels, foins, pailles et fumiers, sans recourir à une nouvelle expertise estimée inutile, et en se fondant sur les documents versés au procès et reconnus décisifs (Rejet d'un pourvoi contre un arrêt de la Cour de Limoges du 24 décembre 1883).

Ce caractère essentiel de l'ordonnance étant admis, nous allons en voir découler certaines conséquences, qui sont de nature à tempérer dans ses applications ce que le pouvoir du président peut paraître présenter d'exorbitant :

1° C'est que tout d'abord l'*ordonnance ne crée jamais un droit acquis* quelles que soient d'ailleurs les conséquences qui l'aient entourée.

L'exécution pure et simple d'une ordonnance ne prive pas les parties d'interjeter appel, à plus forte raison de former une instance au fond. La jurisprudence est constante dans ce sens (V. Bertin, n° 383 et les arrêts).

L'acquiescement donné à une ordonnance, qui peut bien priver du droit d'en interjeter appel (Bertin, *loc. cit.* Paris, 31 janvier 1884; *Gaz. Palais*, 21 février 1847), ne saurait empêcher de statuer sur le principal (Pigeau, t. I, p. 108).

« Les ordonnances sont essentiellement provisoires, disait le tribun Réal ; elles ne pourront être définitives que par un jugement d'audience » ; — « d'où il suit qu'elles n'ont aucune influence sur le droit des parties au principal et qu'on ne peut se prévaloir contre l'une d'elles de ce qu'elle aurait exécuté sans réserves l'ordonnance rendue par le juge des référés » (Carré et Chauveau, *Princ.*, art. 809). Et la cour de Colmar avait même décidé (30 juillet 1825) que l'acquiescement donné par les parties n'empêche pas d'interjeter appel de l'ordonnance. Toutefois ce point de vue est peut-être exagéré, et MM. de Belleyme et Bertin se prononcent, avec une jurisprudence plus récente, en sens contraire (Bertin, II, n° 380; de Bell., I, 430).

On voit donc combien peut être fragile le droit, ou plutôt l'état de choses créé par l'ordonnance, et combien il est préférable pour le demandeur de procéder, quand il le peut, par voie principale.

Une application de cette idée s'est présentée devant la cour de Nancy. Dans son arrêt du 31 août 1867, première ch., sur les conclusions conformes de l'avocat général, cette cour a décidé que l'ordonnance de référé ne statuait que tous droits réservés; qu'elle n'avait pas autorité de chose jugée; que, spécialement, le particulier autorisé à faire aux frais d'une commune des travaux urgents, que plus tard le juge du principal a déclaré sortir de la compétence des tribunaux civils, n'est pas fondé à demander le remboursement de ces travaux, sous prétexte qu'ils auraient eu lieu en vertu d'une ordonnance de référé passée en force de chose jugée (Dall., 1868, 2, 150; Jurispr. constante, annotation).

2° Au point de vue inverse, *l'ordonnance de référé ne fait jamais obstacle à ce que des dommages-intérêts soient réclamés, pour exécution d'une ordonnance rendue contrairement aux droits des parties.*

C'est ce que la Cour de cassation a décidé dans son arrêt de la chambre des requêtes du 4 novembre 1863 (D. 6, 41, 35) : « L'ordonnance de référé qui maintient comme réguliers des actes d'exécution d'un jugement ne fait pas obstacle, quoiqu'il n'en ait pas été interjeté appel, à une demande de dommages-intérêts fondée sur l'irrégularité de cette exécution. » V. aussi arrêt, Cour de Riom, du 4 janvier 1862 (D. 62, 2, 80).

M. de Belleyme en tirait cette autre conséquence, c'est qu'on ne pouvait procéder à une saisie-exécution en vertu d'une ordonnance, ce qui s'explique fort bien par tout ce qui vient d'être dit.

De là peut naître une question très intéressante, celle de savoir dans quelles conditions l'ordonnance sera exécutoire vis-à-vis des tiers, qui n'y sont pas parties en cause, et dans quelles limites ceux-ci seront couverts par l'ordonnance.

Il y a, en effet, deux difficultés : d'une part, l'ordonnance n'emporte pas autorité de chose jugée; d'autre part, les tiers ne sont pas *contraints* de payer sur le vu de l'ordonnance, mais seulement *autorisés* à se libérer. Cette autorisation étant donnée aux risques et périls de qui de droit, ne faut-il pas dire que les tiers payeurs commettent une imprudence, ou tout au moins encourent une responsabilité personnelle, en se libérant aux mains de qui il a été ordonné par le président ?

Je me borne à indiquer la question, dont l'examen m'entraînerait beaucoup trop loin.

Un arrêt de la Cour de cassation, chambres réunies, du 25 décembre 1867, a décidé que la caisse des dépôts et consignations était régulièrement libérée, en payant aux mains de qui il avait été ordonné par le président : « Attendu que l'ordonnance enjoignait directement à la caisse de payer entre les mains de S... la somme déposée, sous peine d'y être contraint par toutes les voies de droit; — Qu'aucune opposition n'était possible contre cette ordonnance déclarée exécutoire nonobstant appel ; — Attendu que S... agissant en vertu de cette ordonnance, la caisse devait le considérer comme autorisé par justice à recevoir pour le créancier... ; — Attendu que S... avait nécessairement été considéré comme en possession de la créance, et qu'elle a payé de bonne foi entre ses mains... » (D. 68, 1, p. 11, et les autorités, en note).

Dans l'espèce, l'ordonnance était rendue *sur l'exécution d'un jugement* qui avait validé la saisie-arrêt pratiquée entre les mains de la caisse ; on doit donc la considérer comme bien rendue.

Mais que faudrait-il décider au cas où l'ordonnance qui ordonnerait ainsi un payement par un tiers, parties entendues, et connaissance prise par le président de leurs prétentions et de leurs droits respectifs, serait rendue sur un référé sur placet ?

En pratique, les tiers payeurs, caisse des dépôts, séquestres, administrateurs, commissaires-priseurs, exigent un certificat de non appel de l'ordonnance.

On peut se demander par quel raisonnement on en arrive à cette exigence. Car : 1° il y a lieu de savoir si l'article 458 Pr. civ. s'applique aux ordonnances de référé *exécutoires par provision* nonobstant appel : question controversée ; il serait plus logique de dire que l'article ne s'applique pas ; 2° le défaut d'appel n'empêche pas l'instance au principal. A quoi sert alors cette précaution du certificat de non appel ?

On peut dire toutefois que cela peut servir à établir la

bonne foi du tiers payeur, ce qui en fait, peut le déterminer à se libérer aux mains du porteur du titre (V. *suprà*, arrêt, Cass.), sans avoir à craindre l'issue d'une instance au principal.

Section III. — **Pouvoirs du juge des référés pour assurer l'exécution des conventions, ou l'application de droits dès à présent certains ou non contestés.**

C'est surtout, je l'ai déjà dit, à l'occasion des référés sur procès-verbaux d'exécution, que le juge des référés aura à examiner les titres qui lui seront soumis. Cet examen n'a pas pour objet de faire prononcer la nullité de l'exécution, mais seulement de lui faire prononcer s'il y a lieu, ou non, de continuer les poursuites.

Cet examen doit porter tout d'abord sur la question de savoir si l'exécution est requise à bon droit; le juge doit donc voir si le titre est bien réellement exécutoire.

Le juge peut en outre avoir à examiner les titres de l'opposant ; ce peut être l'examen soit d'un payement, d'une cause de compensation, de novation ou d'offres réelles. Il faut se garder d'entrer trop avant dans l'examen des pièces produites ; mais si elles paraissent régulières et sincères, il est préférable de suspendre l'exécution, le créancier ayant la ressource de se pourvoir au principal, et le retard en résultant devant véritablement être moindre que celui qui résulterait d'une exécution injuste. Le cas ordinaire sera l'existence d'une demande en revendication des meubles saisis ; dans ce cas le président doit toujours renvoyer au principal, « quelque peu sérieuse que la revendication puisse paraître », dit un arrêt de la Cour de Paris du 22 juillet 1884 (*La Loi*, 3 septembre 1884).

En ce sens Paris, 21 juin 1884 ; *La Loi*, 13 octobre 1884 ; De Bell., II, p. 39 ; Bertin, t. II, 979,994 ; Paris, 10 mai 1848 ; S. 1848, 2, 659.

Il en serait de même si le débiteur saisi avait formé une demande en nullité de la saisie ; le créancier ne pourrait demander au président de passer outre à l'exécution (Rouen, 21 décembre 1881. *Gaz. Trib.* 25 janvier 1883).

Toutefois le président doit, je l'ai dit, examiner les titres produits, et il n'excéderait pas ses pouvoirs en appréciant la forme extérieure d'une assignation en revendication d'objets mobiliers saisis, et en décidant que, faute de contenir les énonciations exigées par l'article 608 du Code de procédure civile, la demande ne pouvait avoir d'effet suspensif (Paris, 8 juillet 1882; *Le Droit*, 14 août 1882; Paris, 1er août 1882; *La Loi*, 12 août 1882).

Remarquons que dans tous ces cas et dans tous ceux qui pourraient se présenter en matière de procès-verbaux d'exécution (ce qui n'est pas l'objet de cette étude), le président ne peut que suspendre les poursuites, ou en ordonner la continuation. On ne peut donc dire qu'il s'agisse de la mise à exécution d'un droit reconnu ou d'une convention non contestée.

Cependant ce droit existe pour le président dans tous les cas d'urgence, sans qu'on puisse reprocher à sa décision de faire préjudice au principal. Les espèces seraient très variées; ainsi le tribunal de la Seine jugeant au référé a, dans un jugement récent du 24 octobre 1883 (*La Loi* du 25 octobre 1883), fait l'application de cette idée. Il a décidé « qu'une chambre syndicale peut en assemblée générale prononcer en vertu des statuts l'exclusion contre certains membres de l'association. Le juge des référés ne peut faire échec à une délibération de l'assemblée générale dont l'irrégularité n'est pas manifeste. »

L'urgence, en effet, peut imposer cette mesure, et le juge des référés doit assurer l'exercice de droits non contestés. L'article 135 du Code de procédure civile assimile en effet les promesses reconnues aux actes authentiques, quant à l'exécution provisoire que le tribunal peut en ordonner. Or il n'y a pas de raison pour ne pas appliquer la même règle en matière de référés. Le président ne saurait s'arrêter à une résistance non motivée des intéressés, car il doit prendre en considération, pour suspendre l'exécution d'un acte, les raisons plausibles qu'il peut y avoir de le contester, mais non une résistance gratuite et nullement motivée. Dans tous les cas il ne fait pas préjudice au principal, car il resterait bien certain que le juge du fond pourrait soit réformer la mesure primitivement ordonnée, soit, selon les cas, accorder des dommages-intérêts (De Bell., 2ᵉ édit., ll, p. 12 et p. 14; Bioche, n. 192).

Il y a lieu de déterminer les règles de cette compétence et de rechercher les limites que le président ne doit pas dépasser dans cet examen des conventions.

Il a le droit d'appliquer un droit, d'en faciliter l'exercice, de lever toutes entraves; il n'aurait pas le droit d'interpréter une convention, ni un texte de loi, ni de motiver sa décision par des raisons tirées exclusivement du fond du droit.

C'est ce que je vais essayer d'établir en étudiant deux hypothèses seulement qui, il est vrai, présentent des applications assez variées le louage et la saisie-arrêt.

§ 1. — Du contrat de louage.

1° *Bail de maisons.* — C. civ. 1714 et suiv.

1ʳᵉ *H*. ll se peut que le *bail soit authentique*. Dans ce cas le rôle du président consiste à assurer l'exécution des diverses clauses du bail, et ce par application de la deuxième partie de l'article 806 du Code de procédure civile; il n'y a donc pas de difficultés.

2ᵉ *H*. ll s'agit d'un *bail sous seings privés*.

Dans ce cas encore le président sera compétent pour assurer l'exécution d'une clause formelle du bail, si toutefois il y a urgence (De Bell., ll, p. 159, 3ᵉ édition).

Une application fréquente de cette règle se présentera, au sujet de la clause que : « à défaut de payement d'un seul terme de loyer, et huit jours après un simple commandement resté infructueux, le bail sera résilié de plein droit si bon semble au bailleur, sans qu'il soit besoin d'aucune formalité judiciaire ». Souvent cette clause porte : « en vertu d'une simple ordonnance de référé ». Or il est universellement admis par les auteurs et par la jurisprudence, que cette clause résolutoire lie le juge qui ne peut se refuser d'en assurer l'exécution, et que dans tous les cas le juge des référés est compétent pour en assurer l'exécution (V. notamment Paris, 11 février 1874, S. 74, 2, 197, et les autorités rapportées; D. 75, 2, 147 et la note ; Cass., 2 juillet 1860 ; S.

60, 1, 705. L'arrêt dit que le juge n'est pas maître de ne pas
lui donner effet. De Bell., 1, 574 ; Aubry et Rau, IV, p. 84 et 85 ;
Bourges, 10 novembre 1882 ; *La Loi*, 28 décembre 1882).

Mais le président serait incompétent pour connaître de l'interprétation d'une clause du bail et déterminer le droit des parties (Comp. art. 3, Loi 5 mai 1855 pour les juges de paix).

Un arrêt de la Cour de Rouen du 3 mars 1880 (S. 80, 2, 334)
fait très justement l'application de ce principe.

Le maire de la ville de Dieppe avait loué à un sieur Bias un
établissement de bains, en l'autorisant à faire des changements, et
en réservant le droit d'occuper le grand salon quinze fois par hiver
pour des fêtes. Les travaux avaient eu pour résultat de changer
l'entrée des bains ; à l'occasion d'une fête le maire réclama que
l'ancienne entrée fût momentanément rétablie, et, des difficultés
s'étant élevées, assigna Bias en référé pour avoir à tenir à sa
disposition « le grand salon, son vestibule et son entrée, sièges,
tentures, estrade, etc. » Le fermier conclut à l'incompétence du
juge des référés.

La Cour : « Attendu que la juridiction des référés, comme
toute juridiction d'exception, est exclusivement restreinte aux cas
prévus et déterminés par la loi ; que le juge des référés ne peut
statuer qu'en cas d'urgence, pourvu que son ordonnance ne fasse
pas préjudice au principal ; que de ces deux conditions aucune
ne se rencontre dans l'espèce ; que d'une part, en effet, l'établissement de bains affermé par la ville à Bias était depuis près de
dix mois aménagé pour un cercle d'hiver, du consentement de
l'autorité municipale ; que les changements autorisés étaient
d'une telle notoriété, etc. ; qu'en agissant ainsi, le maire n'o-
béissait à aucune nécessité impérieuse ; — qu'il ne s'agissait,
dans la cause, ni de l'application d'un titre clair et certain, ni
d'une difficulté d'exécution ; qu'il s'agissait, de l'aveu même du
maire, d'interpréter les clauses d'un contrat synallagmatique,
interprétation qui n'appartenait qu'aux tribunaux ordinaires, et
de déterminer la mesure des droits de chacun ; — qu'ainsi après
avoir constaté : « qu'à l'origine du bail, le vestibule approprié
par le fermier pour une autre destination servait d'entrée au
salon des bains chauds, et que tel était l'état de choses au mo-

ment des réserves insérées dans l'article 18 », le juge des référés déclare que « c'est donc le grand salon des bains, avec les dispositions de cette époque, qui est réservé, et qu'il ne pouvait appartenir au fermier de changer de son propre mouvement ces dispositions dans son intérêt exclusif ; — que le juge se fonde même sur la commune intention des parties, et, méconnaissant l'accord intervenu entre elles sur les modifications effectuées, décide « que le mode d'entrée, d'après leur intention, était le mode habituellement employé à cette époque » ; qu'en interprétant ainsi le bail du 15 mars, le président du tribunal de Dieppe a excédé ses pouvoirs et qu'il y a lieu d'infirmer son ordonnance » (V. D. 1880, 2, 135 ; De Bell., II, 157).

Le président serait de même incompétent pour décider la question de savoir si en vertu de son bail un locataire a le droit de sous-louer (Paris, 31 août 1839 ; D. J.G. n° 104).

Mais, comme le fait très bien remarquer M. Bioche (Référé, n° 192), « le juge des référés, qui ne doit pas statuer sur les questions principales qui tiennent à l'interprétation du titre, ne doit pas, lorsque la disposition est claire et que son effet est réglé par la loi, en suspendre l'exécution. Il faut que le juge se prononce avec une grande circonspection, mais la loi ne veut pas qu'une contestation absurde rende toute exécution à jamais impossible » (Rapprocher ce qui est dit plus haut au sujet des actions possessoires. V. Bertin, n° 181 ; Bazot, p. 239 ; Rousseau et Laisney, *Dict. de Proc.* Référé, n° 167. V. aussi Bioche, n° 205, De Bell., II, 152 suiv.).

Nous pouvons donc dire que l'incompétence du président serait absolue pour interpréter le titre : il n'a que le pouvoir et la mission de l'appliquer, mais il doit passer outre à une résistance évidemment mal fondée (Bazot, 241).

3° H. *Location verbale.* — Nous en rapprocherons les dispositions qu'il y aura lieu de prendre à l'occasion d'un bail écrit, s'il n'y a pas de clause spéciale.

M. de Belleyme a formulé cette règle (t. II, p. 159) souvent rapportée depuis : « En règle générale, s'il existe dans le bail une clause expresse, on ordonne son exécution ; si la difficulté n'est pas prévue, ou si la location est verbale, en cas d'urgence, on statue et l'on ordonne une mesure provisoire après expertise si elle est nécessaire ; s'il y a commencement d'exécution et de jouissance, on maintient l'état de choses. »

Le propriétaire est obligé de procurer au locataire la jouissance des lieux loués suivant les conventions arrêtées entre eux, ou suivant les usages, ou la nature des choses.

De son côté, le locataire est tenu de remplir toutes les obligations que lui impose la loi, ou qui résultent des usages.

On peut dire que le juge des référés est compétent dans les deux cas ; le placement des enseignes, la jouissance de la cour commune, des escaliers, des caves et des greniers, le service du concierge, les prétentions de colocataires, les réparations urgentes, seront autant de causes de conflits que le juge des référés a le pouvoir et le devoir de régler.

Il pourrait s'élever un conflit de prétentions entre deux ayants droit au bail : M. Bazot rapporte à ce sujet (p. 243) une ordonnance du président du tribunal de la Seine curieuse à consulter (*Gazette des Tribunaux* du 21 décembre 1871).

Un sieur Bona était porteur d'un bail sous seings privés enregistré le 4 septembre 1871 ; au moment où il se préparait à prendre possession des lieux, Bona trouve, installée dans l'appartement qu'elle occupait depuis 1867, une demoiselle Sanit qui invoque un bail sous seings privés enregistré seulement le 23 octobre 1871. Assignation en référé à fin d'expulsion ; ordonnance : « Attendu qu'à la différence de la vente, le bail a pour effet de créer, non un droit réel, mais un droit personnel sur la chose qui en fait l'objet ; — qu'en matière de louage, l'antériorité de la mise en possession prévaut sur l'antériorité du titre : — ...... dit n'y avoir lieu à référé. »

Cessation du bail. Congés. — Nous supposons que le bail écrit est arrivé à son terme, sans qu'il y ait eu de prorogation ni de tacite reconduction ; ou encore que le bail verbal a pris fin par un congé régulièrement donné et accepté.

Le juge des référés est compétent pour connaître des difficultés qui pourraient être soulevées, par exemple si l'ancien locataire se maintenait dans les lieux : il y a urgence pour le propriétaire à recouvrer la libre disposition des lieux. Ainsi déjà dans l'ancien droit, Pigeau proclamait la compétence du lieutenant civil pour ordonner l'expulsion du locataire dont le congé était régulier.

Inexécution des conditions du bail. Congé contesté. Expulsion. Mesures accessoires. — Le locataire est tenu de trois obligations principales : 1° de garnir les lieux loués de meubles suffisants, art. 1752 C. civ. ; 2° d'user des lieux loués en bon père de famille et suivant la destination qui leur a été donnée par le bail ; 3° de payer le prix du bail aux termes convenus (art. 1728).

Quelle est la compétence du juge des référés pour assurer l'exécution de ces obligations ?

On doit admettre que, même lorsqu'il y a un bail écrit, le juge des référés est compétent pour prendre les mesures d'urgence que nécessitent les circonstances. Or il est à peine besoin de dire qu'en cette matière il y a presque toujours urgence.

Mais si l'on veut rechercher quelles mesures peut prendre le juge des référés, on voit bien vite qu'elles se restreignent beaucoup.

1° On admet généralement que le président peut ordonner l'expulsion quand les lieux ne sont pas garnis. L'article 1752 du Code civil est en effet formel (Bazot, p. 254 ; Bertin, 784 suiv. ; Carré et Chauveau, Supplément, t. III, n° 85 ; De Bell., II, 136).

2° Faut-il dire que le président peut ordonner de même l'expulsion pour défaut de payement de loyers ?

Nous supposons, bien entendu, que le bail ne contient pas une clause formelle visant ce cas ; il n'y aurait alors pas de doute possible (V. *suprà*).

La controverse est très sérieuse : M. Bazot prétend que le président ne peut dans ce cas prononcer l'expulsion, car « son pouvoir prendrait une extension presque illimitée, le défaut de payement de loyers n'étant en somme que la violation de l'une des clauses du bail. »

Cependant la jurisprudence paraît fondée en ce sens que le président peut ordonner l'expulsion même dans ce cas (V. Bertin et les nombreux arrêts cités n° 788), et c'est avec raison, je crois (Paris, 12 janvier 1867. S. 67, 2, 36).

L'obligation de payer les loyers est au moins aussi rigoureuse que celle de garnir les lieux, puisque cette dernière n'est qu'une garantie de cette obligation essentielle. Et c'est d'ailleurs ainsi que la loi belge de 1858 rapportée plus haut l'a compris. Pourquoi dès lors prétendre que la mise à exécution de cette obligation ne puisse pas se faire de la même manière ?

N'oublions pas d'ailleurs qu'en droit l'expulsion du locataire n'est qu'une mesure provisoire, en ce sens que le contrat de bail reste intact ; que le locataire fournisse les garanties demandées, et il pourra demander à rester dans les lieux. Je sais bien que ce point de vue peut être contesté, et M. Bazot ne manque pas de faire remarquer comment cette mesure qualifiée à tort de provisoire aura souvent un résultat définitif. Cela serait-il, que je croirais devoir maintenir dans ce cas le pouvoir d'expulser. L'exercice de ce pouvoir aura pour effet d'empêcher ordinairement l'accumulation des loyers arriérés, et de contraindre le locataire à chercher un logement plus en rapport avec ses ressources actuelles, et il est à désirer que le propriétaire ne laisse pas s'accumuler les loyers garantis par son gage, de manière à donner aux tiers une fausse sécurité (Loi 1872, C. com., art. 550).

3° Quid de l'abus de jouissance des lieux loués ?

Il paraît plus difficile dans ce cas d'ordonner l'expulsion.

C'est qu'en effet la question soumise au président présente tous les caractères d'une demande principale ; non pas seulement en ce qui concerne la mesure réclamée, mais surtout en ce qu'il y aura lieu d'apprécier les faits plus ou moins graves dont se plaint le bailleur.

Je pense donc que le président ne pourrait dans l'espèce que prendre des mesures purement conservatoires, c'est-à-dire ordonner une expertise.

Cette règle recevrait toutefois exception au cas d'urgence absolue, et au cas où les faits d'abus de jouissance seraient graves et dès à présent certains. C'est ainsi que M. Bazot cite le cas où un locataire ouvrirait une maison publique dans les lieux loués (*Gazette des Tribunaux*, 23 mai 1874. — Voir en ce sens aussi Paris, 1re ch., 15 janvier 1878, D. 78, 2, 180 ; Paris, 27 août 1878, S. 79, 2, 16 ; Paris, 8 février 1883. Le *Droit*, 11 mars 83. — Contra, Paris, 2e ch. 1878, B. C. P. 78, 413).

M. le Président du tribunal civil de la Seine a rendu une ordonnance semblable le 9 janvier 1884, à propos du « Journal parlé ». Le propriétaire alléguait que les réunions tenues par le locataire avaient causé un tumulte tel que plusieurs fois la police avait dû intervenir (salle de l'Athénée).

Dans certains cas enfin le président pourra, sans ordonner l'expulsion, assurer l'exécution du bail ; il devra toujours le faire quand il sera possible. Ainsi M. de Belleyme rapporte un arrêt de la Cour de Paris du 7 décembre 1829 ordonnant au locataire l'enlèvement de dépôts de papiers, farines ou autres matières qui par leur poids compromettaient la solidité de la maison.

De même il peut ordonner la fermeture d'une porte ouverte contrairement aux stipulations du bail (Paris, 22 août 1843, de Bell., II, 172).

Congé contesté. — Il est admis que le président est compétent pour connaître de la demande en expulsion formée en vertu d'un congé reconnu (V. *suprà*), ou du congé donné en temps utile au locataire, alors que celui-ci s'est borné à protester contre le congé, mais sans en demander la nullité au principal (Paris, 8 mars 1870, S. 70, 2, 101).

Le juge des référés excéderait ses pouvoirs en autorisant le locataire qui a donné congé à rester dans les lieux malgré le propriétaire, même en payant les loyers échus (Paris, 10 novembre 1871. D. 72, 5, 379).

Il ne pourrait non plus autoriser le locataire expulsé en vertu d'une clause formelle de son bail à demeurer dans les lieux, sous prétexte qu'en recevant paiement le propriétaire aurait implicitement renoncé à son droit d'expulsion (Req. 18 avril 1882. *La Loi*, 5 juin 1882).

Il ne pourrait non plus connaître d'un congé contesté, cela est hors de doute.

Et même il ne pourrait pas, lorsqu'une instance est pendante entre le locataire et le propriétaire sur la validité d'un congé donné par ce dernier, autoriser le dépôt entre les mains du concierge de la clef de l'appartement, afin de permettre de le montrer aux visiteurs, une telle mesure préjugeant le fond du débat (Paris, 18 septembre 1872. S. 72, 2, 187. Cf. de Bell., p. 121 ; Carré et Chauveau, *Supp.*, t, III, n° 80).

« Il n'est pas besoin de prendre sentence sur ce congé, dit Pigeau (t. II, p. 66, Paris, 1787), mais si à l'échéance du terme, le locataire se refuse de sortir, le propriétaire le fait assigner sur-le-champ en l'hôtel du juge qui ordonnera l'exécution provisoire du congé. »

La loi belge du 5 octobre 1833, art. 2, porte de même : « Lorsque le juge de paix n'est pas compétent pour en connaître, la demande en expulsion, soit pour défaut de paiement, soit pour cause d'expiration du bail, pourra être portée directement en référé devant le président du tribunal de première instance, qui statuera provisoirement sur la demande, sans préjudice au principal, pour lequel les parties pourront se pourvoir à l'audience sans préliminaire de conciliation » (V. Loi du 24 mai 1855).

Nous savons déjà, et je rappelle seulement pour mémoire, que le président ne saurait en référé nommer des experts à l'effet de constater les réparations locatives : cela rentre dans la compétence des justices de paix.

Enfin, bien que je n'en aie pas parlé, il est bien certain qu'il faudrait appliquer ces mêmes règles aux occupations dites de tolérance, qu'un propriétaire peut consentir provisoirement dans sa maison, cette occupation étant à titre précaire.

En résumé, nous pouvons regarder comme certaine cette idée que le président peut ordonner l'expulsion toutes les fois que la location a pris fin. Mais il est des hypothèses plus délicates. Quand il y a contestation par exemple sur la demande d'expulsion, il faut que la contestation soulevée soit sérieuse ; la Cour de Paris, dans l'arrêt de 1870, semblait demander qu'il y eût une instance engagée en nullité du congé. Sans aller jusque-là, il faut dire cependant que si l'opposant ne produit aucune pièce, aucun motif sérieux pour justifier sa résistance, le président peut, sans préjudicier au principal, ordonner l'expulsion (Bertin, n° 800 et les autorités).

Mesures accessoires. — Séquestre. — J'ai supposé jusqu'ici que le propriétaire demandait l'expulsion de son locataire pour éviter l'accumulation des loyers arriérés. Il se peut cependant qu'il ait le désir de le conserver, et l'on s'est demandé si, dans l'intérêt commun des parties, on ne pourrait pas prendre des mesures destinées à sauvegarder leurs droits respectifs.

C'est ainsi qu'on est arrivé à dire que le propriétaire pouvait demander la nomination d'un séquestre. L'application pourra s'en présenter par exemple à l'occasion d'une liquidation d'une maison de commerce.

En ce sens deux arrêts de la Cour de Paris, l'un du 5 mars 1885 (*Gaz. Trib.*, 9 avril 1885) ; l'autre du 15 avril même année (*Gaz. Trib.*, 3 juin 1885). Le premier de ces arrêts décide que dans l'espèce, étant donné qu'il n'était pas dû de loyers arriérés, et que les marchandises et le mobilier commercial étaient encore considérables, il n'y avait pas lieu à nommer un séquestre chargé d'encaisser jusqu'à concurrence des réparations locatives (V. dans ce sens de Bell., I, 270).

Mais le second de ces arrêts décide formellement : « que le propriétaire de l'immeuble loué à un commerçant a le droit d'exiger une garantie effective, lorsque le locataire engagé encore envers lui par son bail manifeste l'intention de ne pas remplacer ses marchandises par d'autres ; — que l'article 1752 qui autorise le bailleur à expulser le locataire qui ne garnit pas la maison de meubles suffisants ne lui impose pas cette seule voie pour sauvegarder ses intérêts, et ne lui interdit pas de solliciter une mesure conservatoire ; — que l'article 1961 qui énumère les cas où il y a lieu à nomination de séquestre n'est pas limitatif, et peut être appliqué dans ce cas. Le juge des référés a donc un pouvoir discrétionnaire à cet égard. »

Cette extension très ingénieuse de l'application du séquestre n'est pas le cas ordinaire.

Il arrivera généralement que la nomination de séquestre se fera après l'expulsion ordonnée. C'est alors une mesure purement conservatoire sur laquelle je me suis expliqué plus haut.

Ordinairement le président ordonnera que les objets mobiliers expulsés soient déposés dans un garde-meuble.

Vente. — Mais on s'est demandé si le président pouvait, dans l'ordonnance d'expulsion, autoriser la vente des meubles du locataire.

Il y a deux objections : l'une d'un texte du titre de la saisie-gagerie, l'article 824, qui porte qu'il ne pourra être procédé à la vente sur la saisie-gagerie qu'après qu'elle aura été déclarée bonne et valable; l'autre raison, c'est que la vente est évidemment une mesure définitive.

Ces raisons qui paraissent déterminantes fléchissent cependant devant des nécessités pratiques que la Cour de Paris a fini par reconnaître. C'est qu'en effet il arrivera souvent que les frais de déplacement, de publicité et autres, absorberont presque les frais de vente. L'urgence est la loi du référé, et l'intérêt commun est que le gage soit réalisé de manière à diminuer la créance de l'un et la dette de l'autre. Faut-il imposer au bailleur qui a déjà perdu ses loyers les frais d'une instance inutile ?

« Attendu qu'il importe au propriétaire de reprendre possession des lieux loués; qu'il y avait nécessité de procéder à la vente en ce cas » (Paris, 13 juillet 1874 ; Paris, 22 février 1878, 1re ch., D. 78, 2, 177).

Mais toute chose a ses excès, et il y a en ce moment au tribunal de la Seine une pratique qui semble tout à fait irrégulière. L'huissier fait un commandement en vertu de l'article 819, et procède à la saisie-gagerie ; dans son procès-verbal il constate que la valeur du mobilier garnissant les lieux n'est que de peu de valeur, et sur cette constatation plus ou moins exacte, plus ou moins intéressée, porte l'affaire à l'audience des référés sur ses procès-verbaux d'exécution. Ordinairement il obtient l'ordonnance.

Or, c'est là un abus de mots et de choses, car le procès-verbal de saisie-gagerie n'est pas un procès-verbal d'exécution. Aussi la Cour de Paris restreint autant qu'elle le peut cet usage, et elle décide que le juge des référés ne peut ordonner la vente des objets saisis-gagés tant que la saisie n'a pas été déclarée valable. Il ne peut en conséquence prononcer l'expulsion d'un locataire faute d'avoir garni les lieux loués de meubles suffisants après une simple saisie-gagerie (Paris, 14 mars 1885 ; *La Loi*, 20 juin 1885) ; à plus forte raison ne pourrait-il ordonner la vente (Rouen, 21 décembre 1882, *Gaz. Trib.* 25 janvier 1883). Sur la vente du mobilier, voir longue note dans Sirey, 1876, 2, 313.

2° *Louage d'industrie.* — Le maître a le droit de renvoyer la personne qui est à ses gages, sans donner congé, à la seule condition de prévenir huit jours d'avance, ou de payer au cas de sortie immédiate une indemnité représentant huit jours de gage, de logement et de nourriture (De Bell., II, 150 ; Cf. art. 1794, C. civ.).

A plus forte raison le maître ou le patron peut renvoyer l'employé, et le juge des référés ordonner l'expulsion si le congé est expiré (Bordeaux, 23 août 1867, D. 67, 5, 360).

Cependant un arrêt de la Cour de Paris du 1er février 1873 (S. 73, 2, 88) avait décidé qu'au cas où il existait un contrat entre l'ouvrier et le patron réglant les conditions et la durée du service, le juge des référés ne pouvait ordonner l'expulsion, attendu que l'expulsion avait pour effet de résoudre en fait le contrat, avant que son interprétation eût été réglée par le juge du fond.

Je crois que cet arrêt n'est pas en conformité avec les principes en cette matière, car il semble impossible de contraindre un patron à conserver un employé malgré lui : c'est ce que décident MM. Aubry et Rau, t. II, p. 514. C'est aussi ce qu'a décidé la Cour de cassation dans un arrêt du 10 mai 1876 (S. 76, 1, 256).

Le seul droit qui puisse exister pour l'ouvrier ou l'employé congédié, c'est de réclamer des dommages-intérêts, et ce par interprétation du contrat de louage seulement. C'est en cela seulement que le juge des référés n'aura pas fait préjudice au principal.

Telle est aussi la doctrine d'un arrêt plus récent de la Cour de Paris du 28 juillet 1877 (S. 78, 2, 85) :

La Cour : « Considérant que le contrat de louage et d'industrie, soit verbal, soit écrit, peut être rompu par la seule volonté de l'une ou de l'autre des parties ; — Que dès lors le patron

a le droit de faire cesser immédiatement les services de son
employé ; — Que l'exercice de ce droit absolu ne saurait être
subordonné au règlement de l'indemnité qui pourrait être
due à l'employé ; — Que cette question est réservée pour être
tranchée par le juge du principal ; — Considérant au surplus
en fait et surabondamment que la mésintelligence qui règne
entre les parties ne permet pas de maintenir L... comme employé dans l'établissement des époux B..., sans exposer ceux-ci
à un préjudice certain ; — Que le droit d'expulsion appartenant aux époux B... justifiait complètement l'urgence... »
V. aussi en ce sens Cass., 5 février 1872 (S. 72, 1, 132). Ce dernier arrêt reconnaît le droit pour le juge du fond de prononcer
condamnation à des dommages-intérêts.

L'arrêt de la Cour de Paris du 28 juillet 1877 est d'autant plus
probant qu'il infirmait une ordonnance du 7 juillet 1877 qui
n'avait pas cru devoir prononcer l'expulsion, attendu qu'il y
avait lieu d'interpréter un contrat antérieur.

Mais on peut dire que cet arrêt, conforme d'ailleurs au principe en matière de louage d'industrie, doit fixer la jurisprudence.

V. sur cette question De Bell., *loc. cit.* ; Bertin, n° 819, t. II ;
Bazot, p. 266 et les autorités et arrêts rapportés.

§ 2. — Compétence du juge des référés en matière de saisie-arrêt.

Il importe de rappeler tout d'abord que la saisie-arrêt peut
être formée soit en vertu d'un titre, soit en vertu d'une permission du juge (Art. 557 et 558 du Code de pr. civ.).

En ce qui concerne la *saisie-arrêt faite en vertu d'une permission du juge*, il y aurait à montrer comment M. de Belleyme
a introduit dans l'ordonnance la réserve d'en référer ; l'affectation spéciale au profit du créancier éventuel, moyennant le
dépôt à la Caisse des consignations d'une somme représentant
approximativement sa créance, dépôt à la Caisse pouvant être
remplacé par le maintien des sommes entre les mains du tiers
saisi ; il y aurait lieu d'examiner ces deux pratiques dans leurs
développements et de relever les nombreuses questions qu'elles

soulèvent : le juge ne crée-t-il pas un privilège en dehors des cas prévus par la loi? Est-il possible de distraire ainsi du patrimoine du débiteur une somme affectée spécialement à l'un de ses créanciers éventuels? Le juge peut-il ainsi faire tomber avec l'ordonnance qu'il a rendue toute une procédure de saisie-arrêt, et toute une instance déjà pendante devant le tribunal? Y a-t-il lieu à appel de cette ordonnance? La dernière jurisprudence semblait décider que non, attendu que le président, statuant ainsi en vertu de la réserve du référé, procède en vertu de son pouvoir de juridiction gracieuse (Aix, 27 janvier 1871, S. 72, 2, 290, note de M. Naquet), quand est survenu l'arrêt récent de la Cour de cassation en sens contraire (Cass., av. 10 nov. 1885. *La Loi*, 6 janvier 1886). Ce sont là autant de questions qui fourniraient à elles seules la matière d'un volume, et que je n'aborde même pas, me bornant à examiner les référés au cas d'urgence, et spécialement dans ce chapitre, à suivre le développement de l'idée que le référé ne fait pas préjudice au principal (V. S. 86, 1, 9).

Nous allons donc supposer que la *saisie-arrêt a été formée en vertu d'un titre*, et nous demander dans quelle mesure le président peut en connaître sans violer ce principe essentiel.

Il est bien évident que l'on ne pourrait demander au juge des référés de déclarer bonne et valable une saisie-arrêt pratiquée; cela serait essentiellement préjuger le principal, et d'ailleurs la saisie-arrêt doit pour être régulière être dénoncée dans la huitaine, et l'exploit de dénonciation contenir assignation en validité. Or, nous verrons que lorsque le tribunal est saisi d'une demande déterminée, le juge des référés ne saurait en connaître (563 et 565. Berlin, II, n° 835).

Mais pourrait-on demander mainlevée de la saisie-arrêt, ou mieux demander au président à être autorisé à recevoir nonobstant une saisie-arrêt pratiquée en vertu d'un titre irrégulier, ou que l'opposition lui paraît absolument mal fondée.

Remarquons, avant d'entrer dans l'examen de la question, que quel que soit le sens qu'on veuille donner aux mots, le résultat de l'ordonnance doit être définitif; on ne saurait donner *mainlevée provisoire* d'une saisie-arrêt, puisque le paiement fait par le tiers saisi crée un état de choses définitif, et a pour résultat de le dessaisir des sommes sans lesquelles il n'y a plus de saisie-arrêt. On ne saurait davantage, comme le propose M. Bazot, dire que le président peut provisoirement autoriser à toucher nonobstant la saisie, puisque le résultat est le même.

Ceci étant donné, voyons dans quelles mesures le juge peut rendre une décision qui ne préjudicie pas au principal.

Or, cela ne peut être évidemment que lorsqu'*il ne saurait y avoir de principal*. Je m'explique.

Je suppose que la procédure de saisie-arrêt soit informe; qu'elle n'ait pas été dénoncée; ou bien qu'elle ait été faite sans titre, contrairement à la loi; ou bien encore qu'elle consiste dans une simple signification contenant défense de payer. Il est bien certain que l'on ne saurait attendre dans ce cas, pour obtenir mainlevée de la saisie-arrêt, le résultat d'une instance qui ne sera jamais engagée. Or il se peut, il arrivera très souvent que le tiers saisi ne voudra pas se faire juge de la régularité de la défense signifiée, et voudra être couvert par une ordonnance du juge des référés; celui-ci est évidemment compétent, car il ne s'agit que d'une levée d'entraves, d'une cessation d'obstacles.

Il y a lieu d'indiquer dans quels cas on peut dire qu'il ne saurait y avoir de principal.

Si l'on se reporte à la rédaction des arrêts ou des ordonnances en pareil cas, on voit que l'autorisation de toucher nonobstant l'opposition est accordée toutes les fois qu'en raison des circonstances, la saisie-arrêt doit être considérée comme *inexistante*.

Rappelons à cet égard, pour fixer les principes, ce que disent MM. Aubry et Rau (t. I, p. 118) : « *La nullité* est l'invalidité ou l'inefficacité dont un acte est frappé comme contrevenant à un commandement ou à une défense de la loi.

« Il ne faut pas confondre avec les actes nuls les *actes inexistants* ou *non avenus...* »

« L'acte qui ne réunit pas les éléments de fait que suppose sa nature ou son objet, et en l'absence desquels il est logiquement impossible d'en concevoir l'existence, doit être considéré non pas seulement comme nul, mais comme non avenu. Ainsi on ne pourrait concevoir de convention sans le concours du consentement de deux parties, ni de vente sans chose vendue et sans prix. — Il en est de même de l'acte qui n'a pas été accompagné des conditions et des solennités indispensables à son existence, d'après la lettre ou l'esprit du droit positif (*Forma dat esse rei*). L'inefficacité de pareils actes est indépendante de toute déclaration judiciaire. Elle ne se couvre ni par la confirmation, ni par la prescription. Il appartient à tout juge de la reconnaître même d'office. »

Nous dirons donc que la saisie-arrêt devra être réputée inexistante, et que le juge des référés pourra autoriser de passer outre et de payer :

1° Quand l'acte en vertu duquel elle a été pratiquée ne contient pas d'obligation de la part de celui auquel il est opposé ;

2° Quand l'acte est entaché d'une nullité évidente, indiscutable : il n'est pas signé ; c'est un contrat synallagmatique qui n'est pas fait double ; c'est un jugement périmé faute d'exécution dans les six mois ; c'est un billet à ordre opposé à l'un des endosseurs, mais non protesté en temps utile (Bazot, p. 358).

3° Si le titre ne s'applique pas au débiteur ;

4° S'il consiste dans un contrat de vente qui ne mentionne pas de prix ;

5° S'il s'agit d'une donation qui n'ait pas été reçue par-devant notaires ;

6° Si la créance en vertu de laquelle l'opposition a été pratiquée était subordonnée à une condition qui a défailli ;

7° Si la saisie-arrêt a été faite sans titre, ni sans permission du juge ;

8° Si elle n'a jamais été dénoncée.

Dans tous ces cas et dans tous ceux que l'on pourrait supposer analogues, il est certain que le juge des référés est compétent.

Mais que faut-il décider si le titre est simplement nul? Le président a-t-il le droit d'en connaître, d'examiner le titre proposé, et de décider en conséquence s'il y a lieu de maintenir ou non la saisie-arrêt?

M. Bazot, p. 358, soutient que le président serait compétent pour statuer quand il s'agit :

1° D'un titre qui ne constate qu'une obligation à terme ou conditionnelle ;

2° Quand le débiteur justifie d'une manière irrécusable avoir payé.

M. De Belleyme, t. 1, p. 225, indique d'autres cas :

3° Quand le jugement en vertu duquel l'opposition est faite n'est ni enregistré, ni expédié, ni signifié ;

4° Quand elle est formée en vertu d'un jugement par défaut avant l'expiration de la huitaine de la signification ;

5° Si le jugement par défaut est frappé d'opposition, ou s'il y a appel (Controv. V. De Bell., les autres cas, et les autorités rapportées).

M. Bertin va plus loin, n° 153 et suiv., t. II. Il dit « que la demande en mainlevée ne met pas en question le fond du droit, car elle ne peut jamais constituer une demande principale ; la question principale est celle relative au droit de créance ; la question accessoire de validité de saisie ne porte que sur la mise à exécution du droit. » La conséquence qu'il en tire, c'est que le président peut en connaître en vertu de l'article 806, comme d'une difficulté d'exécution.

Ce pouvoir pourrait paraître trop étendu, aussi il se hâte de dire « que le juge ne peut prononcer la mainlevée, que lorsqu'il est établi en fait que les conditions exigées par la loi pour pratiquer la saisie n'existent pas ».

Et aux cas rappelés plus haut il ajoute par exemple celui d'une obligation contractée par un mineur ou un incapable (II, n° 159).

On pourrait rapprocher de ces décisions une ordonnance du président du tribunal de la Seine du 15 mars 1877, infirmée d'ailleurs par arrêt de la cour de Paris, du 14 avril suivant, qui avait ordonné une mainlevée, attendu que les sommes saisies-arrêtées étaient insaisissables.

Je pense que cette extension que l'on cherche à donner au président pour l'autoriser à donner mainlevée des saisies-arrêts, car c'est bien le seul mot que l'on doive employer, ne se justifie pas en droit. Il est certain que les auteurs se sont laissé entraîner par des nécessités pratiques, et par la situation éminemment favorable du saisi « qui malgré le préjudice qu'il éprouve, malgré l'imminence d'une faillite, demeurerait provisoirement sacrifié aux exigences du saisissant, qui paraît n'avoir aucun droit » (Bazot, p. 357).

Et M. Bertin en est arrivé ainsi à commettre une confusion absolue, et à dire que le président est essentiellement compétent en matière de saisie-arrêt, attendu que cette procédure ne constitue jamais qu'une mesure accessoire. Il est bien certain que le plus souvent cette demande de validité de saisie-arrêt fera l'objet d'une instance accessoire à la demande principale en condamnation ; mais aussi en tant que distincte de la demande en paiement, elle forme elle-même une demande principale dont le tribunal doit être saisi à peine de nullité. Or, si le tribunal en est saisi, quelle place y a-t-il pour le juge du référé. D'autre part il y a lieu de remarquer que quand la loi dit que les ordonnances ne font aucun préjudice au principal, elle entend le principal par opposition au provisoire, et non à l'accessoire.

Je rappelle enfin la formule que je donnais en tête de cet exposé : « Supposons que le juge du référé statue sur la demande en validité et ordonne provisoirement la mainlevée, que restera-t-il à trancher par le juge du fond ? » La question n'est-elle pas définitivement vidée ? Et n'est-ce pas jouer sur les mots que d'ordonner la mainlevée provisoire d'une saisie-arrêt, qui désormais n'aura plus sur quoi se prendre ?

Je crois que l'on trouverait facilement dans la jurisprudence la justification de la théorie que j'ai exposée en premier lieu. Le juge des référés a bien soin de motiver ses ordonnances en disant que, vu les circonstances, la saisie-arrêt doit être réputée inexistante.

La Cour de Paris décide de même (Paris, 22 décembre 1876. D. 78, 2, 246). « Considérant que l'ordonnance dont est appel et qui autorise la veuve C..... à toucher de la ville de Paris, nonobstant l'opposition de l'appelant, une indemnité d'expropriation, est fondée sur ce que A..... n'ayant ni titre ni permission du juge, la saisie faite par lui aux mains du caissier municipal devait être considérée comme inexistante. »

Ordonnance de M. le président du tribunal civil de la Seine du 14 octobre 1874, confirmée par arrêt de la cour du 11 août 1876 : « Attendu qu'une simple défense faite sans titre ni permission du juge ne constitue pas un obstacle sérieux au paiement; qu'elle doit être considérée comme inexistante. »

La Chambre des requêtes dans un arrêt récent du 7 janvier 1885 (D. 85, 1, 192, *Gazette des Tribunaux* du 10 janvier 1885) a de même décidé que le juge des référés ne sort pas des limites de sa compétence, quand il ordonne au profit d'un créancier la mainlevée d'une saisie-arrêt par laquelle un autre créancier est venu entraver l'exécution de décisions définitives obtenues par le premier et lui attribuant, par une affectation spéciale au paiement de sa créance, la somme même que le second a ultérieurement saisie-arrêtée. L'ordonnance ne préjudiciait pas au principal, puisque la nouvelle saisie-arrêt frappait des sommes qui n'appartenaient plus au débiteur commun (Rej. d'un pourvoi contre arrêt de la Cour de Paris du 8 août 1884). Au contraire la Cour de Paris a jugé que le président devrait se déclarer incompétent pour autoriser à toucher malgré une saisie, laquelle était faite en vertu d'un jugement qui n'était ni levé, ni signifié, ou frappé d'appel (Paris, 22 juin 1867. D. 67, 2, 157, et note. *Contrà* de Bell., v. *suprà*, et p. 225, t. I).

De même, arrêt du 29 novembre 1873 (D. 1878, 2, 246). « Attendu que les poursuites de C... étaient exercées en vertu d'un arrêt; que la consignation d'offres d'ailleurs non acceptées ne saurait équivaloir à un paiement... »

De même encore, arrêt de la Cour de Paris du 8 janvier 1884, portant que le juge des référés ne peut donner mainlevée d'une opposition formée pour avoir paiement de condamnations passées en force de chose jugée, en ordonnant la consignation d'une somme suffisante pour faire face aux condamnations (*Gaz. Trib.*, 13 janvier 1884). Il eût fallu pour cela, d'après la jurisprudence de la Cour de cassation, le concours et le consentement des deux parties, créancier saisissant et débiteur saisi, celui-ci consentant une affectation spéciale, que le juge ne peut suppléer.

Section IV. — **Du préjudice causé par les ordonnances de référé.**

Je rappelle ce que j'ai dit plus haut : La *formule que l'ordonnance ne fait pas préjudice au principal ne veut pas dire qu'elle ne doive jamais causer de préjudice.* Les nécessités qui donnent lieu à référé étant souvent de nature à causer un dommage soit que le président s'abstienne de statuer, soit qu'au contraire il ordonne ce qui lui est demandé, il faut dire qu'il ne doit pas hésiter à prendre un parti qui dans certains cas peut sembler rigoureux, malgré l'exception d'incompétence que l'on pourrait opposer en se basant sur le préjudice que l'ordonnance causerait au principal.

Toutefois ce préjudice ne saurait résulter que des mesures en quelque sorte accessoires au fond, qu'il peut y avoir lieu d'ordonner, sans que jamais il implique la suppression de l'intérêt qui est le fond du procès.

Quelques observations suffiront maintenant pour établir cette règle, et les exemples que j'ai cités vont y trouver une confirmation nouvelle.

Il est bien certain que l'ordonnance qui suspend les poursuites commencées cause infailliblement un préjudice au créancier. Et cependant elle est bien rendue, car le président est dans une alternative contradictoire, et quelle que soit sa décision, il est certain qu'il portera préjudice à quelqu'un. Comme cette hypothèse ne saurait être contestée, je la mets tout d'abord en relief, puisqu'elle s'appuie sur le texte même de l'article 806.

C'est ce que disait d'ailleurs M. le conseiller Goujet lors de l'arrêt du 17 février 1874 que j'ai rappelé plus haut : « Il est vrai que les décisions rendues en référé n'exercent, en droit, aucune influence sur le principal, qu'elles le laissent parfaitement intact; mais peut-on en conclure, comme le prétend le pourvoi, qu'elles ne peuvent modifier d'une manière irréparable en fait la situation des plaideurs?

« Evidemment non; il faut au contraire reconnaître que,

dans une foule de circonstances, les conséquences de fait des sentences de référé sont sans remède possible : qu'elles sont de nature à causer un dommage définitif à l'une des parties. » Et la Cour de cassation dans son arrêt s'exprime de même en disant « qu'on ne saurait induire de l'article 805 que le président n'a, dans aucun cas, qualité pour prescrire à titre provisoire une mesure de nature à causer à l'une des parties un dommage irréparable en fait. »

Je rappelle quelques exemples seulement. Celui d'abord qui a motivé cet arrêt de la Cour de cassation du 17 février 1874. Il s'agissait de la réduction au cinquième seulement des effets d'une saisie-arrêt, réduction prononcée par une ordonnance de référé ; le préjudice était évident pour le créancier, et cependant l'ordonnance se trouva confirmée parce qu'elle laissait le principal intact. On devait reconnaître que les quatre cinquièmes des appointements avaient un caractère alimentaire, la saisie ne pouvait les atteindre ; mais pour le surplus la saisie subsistait, et les droits du créancier trouvaient où se prendre.

L'ordonnance n'avait ni jugé ni préjugé le principal, à savoir la demande en validité de la saisie-arrêt, et même ne l'avait pas mise en question.

Lorsqu'au contraire, comme dans d'autres exemples sus rappelés, on demande au président d'ordonner la mainlevée provisoire de la saisie-arrêt, il y a pour celui-ci un devoir strict de s'abstenir à moins que la saisie ne soit qu'apparente et soit inexistante en réalité ; c'est qu'en effet on lui demande de juger ce principal lui-même.

Nous voyons donc par ces deux hypothèses tirées d'un même exemple, où dans l'un le président est compétent, sans l'être dans la seconde, que ce n'est pas au préjudice causé qu'il faut s'attacher. — Cette comparaison a d'ailleurs été relevée par M. l'avocat général Desjardins lors de l'arrêt de la Chambre civile du 7 novembre 1885 (*J. des avoués*, 1885, p. 507. — *La Loi*, 6 janvier, S. 1886,, 1, 9).

Même en ce qui concerne ce que j'ai dit sous le titre des actes purement conservatoires, tels que les expertises, peut-on dire vraiment qu'il n'y aura aucun intérêt lésé ?

Le propriétaire qui obtient l'expulsion de son locataire, ou le patron qui renvoie son employé, l'héritier qui obtient mainlevée des scellés sans description immédiate, le propriétaire qui fait vendre les meubles de son locataire, l'ordonnance qui assure l'exécution d'un titre sous seing-privé, enregistré, ce sont là autant de dommages causés à une personne, sans que cependant la compétence du président puisse être contestée. Concluons donc sans crainte que ce n'est pas au préjudice matériel qu'il faut s'attacher pour dire que l'ordonnance ne doit pas préjudicier au principal (Bertin, II, n⁰ˢ 4, 162 et suiv. Dutruc, *Supplément*, n° 136 et suiv. Chauveau, 2754 *ter*).

Mais même dans les cas d'urgence proprement dits, nous trouverons le même préjudice matériel résultant de l'ordonnance, et cependant on ne peut pas dire que cela viole le caractère essentiellement provisoire de l'ordonnance.

Rappelons-nous en effet, pour trouver un point de comparaison, et une analogie certaine pour nous guider, que certains jugements sont provisoires, et que cependant l'exécution provisoire peut en être ordonnée dans les termes de l'article 135 du Code de procédure civile. Où voit-on dans ce texte que le législateur prenne en considération, pour décider s'il y a lieu ou non d'ordonner l'exécution provisoire du jugement, cette considération que ce jugement ne causerait pas de préjudice? En aucune façon, la source de l'exécution provisoire se trouve dans cette considération qu'il y a titre antérieur au jugement, ou que l'on se trouve dans une matière requérant célérité.

C'est cette dernière considération seule, qui dans notre matière est essentielle, qui fait que les ordonnances sont exécutoires par provision. Mais ce caractère se trouvant déterminé par la considération d'urgence qui motive l'ordonnance, il faut dire qu'il n'y a plus dès lors à s'attacher aux conséquences de cette ordonnance, pour dire s'il y a ou non lieu de l'accorder. Ce à quoi il faudrait s'attacher, ce serait plutôt, si j'osais m'exprimer ainsi, à la cause de l'ordonnance et à son objet (V. d'ailleurs l'*Exposé des motifs* du tribun Réal).

Section V. — Quelques conséquences résultant du caractère provisoire de l'ordonnance.

§ 1. — Dérogation aux règles ordinaires de procédure concernant les incapables et les étrangers.

Le double caractère des ordonnances qui doivent d'une part être nécessitées par l'urgence, et d'autre part ne porter aucun préjudice au fond, a fait naître cette conséquence absolument certaine, c'est que les *incapables peuvent se présenter en référé sans l'assistance des personnes désignées par la loi, et sans remplir les conditions de formes qui peuvent être imposées.*

I. *Femmes mariées.* — Art. 215. « La femme mariée ne peut *ester en jugement* sans l'autorisation de son mari... »

Il est admis par tous les auteurs que ce principe ne s'applique pas aux référés. C'est déjà ce que l'ancien droit reconnaissait, et la coutume de Normandie que j'ai citée au début de cette étude s'explique même d'une manière formelle dans ce sens.

Au simple point de vue du droit et du texte, on pourrait soutenir que le principe de l'article 215 ne saurait viser les référés, attendu que la procédure du référé ne constitue pas à vrai dire une instance. C'est ainsi qu'elle ne constitue pas une cause d'interruption de prescription (Cass., 2 août 1882, note de M. Labbé. D. et S. 83. 1. 5); qu'elle ne dispense pas des préliminaires de conciliation (Lyon, 13 juin 1872, S. 72, 2, 124).

Mais, en fait, il faut bien reconnaître que le plus souvent l'autorisation que l'on pourrait exiger de la femme mariée produirait un résultat inverse du but de protection que la loi a eu en vue en édictant les règles qui régissent son incapacité ; et le référé qui se motive par des raisons d'urgence n'aurait plus d'objet s'il fallait attendre les lenteurs d'une autorisation en justice, à défaut d'une autorisation maritale parfois impossible à donner.

Que peut-on craindre d'ailleurs ? La loi ne dit-elle pas que le principal doit être essentiellement sauvegardé ? Et peut-on craindre que les mesures d'instruction ou préparatoires puissent

10

compromettre les droits du mari (De Bell., 1, 399 ; Bertin, II, n° 276).

II. *Mineurs. Interdits.*

Il ne saurait y avoir de doute en ce qui concerne le mineur émancipé : l'article 482 du C. civ. lui donne le pouvoir de faire tous les actes d'administration ; et l'article 482 ne lui interdit que l'introduction d'une demande immobilière, à moins d'assistance de son curateur. Il est donc inutile d'insister en ce qui le concerne (Bertin, II, n° 277).

Mais je pense que l'on doit admettre également le mineur non émancipé à se présenter en référé soit comme demandeur, soit comme défendeur.

La règle que le tuteur représente le mineur dans tous les actes de la vie civile, soit judiciaire, soit extrajudiciaire (450 C. civ.), reçoit en effet des exceptions résultant de la force même des choses, ou du caractère de la tutelle qui ne peut être qu'une mesure de protection. C'est ainsi que le mineur devient capable sous certaines conditions, soit pour les actes qui doivent être essentiellement l'expression de sa volonté individuelle, tels que le mariage, le testament, la reconnaissance d'un enfant naturel, ou encore pour défendre à une action pénale, soit pour les actes conservatoires de sa fortune : il peut faire inscrire son hypothèque légale (2139, 2194 C. civ.); il peut interrompre une prescription (Aubry et Rau, I, § 109, n. 12), il peut requérir une apposition de scellés (Art. 910 C. proc. civ. Chauveau, Q. 3067, t. II, p. 545), et à cette occasion il pourra être forcément partie dans un référé.

Or, il est bien certain que les actes conservatoires qu'il peut faire, que ces demandes purement personnelles qui peuvent l'intéresser, il pourra les demander au juge des référés. C'est ainsi que M. de Belleyme a accordé à un mineur qui la lui demandait, l'autorisation de demeurer ailleurs que chez son tuteur qui le battait (Bertin, n° 277).

Nous en dirions autant des *interdits.*

Ce n'est pas seulement parce que les droits de ces personnes ne seront jamais compromis par l'ordonnance, que l'on peut ainsi poser le principe de la compétence du président, c'est surtout en raison de ce caractère éminemment pratique du référé, naissant des circonstances les plus diverses et les plus dignes d'intérêt.

Il faut assurer aux incapables le recours à cette juridiction qui ne tire sa raison d'être que dans les circonstances du fait; le président peut et doit alors recevoir toutes explications, et décider, en connaissance de cause seulement, s'il y a lieu de ne pas statuer en raison de l'incapacité d'une partie (Paris, 30 juillet 1828 ; (De Bell., 1, 399). « Attendu l'état notoire d'aliénation mentale de Bautier, surseoit à statuer sur l'appel de l'ordonnance de référé, pendant trois semaines, pendant lequel temps il devra être pourvu à la nomination d'un administrateur provisoire pour défendre aux poursuites dirigées contre Bautier. » Ainsi restreint, le principe posé ne saurait compromettre aucun intérêt.

III. *Communes.*

Il faut admettre la même solution. C'est ce que la Cour de Paris a décidé dans son arrêt du 27 juillet 1868 (D. 68, 2, 189): « En ce qui touche la fin de non recevoir, tirée de ce que le maire de Neuilly agissait *sans les autorisations du Conseil municipal et du Conseil de préfecture :* — Attendu qu'elles ne sont pas nécessaires ; que le juge des référés ne prescrit jamais que des mesures conservatoires ou provisoires qui ne préjudicient pas au principal ; — que la procédure de référé essentiellement urgente serait impossible pour les communes ou contre elles, et que par suite l'exercice de certains droits serait paralysé ou que leur existence même serait compromise, si le maire ne pouvait recourir à cette juridiction sans avoir préalablement sollicité et obtenu les autorisations du Conseil municipal et du Conseil de préfecture. » Le Conseil municipal doit délibérer sur les actions judiciaires ; mais le référé n'est pas, à vrai dire, une action judiciaire, puisqu'il n'engage aucun débat sur le fond du droit ; il tend seulement à une mesure d'exécution ou de conservation. Or, le maire administrateur de la commune, agent chargé de tous les actes conservatoires ou d'exécution, peut valablement introduire en référé (V. art. 30, *Loi*, 5 avril 1884).

Dans le même sens, Dijon, 11 août 1869 (D. 69, 1, 193).

La Cour de cassation a été saisie du point de savoir si l'article 51 de l'ancienne loi municipale du 18 juillet 1837, aux termes de laquelle « quiconque voudra intenter une action contre une commune serait tenu d'adresser préalablement au préfet un mémoire exposant les motifs de sa réclamation », était applicable aux référés. Et la Cour de cassation a décidé que non dans son arrêt du 10 avril 1872 (D. 73, 1, 137 ; art. 1032 C. civ.).

M. l'avocat général Reverchon, conformément aux conclusions duquel la cour statua, avait rappelé qu'aux termes de l'article 55 de la loi, il n'était pas besoin d'autorisation pour la commune pour défendre une action possessoire.

Il doit en être de même en ce qui concerne le référé, bien que, d'après lui, le référé soit une véritable action en justice, que le président connaît par délégation ou par représentation du tribunal dont il fait partie (formule qui me semble d'ailleurs assez inexacte). La raison qu'il donne est tirée de la nature même du référé. « En organisant cette procédure spéciale, en décidant qu'elle serait intentée et suivie dans les formes déterminées par les articles 806 et suivants, le législateur a entendu exclure toute autre forme, et notamment celles qui seraient incompatibles avec le but et l'essence même des référés. Il n'y a pas à s'y tromper en effet : exiger cette autorisation, c'est supprimer soit pour les communes et les établissements publics, soit pour leurs adversaires, la faculté d'user de ce bénéfice de la loi. »

Il faudra dire par application de cet ordre d'idées qu'il ne sera pas, en pareille matière, nécessaire de communiquer l'affaire au ministère public.

Ce que nous venons de dire d'une commune s'appliquerait aux établissements publics, et aussi aux fabriques (C. pr. civ., art. 1832 ; Chambéry, 4 mai 1870 ; S. 72, 2, 307).

Les auteurs sont d'ailleurs tous d'accord sur ces diverses questions (De Bell., II, p. 399 ; Bioche, n° 224 ; Bazot, p. 375 ; Bertin, n°s 275 suiv. ; Darnaud, *Des Référés*, p. 39).

IV. *Étrangers.*

Enfin, c'est en partant du même point de vue que l'on a décidé que le président ne saurait se déclarer incompétent à raison de la nationalité des parties (Lyon, 1er avril 1854. D. 56, 2, 246).

« Attendu que le motif mentionné dans les ordonnances de de référé soumises à la cour, et tirées de ce que R... ne serait pas Français, ne saurait être pris en considération : 1° parce qu'il s'agit purement et simplement d'une formalité de justice ; 2° parce que semblable question ne saurait être agitée sans toucher au fond de la cause. »

On doit de même décider que l'on ne saurait demander la caution *judicatum solvi*, même en l'absence de traités (De Bell., 1, 454 ; Bazot, p. 377 ; Bertin, II, 213).

§ 2. — Du recours en cassation.

Du caractère provisoire de l'ordonnance de référé, est née la question assez curieuse de savoir s'il y a lieu en cette matière à recours en cassation. Et dans quels cas ?

Je rappelle les principes sur les cas d'ouverture à cassation.

1° Il faut qu'il s'agisse d'un *jugement;* ce qui exclut certains actes judiciaires qui présentent au premier abord une certaine apparence coutentieuse, tels que les actes de règlement intérieur des tribunaux, les peines disciplinaires, etc.

2° Le jugement doit être en *dernier ressort* et *passé en force de chose jugée* (Art. 2, décret 27 novembre 1790). « Les fonctions du tribunal de cassation seront de prononcer sur toutes les demandes en cassation contre les jugements en dernier ressort. »

Remarquons qu'aux termes de l'article 453 du Code de procédure civile, ce n'est pas à la qualification du jugement qu'il faut s'attacher, telle qu'elle résulte de son dispositif, mais que c'est au tribunal d'appel ou de cassation à examiner la nature du jugement attaqué.

3° Il faut qu'il s'agisse d'une *décision définitive.* — V. aussi 452, C. pr. civ.

Cette formule comprend les jugements qui, statuant sur le

fond, mettent fin au débat ; mais elle comprend aussi les jugements interlocutoires qui préjugent le fond (Pr. civ., 452, 2°). Ce sont, par exemple, les jugements ordonnant une enquête, une vérification d'écritures, admettant comme pertinente ou non une preuve offerte.

Ce n'est pas à dire que les jugements dits purement préparatoires ne soient susceptibles de recours en cassation : mais le recours n'est ouvert contre ces jugements qu'en même temps que le recours contre le jugement définitif (Art. 14, Loi 26 brumaire an IV). On n'a pas voulu qu'un plaideur puisse entraver la marche de la justice par un pourvoi contre une décision qui ne lui porte aucun préjudice.

Ainsi l'article 400 du Code d'instruction criminelle déclare non recevable le pourvoi contre des actes d'instruction et de procédure avant le jugement définitif.

(V. Chénon, *Origines et conditions de la cassation* n° 29, et suiv. — Dalloz, Cassation, n° 60 à 102.)

Que faut-il décider pour les ordonnances de référé ?

1ᵉʳ *Système*. Frappés de ce caractère provisoire, MM. Carré et Chauveau (Q. 2776 *quinquies*) décident qu'il n'y a pas lieu à cassation. « Les décisions rendues par le président du tribunal ou par le tribunal lui-même en état de référé ne sont que provisoires et toujours réparables en définitive. Il est donc évident qu'un pourvoi en cassation serait mal à propos dirigé contre une ordonnance, que la décision du tribunal réformera bien plus tôt et à moins de frais, s'il y a lieu. C'est le jugement seul du fond qui autorise cette voie de recours, et le fond est nécessairement réservé par le juge des référés. En cas d'excès de pouvoir de sa part, l'appel est toujours admissible, quelle que soit la valeur de l'objet de la contestation, comme nous l'avons dit (Q.2776). — Un arrêt de cassation du 31 juillet 1815 nous paraît donc avoir bien jugé en décidant que le pourvoi contre une ordonnance de référé incompétemment rendue était non recevable » (V. D. J. G. Référé, n° 92).

2ᵉ *Système*. On vient de voir, formulée d'une manière absolue et certaine, la doctrine du non pourvoi en matière de référé. Cependant il faut reconnaître que ce système était peu en concordance avec le système général de la cassation.

Et d'abord la loi du 27 ventôse an VIII n'avait-elle pas décidé qu'en ce qui concerne les affaires de justice de paix, il y aurait ouverture à cassation pour incompétence ou excès de pouvoir? Pour faire adopter ce texte on avait insisté sur les difficultés de droit dont les juges de paix peuvent être saisis, notamment en matière d'actions possessoires. Or, nous avons déjà vu des analogies entre le référé et la procédure de justice de paix en cette matière, tellement qu'on pourrait dire que si l'on pouvait imaginer une action possessoire en matière mobilière, à côté de l'action en revendication, la procédure des référés continuerait à s'appliquer. La loi de 1838 (art. 15) a, il est vrai, restreint le pouvoir en cassation en cette matière aux seuls cas d'excès de pouvoir.

Mais que devrons-nous décider quand une ordonnance de référé contiendra un excès de pouvoirs? Faut-il croire que la Cour de cassation soit impuissante, et que le président, comme juge des référés, ne soit pas obligé de se soumettre à une juridiction supérieure au moins dans ce cas?

Chauveau répond : la Cour d'appel a le pouvoir de statuer : et d'ailleurs le tribunal qui est seul juge du fond connaîtra du tout bien plus tôt et avec beaucoup moins de frais.

Mais nous pouvons supposer que la Cour elle-même, continuant les errements du président, se soit trompée ; et alors dans ce cas faut-il dire qu'il appartiendra au tribunal de connaître de son arrêt et de le rectifier au principal?

Ce serait anormal ; mais souvent il arrivera que le tribunal n'aura même pas cette ressource, car la question qu'il aura à trancher sera distincte de celle soumise à l'appréciation du président des référés, ou de la Cour, dans le cas d'appel.

C'est ce qui aura toujours lieu dans les référés sur procès-verbaux d'exécution. Le président décide s'il y a lieu en l'état de continuer ou de suspendre les poursuites. Il ne juge qu'à charge de ne pas préjudicier au principal, c'est-à-dire que la partie qui peut se croire lésée a essentiellement le droit de demander au juge du fond la nullité de l'exécution poursuivie sans droit, et par suite des dommages-intérêts; ou bien au cas inverse où le président aura ordonné la suspension des poursuites, jusqu'au jugement d'une question préjudicielle de revendication ou autre, le mal fondé de cette demande de revendication. Mais l'état de choses créé par l'ordonnance, c'est-à-dire la situation du fait de la suspension, ou de la continuation des poursuites, le juge du fond n'en connaît pas; c'est le fond même du débat porté en référé, et l'ordonnance est, quoi qu'on fasse, définitive.

L'intérêt est d'ailleurs considérable à se pourvoir en cassation contre l'ordonnance, plutôt que d'actionner au principal. Demandeur en cassation, je n'ai qu'à établir l'erreur de droit, la violation des formes, ou bien l'incompétence ou l'excès de pouvoirs entachant l'ordonnance d'un vice qui la fera annuler; et je passerai outre à l'exécution commencée.

Si je me pourvois au principal j'aurai à établir comme demandeur le mal fondé, l'irrégularité des titres que l'on m'oppose, alors que peut-être les moyens me manquent pour le faire, pour provoquer le débat au fond. Je perds ma situation privilégiée de demandeur au possessoire. Étranger, je devrai la caution *judicatum solvi* contre le tiers revendiquant, tandis que si j'avais réussi à faire casser l'ordonnance, j'aurais joué le rôle de défendeur à l'instance au principal.

Nous voyons donc que les deux raisons données par M. Carré manquent de fondement.

D'une part, il commet une véritable confusion en disant que le fond est toujours réservé; car l'ordonnance que l'on a sollicitée du président, parce qu'elle rentrait dans sa juridiction, peut être définitive. Ce qui est réservé, ce sont les droits et les rapports des parties en cause, ce n'est pas la question ayant donné lieu au référé, puisque l'ordonnance l'a tranchée. Elle est elle-même le fond et la fin d'un litige spécial. Elle présente donc les caractères d'une décision susceptible de cassation.

D'autre part, il y a un intérêt considérable à faire casser une ordonnance, plutôt que d'agir au principal, puisque le résultat doit être d'intervertir le rôle des parties dans l'instance.

Remarquons enfin que le référé n'étant pas un incident d'une demande principale, on ne saurait craindre de voir entraver par un pourvoi mal fondé l'action de la justice. Le motif que je donnais plus haut pour justifier la règle qui refuse tout pourvoi contre le jugement purement provisoire ne saurait donc en aucune façon s'appliquer; on se demanderait donc, à défaut d'autres raisons, pourquoi il n'y aurait pas lieu à cassation en matière de référé.

Distinctions sur l'application du principe.

Si maintenant il faut préciser la règle sur le recours en cassation, règle qui paraît bien certaine, et qui est d'ailleurs confirmée par les nombreux arrêts de la Cour suprême en cette matière, nous dirons qu'il y aura lieu à cassation en matière de référé : 1º toutes les fois que le pourvoi sera fondé sur l'excès de pouvoirs, l'incompétence ou la violation de la loi (Cass., 16 mai 1833 cité par De Bell., t. I, p. 441); 2º toutes les fois que l'ordonnance ou l'arrêt statuera d'une manière définitive même sur une mesure de sa nature provisoire; toute ordonnance qui ne ferait au contraire que prescrire une mesure d'instruction, ou suspendre l'exécution d'un titre jusqu'à l'issue d'un procès pendant ou déterminé, ne serait pas susceptible d'un recours en cassation, sinon bien entendu avec le procès principal (Cass., 6 novembre 1865. S. 66, 1, 44).

Telle est, je crois, la doctrine que l'on pourrait, malgré quelques divergences, relever dans les arrêts.

Le 4 août 1819, la Cour de cassation en matière d'action possessoire, alors que le tribunal était cependant saisi d'une demande au pétitoire, déclarait le recours en cassation recevable « attendu que tout arrêt ou jugement en dernier ressort qui *fait définitivement droit,* soit sur le fond, soit sur un incident, soit sur une demande provisoire, est susceptible de recours en cassation » (D. J. G. Cass.).

La chambre civile, dans son arrêt du 23 juillet 1851 (D. 51, 1, 269) cité par Bertin, nº 405 (S. 51, 1, 753) précise en matière de référés, cette fois, la règle que je formulais plus haut.

« Sur la fin de non-recevoir opposée par le défendeur aux pourvois, et fondée sur ce que les arrêts attaqués ont, comme les ordonnances du président du tribunal, statué en état de référé et provisoirement;

« Attendu que ces arrêts, tout en prononçant sur des demandes provisoires en continuation de poursuites, formées par le demandeur en cassation, ont statué sur ces demendes non provisoirement, mais définitivement;

« Attendu que tout arrêt ou toute décision en dernier ressort qui fait définitivement droit, soit sur le fond, soit sur un incident, soit sur une demande provisoire, est susceptible de recours en cassation ; qu'il y a lieu de prononcer sur le pourvoi. »

L'application des principes ressortira mieux encore d'un arrêt de la Chambre des requêtes du 6 novembre 1865 (S. 66, 1, 44. D. 65, 1, 267) qui dans une espèce rejette le pourvoi.

« Attendu qu'il est de principe qu'on ne peut se pourvoir que contre une décision définitive ; — qu'en admettant que tout jugement ou arrêt statuant, même en état de référé, soit susceptible d'un recours en cassation, ce recours n'est recevable qu'autant qu'il est dirigé contre une décision de cette nature ; — attendu en fait que l'arrêt attaqué, rendu sur l'appel d'une ordonnance de référé, n'a rien de définitif ; — qu'en effet l'ordonnance qu'il confirme constate qu'une instance est pendante entre les parties, et qu'il y a lieu, préalablement à toutes poursuites nouvelles, d'attendre l'issue de cette instance jusqu'à ce qu'il ait été définitivement statué sur les prétentions respectives des parties; qu'en cet état le pourvoi n'est pas recevable. »

Ces divers arrêts confirment donc la distinction que j'établissais au début.

Cependant cette jurisprudence n'est pas admise sans réserves, et M. Bazot (p. 402) rapporte la critique faite par M. Bellaigne dans la *Revue pratique*, 1861, t. XII, 554.

« La condition *sine qua non* de tout pourvoi en cassation nous paraît être l'impossibilité absolue de revenir sur la décision attaquée par une autre voie juridique quelconque. Le pourvoi est le recours suprême: c'est la dernière porte ouverte au plaideur qui doit d'abord frapper à toutes les autres. »
L'auteur insiste ensuite sur le caractère essentiellement pro-

visoire de l'ordonnance, bien qu'elle puisse produire des effets irréparables.

Cela ne me paraît pas être la question, et nous savons déjà que l'ordonnance peut, tout en ne préjugeant pas le principal, et en laissant intacts les droits des parties, causer un préjudice.

Ce qu'il faudrait démontrer, c'est que l'ordonnance ne crée jamais un état de choses définitif; or le contraire est bien certain, je l'ai démontré. M. Bazot en rapporte un exemple sur lequel je termine; il suppose que le président refuse à une femme l'autorisation de se pourvoir en séparation de corps, et que la cour confirme. Quelle voie lui est ouverte, sinon le recours en cassation?

Nous en dirions autant de tous les cas d'excès de pouvoir du juge, d'incompétence ou de violation de la loi; il faut poser la même règle pour toutes les décisions qui statuent définitivement sur la question qui leur est soumise, serait-elle de sa nature provisionnelle; mais il y aurait lieu de décider autrement pour toutes les ordonnances prescrivant des mesures préparatoires ou d'instruction. Résumant tout cela, nous dirons que, même en matière de référés, le recours en cassation sera le plus ordinairement ouvert aux parties; le référé constitue souvent en effet le fond d'un procès spécial, fixant définitivement les rapports entre les parties.

CHAPITRE III

LE JUGE DU PRINCIPAL EST SEUL JUGE DU PROVISOIRE.

Section I. — Affaires de justice de paix.

Le juge des référés est incompétent pour connaître des matières qui ressortissent de la compétence des juges de paix.

Il semblerait au premier abord que la question n'aurait même pas dû se poser : si l'on rapproche en effet les textes qui règlent la procédure devant les justices de paix et ceux du titre des référés, il apparaît que les mêmes facilités sont données pour arriver immédiatement pour ainsi dire à une décision.

Or, nous avons vu que c'était par suite des lenteurs qui peuvent compromettre les droits des justiciables, et pour les éviter, que le législateur a créé la juridiction des référés; c'est l'urgence qui seule motive la compétence du président, les autres principes résultant des textes étant plutôt des correctifs du pouvoir exorbitant laissé au président, que des éléments déterminatifs de sa compétence.

Je dirais volontiers que le référé n'apparaît que comme une ressource extrême, à laquelle on ne doit recourir qu'au cas de nécessité absolue; telle était la pensée du législateur, son désir étant d'ailleurs, comme dans l'ancien droit, qu'il n'y ait pas deux instances consécutives, l'une destinée à trancher le provisoire, l'autre le fond du débat (*Trav. prép. Dict. de jurispr.*, mot Référé, *in fine*).

Par suite, toutes les fois que le Code a créé des modes rapides de procéder, on devrait dire qu'il n'y a pas lieu d'en référer au président.

Or cette procédure est réglée pour les justices de paix (C. pr. c.).

Art. 5. « Il y aura un jour au moins entre celui de la citation et le jour indiqué pour la comparution... » Nous savons que la pratique a admis la même règle pour les référés.

Art. 6. « Dans les cas urgents, le juge donnera une cédule pour abréger les délais et pourra permettre de citer même dans le jour et à l'heure indiquée » (Rapp., art 808, le président pourra permettre d'assigner... à heure indiquée).

Art. 8. « Ils pourront juger tous les jours, même ceux de dimanche et fêtes... » (Rapp., art. 808, même les jours de fêtes...)

A la simple lecture des textes, on pourrait donc croire la question résolue; l'article 806 est-il tellement compréhensif, qu'il vise même les cas prévus déjà par l'article 6 cité ci-dessus? Je ne saurais l'admettre, car il est difficile d'y voir quelque élément nouveau de distinguer.

Cependant la question s'est posée; elle a même été consacrée par plusieurs arrêtés de cours d'appel, et elle a pour elle d'avoir été soutenue par l'autorité incontestable de M. Bazot dans son traité récent (V. p. 187, s.).

Cette question s'est posée même devant la Cour de cassation, à l'occasion d'un arrêt de la Cour d'Amiens du 22 décembre 1869, qu'il importe de citer : « Considérant qu'une disposition de la loi générale et absolue donne au président du tribunal de première instance le droit de statuer sur tous les cas d'urgence, par des ordonnances dont le caractère essentiel est de ne faire aucun préjudice au principal ; — qu'en dehors des matières administratives auxquelles les principes de la séparation des pouvoirs la rend inapplicable, la procédure des référés a dans son domaine tous les intérêts civils, nécessitant provisoirement une décision urgente, quelle que soit d'ailleurs la juridiction compétente pour statuer au fond ; que ni le texte, ni l'esprit de la loi, ne permettent en effet d'établir une distinction entre les litiges du ressort de la justice de paix et les litiges du ressort des tribunaux civils, les nécessités dont le législateur a tenu compte en ouvrant aux parties la voie du référé se révélant également dans les deux classes de contestations ; — considérant que pour ce qui concerne particulièrement les dommages aux champs et récoltes, on chercherait vainement une dérogation au droit commun, soit dans la loi du 25 mai 1838, qui détermine la compétence des juges de paix comme juges du fond, soit dans les articles 41 et 42 du Code de procédure civile, qui tracent des règles de nature à hâter la solution du débat ; — que ces diverses prescriptions légales, motivées par des situations différentes de celles que prévoit l'article 806 du Code de procédure civile, inspirées par des considérations d'un autre ordre, édictées en vue d'un autre résultat, laissent intacte la faculté, pour la partie qui se prétend lésée, de provoquer une des mesures provisoires et urgentes dont l'appréciation appartient au président du tribunal de première instance ; — considérant que la demande des sieurs Decroix et autres tendant à la constatation par expert de dommages que le gibier de la forêt d'Halatte aurait causés aux récoltes est du 7 juillet dernier ; — que rapproché de l'objet de la demande, sa date justifie suffisamment l'urgence qui s'attachait aux réclamations produites. »

M. Bazot, qui donne toute approbation à la doctrine de cet

arrêt, mais qui, je le crains bien, n'a été entraîné à soutenir cette thèse que pour adopter le système qu'il avait précédemment exposé dans son traité, relativement aux référés en matière commerciale, insiste sur les diverses raisons de décider en ce sens; voici l'argumentation :

1° L'article 806 est général; dans tous les cas d'urgence il y a lieu à référé; or « la rédaction de l'article serait plus que singulière » si l'on en exceptait certains cas tels que les matières de la compétence du juge de paix. — M. Bazot ajoute : « La généralité de ces termes est d'autant plus saisissante que les mots qui suivent : difficultés relatives à l'exécution d'un jugement s'appliquant sans conteste aux jugements rendus par les juges de paix. » Malheureusement M. Bazot commet ici une confusion, ainsi que nous allons le voir.

2° L'article 806 vient après le titre consacré aux justices de paix. Cette disposition couvre par suite l'ensemble de la législation et achève de la compléter.

3° Pourquoi le législateur n'a-t-il pas créé par un texte spécial le référé en matière de justice de paix, sinon parce qu'il a donné plénitude de juridiction sur ce point au président du tribunal?

4° D'ailleurs le référé présente certains avantages qui lui sont propres, et que n'ont pas les jugements de justice de paix : 1° moins de frais, 2° plus de rapidité, 3° l'exécution provisoire nonobstant appel; l'impossibilité d'y former opposition.

5° Enfin il peut être nécessaire d'obtenir une décision provisoire; or la distinction du provisoire et du principal est en soi extrêmement délicate; cette mission exige beaucoup de lumières et de tact. Peut-on espérer que les juges de paix observeront toujours la mesure exacte?

Il faut bien reconnaître que ces raisons ne sont pas péremptoires.

L'argument que l'on tire de la prétendue généralité de l'article 806 visant *tous les cas d'urgence* ne me démontre absolument rien : car je ne puis comprendre que le même mot que nous avons déjà vu dans l'article 6, spécial aux justices de paix, ne puisse avoir à cet endroit du Code la même portée qu'au

titre des référés : où trouver le moindre élément de distinction?
Aussi M. Bazot n'a pas cherché à l'établir, il s'est borné à omettre de citer l'article 6 C. proc. civ.

D'autre part M. Bazot tire argument de ce que le président du tribunal connaîtrait certainement des difficultés qui pourraient s'élever sur l'exécution des jugements de justice de paix. Mais loin d'être un argument contre le système que je soutiens, c'en est là précisément une application ; c'est un principe en effet que les tribunaux d'exception ne connaissent pas de l'exécution de leurs jugements, laquelle rentre dans la compétence des tribunaux civils (Garsonnet, § CLXVI et note 3). Or, le président du tribunal suit les mêmes règles de compétence que le tribunal lui-même ; c'est donc lui qui devra connaître de cette exécution. C'est qu'en effet au point de vue rationnel le jugement une fois rendu et devenu définitif, n'appartient plus à l'autorité judiciaire de qui il émane ; c'est un titre de créance ayant son existence propre, indépendamment de la cause qui a pu lui donner naissance : et comme ce titre est exécutoire, il appartiendra au président du tribunal d'en connaître par application de la deuxième partie de l'article 806 ; et c'est pour cela même que son pouvoir est seulement d'assurer provision au titre, s'il est régulier, sans jamais entrer dans l'examen de son origine. Nous ne sommes donc plus en matière de justice de paix.

L'argument tiré de la place qu'occupe le titre des référés dans le Code de procédure ne prouve rien ; c'est là souvent un argument de pis aller et c'est le cas. Il semble bien en effet que le Code de procédure, en consacrant un livre spécial aux justices de paix, ait voulu régler sous ce titre toute la procédure en cette matière.

La thèse de M. Bazot pourrait peut-être apparaître comme mieux fondée en se basant sur les avantages spéciaux du référé ; cependant ici encore il ne faudrait pas exagérer la portée de ces avantages.

D'une part il est inexact de dire que les frais sont moindres en référé ; et sans vouloir rapprocher les articles de tarif relatif à chaque matière (V. Décret 16 février 1807, art. 9 et 11 rappr. des art. 21 et suiv.), on peut dire que les frais ordinaires d'une ordonnance de référé s'élèveront à 70 ou 80 francs, alors que ceux d'un jugement de justice de paix seraient de moitié environ. Les ordonnances de référé présentent d'ailleurs l'inconvénient de ne pas prononcer de condamnation aux dépens; de sorte que le demandeur devra, même au cas où il réussirait dans sa demande, soit introduire une action principale relativement aux dépens, soit les supporter lui-même, ce qu'il fera ordinairement.

Ce qu'il aurait fallu établir, c'est que le référé présente plus de rapidité que la procédure en justice de paix. Or, M. Bazot ne l'a pas démontré. « Il suffit, dit M. Boulanger en note à l'arrêt de cassation du 18 décembre 1872 que j'aurai l'occasion de citer, de se reporter aux dispositions qui règlent les deux procédures pour qu'il ne puisse exister à cet égard aucune hésitation. Quelque expéditives que soient les formes établies pour les référés, il est évident qu'elles ne sauraient se comparer à une procédure qui permet au juge de paix qui se trouve le plus à proximité des parties, de les faire citer sur l'heure, même les jours fériés, et de prescrire ainsi presque instantanément les mesures que l'urgence rendra nécessaires.

« Ajoutons qu'en admettant même que ces procédures fussent aussi rapides l'une que l'autre (ce qui n'est pas), la préférence devrait être donnée à celle qui présenterait le plus de garantie aux parties. Or n'est-il pas évident, comme nous le disions plus haut, qu'il sera toujours préférable, pour la bonne administration de la justice, de laisser, à moins de nécessité absolue, le juge du fond prescrire, s'il les considère comme utiles, ainsi qu'il le croira convenable, les mesures provisoires de l'exécution desquelles il devra plus tard connaître? S'il juge nécessaire d'ordonner l'expertise : d'une part il en chargera des hommes en qui il aura confiance, ce qui pour le jugement du fond lui donnera une grande sécurité; d'autre part la loi lui permet d'assister à cette opération; elle l'engage même à le faire, et l'expérience prouve que dans la plupart des cas où le juge de paix se transporte sur les lieux avec les experts, les différends se règlent sans qu'il soit nécessaire de dresser un rapport. Dans le cas même où le dépôt d'un rapport devient indispensable, on comprend à quel point la facilité qu'aura eue le juge de suivre les opérations de l'expertise sera de nature à l'aider pour le jugement du fond. »

Comme le fait très bien remarquer M. Boulanger, ces avantages disparaissent si l'expertise est ordonnée en référé ; les frais s'augmenteront, et l'on aura en outre à craindre le conflit possible entre deux juridictions statuant l'une au provisoire, l'autre au fond, si par exemple le juge de paix peut ne pas croire à l'utilité de la mesure d'instruction ordonnée par le président, avec cette considération qu'une juridiction domine l'autre ; « de là peut-être, pour le juge inférieur, un trouble et une entrave à la parfaite appréciation de la vérité. »

C'est là une réponse suffisante aux objections de M. Bazot, notamment à la prétendue difficulté de confier au juge de paix la distinction du provisoire et du principal. A peine insisterai-je pour démontrer maintenant que l'inconvénient résultant de ce que les jugements de justice de paix sont susceptibles d'opposition et d'appel pendant un mois, sans être, comme les ordonnances de référé, exécutoires par provision, n'est pas sérieux.

D'une part le délai d'opposition, qui n'est que de trois jours (a. 20), compromet-il sérieusement les droits des parties ? — Ne pourrait-on même pas dire que le danger des ordonnances de référé est dans l'impossibilité d'y former opposition ?

En ce qui concerne l'exécution provisoire, l'article 11, Loi 1838, porte que le juge peut l'ordonner sans caution lorsque la somme n'excédera pas 300 francs, et avec caution au-dessus de cette somme. Ne semble-t-il pas au contraire que ce texte, s'en référant à l'appréciation du juge, règle mieux encore que le texte du titre de référé les diverses situations qui peuvent se présenter ?

Quant au délai d'appel, il importe peu, étant donnée la faculté pour le juge d'ordonner l'exécution provisoire.

J'arrive donc à conclure que les règles du Code relatives aux justices de paix se suffisent à elles-mêmes. Les avantages résultant de cette unité de juridiction n'échappent à personne ; aussi M. de Belleyme revient à deux reprises différentes sur cette idée (t. 1, p. 397 ; t. II, p. 176), et se décide en faveur du système

11

que je propose. C'est ce que décident également MM. Carré et Chauveau (t. VI, n° 2763 ; Supplément, t. I, p. 39 ; Rodière, t. II, p. 368. Cf. Darnaud, *Référés*, p. 22).

Jurisprudence. C'est aussi la doctrine de la Cour de cassation dans son arrêt du 18 décembre 1872 (S. 1873, 1, 153) :

« La Cour, vu les articles 806 et 807 du Code de procédure ;

« Attendu que ces articles, placés sous la rubrique *des réfé-rés*, ne sauraient s'appliquer aux matières dont les juges de paix doivent connaître suivant la loi de leur institution ;

« Que pour ces matières, en effet, il a été particulièrement pourvu aux cas d'urgence par l'article 6 du même Code concernant les justices de paix ; que c'est cet article seul qui régit la procédure à suivre en pareil cas, et qu'il se borne à permettre alors une abréviation de délais ;

« Que le législateur n'a pas voulu ouvrir la voie du référé pour des contestations qui, ressortissant aux justices de paix, peuvent être vidées immédiatement et presque sans frais par le juge du fond ;

« Attendu qu'il s'agit dans l'espèce d'un prétendu dommage causé aux champs et récoltes par des animaux, et qu'aux termes de l'article 5, § 1, de la loi du 25 mai 1838, cette matière rentre dans les attributions exclusives des juges de paix, d'où il suit qu'en jugeant que le tribunal civil avait pu compétemment ordonner une expertise, pour constater et évaluer le dommage dont il s'agissait, l'arrêt attaqué a faussement appliqué, et par conséquent violé les articles ci-dessus... »

Cette jurisprudence a été suivie depuis par de nombreux arrêts de Cours d'appel (Nancy, 7 décembre 1872, D. 73, 2, 27 ; Aix, 20 janvier 1873, D. 76, 2, 68). Cet arrêt de la Cour d'Aix porte que, en admettant même que le pouvoir du président ne soit pas une délégation du tribunal civil, il n'en constitue pas moins un démembrement ; d'où les mêmes règles quant à sa compétence (V. aussi Paris, 2ᵉ ch., 15 mars 1875. *Le Droit*, 1ᵉʳ mai 1875).

Un arrêt récent de la Cour de Paris (7ᵉ ch.) du 14 novembre 1884 (*Gazette des Tribunaux*, 14 janvier 1885) a consacré la même doctrine : « Considérant qu'il s'agit d'une expulsion en vertu d'un congé contesté, et que la location annuelle est de 300 francs ; qu'aux termes de l'article 3 de la loi du 25 mai 1838 et de la loi du 2 mai 1855, cette matière rentre dans les attributions exclusives des juges de paix ;

« Que le juge de l'action principale est seul compétent pour connaître des mesures provisoires qui s'y rattachent, et que pour les matières de la compétence des juges de paix, la loi a pourvu aux nécessités urgentes par une disposition spéciale. »

Nous trouvons dans cet arrêt la formule du principe ci-dessus visé, que le juge compétent pour statuer sur le fond d'une action l'est seul pour connaître des mesures provisoires (V. Cassat., 13 juillet 1871, D. 1871, 1, 83).

Enfin dans ce sens encore on peut citer un arrêt de la Cour de cassation, Ch. req. du 24 juillet 1884, qui résout implicitement la question dans le même sens (D. 1885, 1, 361).

Section II. — **Matières commerciales.**

Le président du tribunal civil est incompétent pour connaître en référé des affaires commerciales.

Premier système. — On a donné, pour soutenir la doctrine de la compétence du président du tribunal civil en matière commerciale, des raisons analogues à celles sur lesquelles on s'appuyait pour faire admettre la compétence du président en matière de justice de paix. Dans son traité p. 182 et suiv., M. Bazot, qui soutient cette thèse, se borne à affirmer que le président du tribunal civil est compétent, et il cite plusieurs arrêts dans ce sens (Nancy, 6 juillet 1850, S. 51, 2, 15 ; Douai, 20 janvier 1852, S. 52, 2, 238 ; Rouen, 3 décembre 1867, S. 68, 2, 226). Je vais reproduire ce dernier arrêt qui résume cette thèse, afin de fixer la discussion.

« Attendu, dit la Cour de Rouen, que les tribunaux civils sont les juges du droit commun dans la contestation d'intérêt privé, tandis que les tribunaux de commerce sont des juges d'exception pour les seules matières commerciales, et dans les limites expressément tracées par la loi ; — Attendu que de cette distinction il suit naturellement que tout ce qui n'a pas été placé sous la juridiction de ces tribunaux appartient à celle des tribunaux civils ; — Attendu que c'est dans cet esprit qu'ont été conçus les articles 806 et 807 du Code de procédure au titre des référés, qui ont constitué le président du tribunal de première instance juge provisoire des difficultés élevées entre les parties *dans tous les cas d'urgence,* sans aucune distinction entre les matières civiles et les matières commerciales ; — Qu'il n'est pas permis de distinguer là où la loi ne distingue pas ; — Attendu d'ailleurs qu'aucune disposition analogue ne confère une semblable juridiction au président du tribunal de commerce, dont tout le pouvoir, aux termes des articles 417 et 418, se borne à rendre des ordonnances portant permission, soit d'assigner à bref délai, soit de pratiquer la saisie d'effets mobiliers avec ou sans caution, ou sur justification de solvabilité suffisante ; — Qu'un pouvoir aussi limité est loin de répondre aux nécessités de l'urgence, l'assignation à bref délai devant un tribunal consulaire n'assurant pas une décision immédiate comme la citation en référé ; — Qu'on ne saurait donc admettre que, dans les matières commerciales, plus urgentes de leur nature que les matières civiles, le référé fût interdit ; — Que la conséquence en est que le président du tribunal de première instance, seul investi de cette juridiction, est compétent pour statuer dans tous les cas d'urgence que les affaires commerciales peuvent présenter ; — Qu'en outre les articles 806 et 808, placés à la fin de cette première partie du Code qui concerne la procédure devant les tribunaux, couvrent évidemment l'ensemble de la législation et achèvent de la compléter... »

M. Bazot rapporte, à l'appui de cette thèse, les paroles prononcées par M. l'avocat général Garnier ; voici les raisons proposées :

1° Raison de texte, a. 57 du décret du 30 mars 1808 : « Le président du tribunal (civil) tiendra l'audience des référés à laquelle seront portés tous les référés *pour quelque cause que ce soit.* »

Cet argument est-il bien démonstratif ? J'en rapprocherais volontiers l'article 60 du même décret : « Les référés renvoyés à l'audience sont réservés à la Chambre où le président siège habituellement. » Il semble bien que le décret ne prévoit que des sortes d'affaires pouvant être renvoyées devant le tribunal civil, c'est-à-dire des affaires civiles.

2° « Le titre des référés, fait remarquer M. Garnier, vient à la suite des trois premiers livres qui concernent toutes les juridictions. Il suit de là que la juridiction des référés, créée pour statuer provisoirement sur tous les cas d'extrême urgence, s'applique à toutes les juridictions. »

C'est conclure beaucoup trop vite ; et je rappelle ce que j'ai dit déjà à ce sujet à l'occasion des affaires de justices de paix. Mais, même au point de vue du Code, voyons donc quelle a été la pensée du législateur. Dans les trois premiers livres il règle les divers degrés de juridiction ; du livre IV aucun argument à tirer ; puis dans le livre V il s'occupe de l'exécution des jugements. Or le dernier titre de ce livre devait évidemment être consacré aux référés. Nous avons vu en effet par l'exposé historique ci-dessus, que dans l'ancien droit, et peut-être même dans la pensée du législateur moderne, le référé était et devait être surtout une garantie pour l'exécution régulière des jugements ; cela se voit mieux encore si l'on se reporte à la séance du 11 avril 1806 où le tribun Réal fait son exposé de motifs au Corps législatif ; après avoir étudié l'emprisonnement du débiteur, c'est-à-dire les voies d'exécution des jugements, il nous montre comment le débiteur peut demander à en référer au président : « les jugements sur référés introduits par la seule force des choses avaient besoin d'être mieux définis et régularisés. C'est ce qui a été fait par le titre qui termine cette partie du Code (les référés) » (V. aussi Boitard, n° 1066). C'est donc accessoirement, et seulement parce que les formes de procéder se trouvent les mêmes, que l'on traite, à cet endroit du Code, *des cas d'urgence,* lesquels sont en fait, comme nous l'avons vu, susceptibles seulement de mesures conservatoires. Leur vraie place était au titre des ajournements, à côté de l'article 72 du Code de procédure civile : Pigeau l'a si bien compris que dans son traité il met en relief la distinction de la célérité et de l'urgence, et cela à propos de *la demande en justice.* Mais le législateur devait, se bornant à réglementer la pratique ancienne, traiter des référés, à propos de l'exécution des jugements : nous savons déjà que l'exécution de tous les jugements appartient aux tribunaux civils (Garsonnet, § 166, p. 69), et qu'il ne faudrait pas conclure en faveur de la compétence commerciale, de ce que le président des référés connaîtrait de l'exécution d'un jugement du tribunal de commerce. Ce serait là une grave confusion ; car le président statuant en référé sur ces difficultés obéit aux mêmes principes de compétence que le tribunal civil lui-même (442, Pr. civ.). C'est le droit commun. — Mais faut-il aller à conclure de la simple rédaction de l'article, lequel a réuni, pour une simple analogie de procédure et de formes, dans une même disposition, ces deux choses si différentes quant au but poursuivi, comme nous l'avons vu, à savoir les cas d'urgence et les difficultés d'exécution des actes, que la première partie de ce texte « couvre l'ensemble du Code et complète la législation ? » Il aurait fallu pour cela une disposition plus explicite.

3° Le troisième argument consiste à dire que le tribunal de droit commun étant le tribunal civil, étant donné en outre que la compétence des tribunaux d'exception ne peut s'étendre en dehors des cas formellement prévus par un texte, il faut dire que, dans tous les cas d'urgence en matière commerciale, il faudra, en l'absence de texte, s'adresser au président du tribunal civil, pour les mesures provisoires faisant l'objet d'un référé. Le président peut et doit statuer.

On ajoute, et cela pourrait même paraître un autre argument, que les cas d'urgence seront plus nombreux en matière commerciale qu'en matière civile. « La promptitude n'est-elle pas le principal ressort des affaires commerciales, et un commerçant, pour qui le temps est de l'argent, n'a-t-il pas plus qu'un autre besoin de voir abréger les procès qu'il n'a pu éviter ? » (M. Bazot, *loc. cit.*)

« Il est des cas tellement urgents, disait dans le même sens M. Garnier, qu'on n'aurait pas même le temps de réunir à bref délai les juges composant le tribunal compétent, ou de se rendre au siège de ce tribunal. Les articles 416 et 417 ne pourvoiraient pas suffisamment aux nécessités d'une justice prompte; ces articles s'appliquent exclusivement au fond du procès, et d'ailleurs il sera toujours plus difficile de réunir de jour à jour et d'heure à heure trois magistrats au moins, que d'obtenir la décision d'un seul. »

Peut-être enfin les partisans de ce système auraient-ils pu tirer argument de la pratique ancienne. L'article 6 de l'édit de 1685 donnait en effet compétence au lieutenant civil pour connaître et donner mainlevée de marchandises prêtes à être envoyées et dont les voituriers sont chargés ou qui peuvent dépérir. Je n'ai pas vu toutefois qu'on ait reproduit cet argument.

Deuxième système. — Il faut bien reconnaître cependant que ces raisons ne sont pas décisives, pour déterminer la compétence du président du tribunal civil. L'administration d'une bonne justice exige en effet que chaque juridiction ait des attributions nettement déterminées et parfaitement distinctes. Aussi le législateur a-t-il distingué avec soin les matières devant ressortir à chacune des juridictions créées par les lois d'organisation judiciaire. Pour être réelle et complète, cette répartition doit porter non seulement sur la décision finale du litige, mais encore sur les mesures d'urgence, de constat ou d'instruction à prendre au cours de l'instance ou avant son introduction dans la forme ordinaire ; la nécessité d'une séparation de compétence pour toutes les phases de la procédure a paru si évidente, qu'elle a été érigée en principe par la doctrine sous cette formule : « Le juge de l'action principale est seul compétent pour connaître des mesures provisoires qui s'y rattachent » (V. note du Dalloz, sous l'arrêt de 1872).

M. Bertin (nos 214 et s.) a fort bien fait ressortir cette idée : « Si les référés qui se produisent en matière commerciale devaient être déférés au président du tribunal civil, il en résulterait de bien graves inconvénients ; comment pourrait-il en être autrement alors que l'appréciation de la même question serait soumise à des juridictions différentes ? — La diversité des appréciations s'est produite notamment en matière de saisie conservatoire. Le président du tribunal de commerce a, conformément à l'article 172 du Code de commerce, autorisé sur requête une saisie conservatoire. Assignation en référé devant le président du tribunal civil ; ordonnance qui fait mainlevée

de la saisie. — La demande principale a dû être portée devant
le tribunal de commerce, de sorte qu'une affaire qui débute au
tribunal de commerce se continue au tribunal civil et revient
au tribunal de commerce. Il est facile de voir que ces pérégri-
nations d'une juridiction à une autre sont peu favorables à la
concordance si désirable entre les décisions judiciaires qui
interviennent sur la même affaire. »

Voilà des raisons générales de décider contre la compétence
du président du tribunal civil ; et si maintenant, pour répondre
aux arguments présentés en faveur du premier système, on se
reporte soit à la discussion du titre des référés, soit aux nombreux textes du Code de commerce relatifs aux cas urgents, on
voit que l'intention du législateur a été de créer pour les affaires
commerciales un ensemble de dispositions se suffisant à elles-
mêmes.

Le tribun Réal : « Quelques personnes ont paru craindre
qu'il ne fût facile d'abuser des cas d'urgence, et de porter sous
cette dénomination à l'hôtel du président ou à l'audience des
référés des contestations qui devraient être portées à l'audience
ordinaire du tribunal. » Ne semble-t-il pas qu'il doive s'agir
des mêmes affaires, c'est-à-dire des affaires civiles ?

J'ai déjà cité l'article 60 du décret de 1808 relatif aux référés
renvoyés à l'audience où le président siège habituellement. Cela
se réfère évidemment au Président du tribunal civil, car les
tribunaux de commerce n'ont jamais qu'une seule chambre.

Enfin, puisqu'on invoque un argument tiré de ce que les tribunaux de commerce sont des tribunaux d'exception, et comme
tels ne doivent connaître que des matières pour lesquelles un
texte formel leur donne compétence, je me borne à rappeler
aussi que la juridiction des référés, elle aussi, est exceptionnelle.

Trouvons-nous alors des règles pouvant militer en faveur de
la compétence du juge des référés en matière commerciale ?
Loin de là, car il y a dans les textes tout un ensemble de dispositions réglementant la procédure à suivre en ce cas.

Souvenons-nous tout d'abord que si le référé a pu se développer à cause des lenteurs résultant de la procédure en matière
d'affaires civiles, ces mêmes lenteurs ne sont pas à craindre

pour les affaires commerciales. Il n'y a pas de préliminaire de conciliation (Art. 49, Pr. civ.), pas de constitution d'avoué, etc. ; du jour au lendemain, et même d'heure à heure, le demandeur peut assigner ; ces mesures toutes spéciales à la procédure commerciale indiquent bien la pensée du législateur ; il suffit de rapprocher du titre des référés les articles sur la demande en justice pour les affaires commerciales.

L'exécution des jugements des tribunaux de commerce sera facilement ordonnée par provision (Art. 39) et même sur minute. La jurisprudence est constante (Req., 27 janvier 1858, D. P. 58, 1, 158 ; 3 avril 1872, D. 73, 1, 25). D'ailleurs, à côté des règles qui permettent aux tribunaux de commerce de statuer avec une grande célérité sur le fond même des procès, le législateur a donné au président du commerce des pouvoirs très étendus pour arriver d'urgence à conserver des intérêts menacés par les agissements mêmes de la vie commerciale. Les articles 417 C. p. civ. et 172 C. com. (Ord. 1667, t. XIV, art. 14) donnent au président du tribunal de commerce le pouvoir d'autoriser les saisies conservatoires. En vertu de ces articles le président du tribunal de commerce (Bertin, n° 452. — V. toutefois sur la compétence du président du tribunal civil, de Bell., t. I, p. 246) peut, au cas de péril, autoriser un créancier à saisir les effets mobiliers de son débiteur, et ce, sans titre exécutoire. On admet même qu'il pourrait autoriser une saisie entre les mains des tiers (Bertin, n° 435 ; Bazot, p. 349). Le créancier qui a obtenu cette permission devra aussitôt assigner son débiteur devant le tribunal de commerce ; mais les objets saisis sont dès maintenant dans la main de la justice. Ce droit peut paraître considérable, mais n'oublions pas que, comme garantie contre le créancier, la loi donne au président le droit d'exiger une caution. De plus la loi prévoit formellement que cette ordonnance est susceptible d'opposition et d'appel (417, *in fine*, sur le droit d'opposition. V. Bazot, p. 348 et Bertin).

Si nous remarquons que la saisie conservatoire n'existe pas en matière civile ; qu'elle permet d'atteindre les effets mobiliers et les marchandises de tous les tireurs, accepteurs et endosseurs (Art. 172, C. com.) tant entre leurs mains qu'aux mains des tiers ; si nous considérons aussi la nature de la plupart des affaires commerciales qui sont très simples ordinairement, et tendent à une condamnation pécuniaire souvent non contestée, on verra que cette saisie autorisée par le législateur sera la meilleure des garanties qu'il pouvait procurer aux commerçants, lesquels ne craignent ordinairement que de voir disparaître le gage qui leur inspirait crédit.

Il suffirait d'ailleurs de parcourir le Code de commerce pour voir que la loi a prévu la plupart des difficultés urgentes.

En matière de société, l'article 51 du Code de commerce porte que toute contestation entre associés sera jugée par arbitres. Nous verrons bientôt que le président du tribunal civil serait incompétent en cette matière.

L'article 106 prévoit une nomination d'experts pour la réception d'objets transportés. Cette nomination se fait par ordonnance rendue sur simple requête.

Les articles 151 et 152 prévoient le cas où une lettre de change acceptée est perdue; on peut en exiger le payement sur une deuxième ou une troisième sur ordonnance du juge (Cf. ord. 1673).

En matière maritime il y a également une série de dispositions (V. art. 192, n° 3 ; art. 233 ; art. 243 ; art. 246, etc.)

En ce qui concerne les faillites, il ne saurait y avoir de question ; les articles 452 et 453 donnent toute compétence au juge commissaire, pour statuer sur les difficultés qui se présentent, celui-ci agissant sous le contrôle et la direction du président du tribunal de commerce. Enfin on peut ajouter les art. 606, 607 et 609 réglant les attributions du président du tribunal de commerce en matière de réhabilitation.

Ces diverses dispositions suffisent-elles dans tous les cas? Peut-être peut-on soutenir que non ; mais on ne saurait certainement se méprendre sur l'intention du législateur.

Et d'ailleurs il ne faudrait pas exagérer les inconvénients qui peuvent résulter de ce système, ni argumenter de ce qui se passe en matière civile. C'est qu'en effet le champ d'application du référé en matière commerciale est plus restreint, en ce sens qu'il ne saurait s'appliquer aux référés sur procès-verbaux d'exécution. J'ai déjà dit que les tribunaux d'exception ne connaissaient pas de l'exécution de leurs jugements ; ils sont dessaisis de l'affaire aussitôt le jugement rendu (Art. 452, Pr. civ.). Par suite il est évident que si des difficultés s'élèvent sur l'exécution de ce jugement, le président du tribunal civil sera compétent, et ce, d'après les règles générales de sa compétence (Darnaud, *Référés*, p. 29). Il en serait de même de l'exécution des jugements de justices de paix (Darnaud, *ibid.*).

Il convient, bien entendu, de ne pas exagérer la portée de cette règle ; car, ainsi que le fait remarquer M. Alauzet dans son commentaire du Code de commerce, l'interdiction dont sont frappés les tribunaux de commerce pour connaître de l'exécution de leurs jugements, ne s'étend pas à la connaissance des oppositions à ces jugements ni sur le droit de statuer sur la régularité d'opérations d'expertise, de comptes, de vérifications faites en vertu de jugements préparatoires et interlocutoires ; ni au droit de connaître des erreurs, des omissions ou doubles emplois dans les comptes qui leur auraient été soumis, ou de prononcer sur la solvabilité d'une caution qui leur est soumise (Pardessus, 4, 185 ; Carré et Chauveau, Q. 1551 *bis*). Il faut dire, dans le même ordre d'idées, que quand il s'agit d'interpréter le jugement, c'est le tribunal de commerce qui est compétent (Cass., 17 mai 1825 ; Dall., Rép. Compet. comm., 385).

Or le juge des référés, obéissant aux mêmes règles de compétence que le tribunal, devra s'inspirer de ces principes lorsque le jugement sur l'exécution duquel seront soulevées des difficultés émancra d'un tribunal consulaire (Carré et Chauveau, Q. 2754 *ter*).

La jurisprudence a d'ailleurs une tendance à apporter un tempérament considérable à la rigueur du principe ci-dessus. Elle considère que l'incompétence du président du tribunal civil à connaître en référé des matières commerciales ne serait qu'une incompétence *ratione personæ ;* la conséquence qu'elle en tire, c'est que cette exception doit être proposée *in limine litis* et avant l'examen du fond (Paris, 1re ch., 19 janvier 1882, S. 83, 2, 127). « La cour : sur l'exception d'incompétence : considérant que pour les matières que le Code de procédure civile soumet à sa compétence, le juge des référés participe de la plénitude de juridiction qui appartient au tribunal civil ; qu'en supposant qu'il soit incompétent pour statuer sur des matières commerciales, cette incompétence n'est ni absolue ni d'ordre public ; qu'elle doit donc être proposée préalablement à toutes autres exceptions et défenses.... » (Voir aussi arrêt cour de Paris, 1er avril 1881 ; Caisse générale des rentiers contre la Société des asphaltes ; *Le Droit*, 9 avril 1881. *Revue générale de droit et de législation*, 5, 1881).

Cette théorie de la jurisprudence n'est qu'un cas d'application du principe général qu'elle a adopté, à savoir, que les tribunaux civils ayant la plénitude de la juridiction ne sont incompétents que *ratione personæ* à l'égard des affaires dont la loi attribue la connaissance aux juges de paix et aux tribunaux de commerce. Ce système, qui ne repose guère que sur des raisons d'utilité, a du moins, en ce qui nous concerne, l'avantage d'enlever plus de force encore aux plaintes formulées par les partisans de l'opinion que j'exposais en premier lieu (V. Garsonnet, t. I, p. 654).

Dans le même ordre d'idées, M. de Belleyme décidait déjà que si les parties avaient accepté la juridiction des référés, le juge peut statuer valablement, et l'appel n'est pas recevable pour incompétence (Paris, 21 juillet 1853. De Bell., p. 389).

Troisième système. — En dehors de ces deux systèmes, l'un qui reconnaît, l'autre qui dénie au président du tribunal civil le droit de connaître en référé des affaires commerciales, ce dernier système ayant, selon quelques arrêts, le tempérament que je viens d'indiquer, M. Bertin, dans son *Traité sur les référés* (t. II, p. 150 et suiv.), formule un autre système, d'après lequel il appartiendrait au président du tribunal de commerce de tenir des audiences de référé, pour les cas d'urgence en matière commerciale.

Et il donne un argument de texte : que dit en effet l'article 807 du Code de procédure civile, ainsi d'ailleurs que l'article 57 du décret de 1808 ? « La demande sera portée à une audience tenue par le président du tribunal de première instance... » Or, le président du tribunal de commerce est bien président d'un tribunal de première instance (n° 208).

Ceux qui voudraient écarter sa compétence, dit-il, ajoutent dans la loi un mot qui ne s'y trouve pas, en disant président du *tribunal civil*. Cette exigence ne se motive pas.

Voudrait-on objecter qu'aux termes de l'article 442 du Code de pr. civ. les tribunaux de commerce ne connaissent pas de l'exécution de leurs jugements? que par suite le président du tribunal de commerce ne saurait être compétent? Mais il faut ne pas oublier que le titre des référés se suffit à lui-même, et que le droit absolu du président y est consacré, de sorte que le président peut connaître de difficultés pour lesquelles le tribunal ne serait pas compétent.

Déjà, dans son 1er volume (n° 454), M. Bertin avait, à propos de la saisie conservatoire, posé les mêmes règles de compétence du président du tribunal de commerce statuant en référé, ce qui était une confusion, ainsi que nous l'avons vu.

M. Bioche (n° 253) dit que le président doit faire convoquer les parties, à un jour et une heure qu'il indique, sans toutefois tenir audience. Mais ce n'est plus là un véritable référé.

La thèse proposée par M. Bertin, qui ne se base que sur une interprétation littérale et même un peu forcée du texte de la loi, n'a pas prévalu dans la jurisprudence ni dans la pratique (V. M. Bertin lui-même, n° 230; M. Darnaud, p. 35). Les arrêts qu'il paraît citer en sa faveur ne prouvent absolument rien : il suffit de s'y reporter. D'ailleurs la conséquence qu'il tire lui-même de son système, à savoir, que le président du tribunal de commerce pourrait avoir des pouvoirs que n'aurait pas le tribunal, en ce qui concerne l'exécution des jugements, suffit à démontrer que ce système n'est pas juridique. Il est contraire d'ailleurs à la pratique de l'ancien droit et aux travaux préparatoires.

La cour d'Aix, dans un arrêt récent du 18 décembre 1883, a d'ailleurs jugé que le président d'un tribunal de commerce n'a pas le droit de statuer en référé. Des ordonnances ainsi rendues seraient nulles (*La Loi*, 2 février 1884).

Jurisprudence. — La jurisprudence paraît maintenant fixée dans le sens de l'incompétence du président du tribunal civil

« Attendu, dit la Cour de Paris, que le juge de l'action principale est seul compétent pour connaître des mesures provisoires qui s'y rattachent » (Paris, 12 décembre 1843. Bertin, p. 153).

Et la Cour de Cassation, dans un arrêt de la chambre civile du 1er décembre 1880 (D. 1881, 1, 5; S. 1881, 1, 147; *Courrier des Tribunaux*, 28 décembre 1880), a donné l'appui de son autorité à ce même système :

« La Cour : attendu en principe que le juge compétent pour statuer au fond est par là même seul compétent pour statuer sur le provisoire; attendu que les articles 806 et suiv. qui ont institué les référés ne dérogent pas à cette règle, et ne s'appliquent qu'aux matières qui sont de la compétence des tribunaux civils; attendu qu'en matière commerciale il a été pourvu aux cas d'urgence par les articles 417 et 418 du Code de procédure civile, aux termes desquels le président du tribunal de commerce peut permettre d'assigner devant le tribunal de jour à jour, et même d'heure à heure, et de saisir les effets mobiliers; et par l'article 439, qui permet aux tribunaux de commerce d'ordonner l'exécution provisoire de leurs jugements; attendu qu'en statuant en référé sur une demande dont le caractère commercial n'est pas contesté, l'arrêt attaqué a méconnu les règles de la compétence et violé les articles 806 et 807 précités; sur ces motifs : Casse... » (Cassation d'un arrêt de la cour de Grenoble du 30 août 1879).

L'arrêt résume, comme on le voit, les deux ordres de motifs, qui font admettre la thèse de l'incompétence du président, à savoir, d'une part les principes qui président à l'organisation des compétences judiciaires, et en second lieu l'ensemble des textes du Code de procédure civile et du Code de commerce spéciaux à la juridiction des tribunaux de commerce et au mode de procéder devant eux. Et la Cour de Cassation arrive ainsi à formuler une doctrine générale que l'on pourrait traduire ainsi : « La compétence du juge des référés repose sur les mêmes principes que celle des tribunaux ordinaires, et par conséquent, dans les cas où, à raison de la matière, la connaissance de la cause appartient à une autre juridiction. Cette incompétence est aussi absolue sur le principal que sur le provisoire. » Cette doctrine de la Cour de Cassation a été naturellement adoptée par les arrêts postérieurs.

La Cour de Chambéry (10 novembre 1881, S. 82, 2, 16) : « Attendu que la compétence du président du tribunal civil comme juge des référés ne saurait être étendue aux matières commerciales, et qu'ainsi le président du tribunal de Thonon était incompétent *ratione materiæ* pour statuer sur la demande d'expertise. » L'arrêt, on le voit, procède simplement par voie d'affirmation ; la question en effet lui paraît tranchée.

On peut remarquer que l'arrêt proclame que l'incompétence du président serait *ratione materiæ*, et l'on pourrait en rapprocher l'arrêt de la cour de Paris du 13 janvier 1882 (S. 83, 2, 127) que j'ai déjà cité, qui ne veut voir là qu'une incompétence *ratione personæ*. Si le premier arrêt est plus juridique, il faut bien reconnaître que le second semble être davantage dans l'esprit de la jurisprudence, et présente d'ailleurs de sérieux avantages pratiques (Cass. Req. 17 juin 1884. D. 85, I, 392).

Je cite un dernier arrêt de la Cour de Paris dans ce sens du 9 mars 1883 (D. 1884, 2, 66. *La Loi*, 8 avril 1883) : « Considérant que la juridiction des référés repose sur les mêmes principes que celle du tribunal civil ; que dans tous les cas où le tribunal serait incompétent pour connaître de la demande principale et au fond, le juge des référés l'est également pour connaître des mesures provisoires et d'urgence qu'il y aurait lieu d'ordonner... » Par suite l'arrêt décide qu'il ne pourrait nommer un séquestre (V. aussi Paris, 2 janvier 1883. *La Loi*, 14 janvier 1883. D. 83, 2, 14, et note. Amiens, 26 mai 1875. D. 76, 2, 68).

« Considérant qu'il est de principe général que le juge du fond le soit du provisoire ; — qu'il n'a pas été fait d'exception en nature de référé ; — considérant en effet que la juridiction des référés n'est qu'un accessoire de la justice civile ordinaire institué pour parer provisoirement aux cas urgents, et que sa compétence ne s'étend pas au delà des matières soumises par la loi aux tribunaux de première instance ; — que cela est si vrai que dans les procès attribués aux autres juridictions, tribunaux de commerce et justices de paix, il est pourvu d'une manière spéciale au mode suivant lequel il doit être statué sur les difficultés qui demandent à être jugées avec célérité ..... » (Amiens).

J'ai cru utile de citer ces nombreux arrêts, en raison de ce que ni M. Bazot ni M. Bertin n'avaient cru devoir adopter cette thèse. Il semble toutefois que la jurisprudence soit bien fixée maintenant, et il est à désirer que la doctrine adopte cette même décision, qui paraît la seule juridique et susceptible d'entrer dans un système d'ensemble.

Section III. — Matières administratives.

§ 1. — Divers systèmes proposés.

Les raisons qui ont été données pour soutenir la nécessité d'admettre la compétence du juge des référés dans les matières commerciales et de justice de paix ont été également présentées en ce qui concerne les matières administratives. C'est surtout en ce qui concerne les travaux publics que la question se posait ; il est en effet évident qu'en pareille matière il doit arriver chaque jour des événements imprévus et des conflits donnant lieu à des expertises.

La question, longtemps discutée, paraît aujourd'hui définitivement tranchée en ce sens que le président du tribunal civil est incompétent ; mais le doute le plus absolu règne encore sur la question de savoir à quelle juridiction le particulier lésé doit s'adresser pour obtenir les mesures conservatoires, en cas d'urgence.

En ce qui concerne la compétence du tribunal civil, trois systèmes ont été présentés.

Premier Système. M. Thiercelin (*Revue pratique*, t. III, p. 433 et t. IV, p. 92) soutient que le président du tribunal civil peut seul statuer dans toutes les hypothèses donnant lieu à référé, c'est-à-dire dans tous les cas d'urgence.

M. Thiercelin commence par critiquer les systèmes proposés par M. Chauveau et par M. Bertin, reprochant à ce dernier l'inconséquence de son système qui n'admet la compétence du président que dans certains cas, ainsi que nous allons le voir. Puis il présente plusieurs arguments en faveur de son système.

1° Le juge des référés est un juge à part, sa juridiction n'occupe pas une place régulière dans l'échelle hiérarchique du pouvoir judiciaire. On ne peut dire qu'il empiète sur le pouvoir administratif, attendu qu'il ne tranche qu'une question urgente par une mesure provisoire, et qui ne fait aucun préjudice au principal. Il prévient le désordre d'une voie de fait ; il est chargé d'éviter les temps d'arrêt et les ruptures dans le fonctionnement de la justice. Sa compétence, toute de nécessité, ne saurait tenir aux règles qui touchent au fond du litige, puisque dans aucun cas il n'est appelé à le juger et que sa compétence est seulement de juger le provisoire.

2° Quant au prétendu principe de la séparation des pouvoirs que l'on invoque dans l'autre système, « c'est de la fantasmagorie ». Cette séparation existe, mais il ne faut pas en faire sortir l'anarchie. D'ailleurs le principe de la séparation des pouvoirs ne demeure-t-il pas sauf, aussi bien que celui de la compétence des tribunaux de commerce et des justices de paix, du moment où l'on réserve aux tribunaux administratifs l'appréciation définitive du litige? Qu'on ne dise pas qu'il y a une différence essentielle entre les deux compétences ; l'incompétence n'a pas de degrés, car un juge de paix est aussi incompétent pour prononcer la peine de mort que pourrait l'être un préfet.

3° Enfin le système contraire présenterait de nombreux inconvénients, puisqu'il n'y a pas de référé spécial organisé en matière administrative. Le préfet que M. Chauveau représente, en effet, comme pouvant exercer les pouvoirs du juge des référés en matière administrative, est essentiellement un administrateur, qui peut accorder ou rejeter la demande d'expertise, mais à titre gracieux et non comme juge.

Et dans le volume suivant de la *Revue pratique* M. Thiercelin ne fait que reproduire ces arguments, insistant sur ce que le juge des référés a une juridiction propre, ne pouvant statuer que si le temps manque absolument.

Dans ce sens, un arrêt de [la Cour de Lyon du 19 mai 1857 (S. 58, 2, 305) décide que le président peut, en référé, ordonner la cessation de travaux publics causant des dommages à des propriétés privées, et M. Baudot en note sous l'arrêt approuve pleinement cette jurisprudence en se ralliant à l'opinion de M. Thiercelin.

Un second système, qui a rallié pendant quelque temps la jurisprudence, décide que, sans doute, le président n'est pas en principe compétent pour connaître des matières administratives, mais qu'il peut toutefois ordonner des constatations urgentes.

M. Bertin, dans le journal *le Droit*, a soutenu ce système, qui est reproduit en partie dans le Dalloz, au mot Référé *in fine* :

« L'argument des arrêts qui déclarent le juge des référés incompétent est celui-ci : aux termes de l'article 4 du décret du 28 pluviôse an VIII, les conseils de préfecture sont compétents pour statuer sur les réclamations des particuliers qui se plaignent du dommage que leur a causé l'exécution de travaux prescrits par des agents de l'administration ; donc c'est à l'autorité administrative qu'il faut s'adresser à l'effet d'obtenir les expertises nécessaires pour constater le dommage.

« Cette proposition est-elle exacte en thèse générale ? La question est de savoir si, pour le cas d'urgence, il n'y a pas été fait exception, et tout le monde reconnaît que l'exception existe alors qu'il s'agit d'une affaire qui appartient à la juridiction commerciale ; pourquoi n'en serait-il pas de même en matière administrative lorsqu'aux cas d'une extrême urgence, d'un péril imminent, il y a nécessité de procéder à un constat des lieux ?

« Ce procédé est d'autant plus nécessaire, que les jurisconsultes s'accordent à reconnaître qu'il n'existe pas de référé en matière administrative.

« Les mesures urgentes ne peuvent en effet être ordonnées utilement que par le magistrat qui est tous les jours, à toute heure, au palais de justice, à la disposition des justiciables. Le référé est impossible alors qu'il s'agit de la justice administrative, qui est représentée par le conseil de préfecture siégeant rarement et à de longs intervalles.

« Il est donc indispensable que, dans les matières administratives comme dans les affaires civiles et commerciales, le justiciable puisse s'adresser au magistrat institué par la loi pour pourvoir aux mesures urgentes. »

Le Répertoire de Dalloz ajoute : « Nous sommes assez disposé à nous ranger à cette opinion qui protège et conserve tous les droits, et laisse intact le principe de la séparation des pouvoirs ; mais il est douteux qu'elle triomphe en présence des nombreux arrêts de la Cour de Paris rendus dans un sens contraire. »

Dans une note sous un arrêt en sens contraire de la Cour de Montpellier, du 17 décembre 1856 (D. 57, 2, p. 37), les annotateurs du Dalloz insistent sur cette idée, en combattant le système inverse, qui avait été soutenu par M. Chauveau dans son journal de droit administratif.

M. Chauveau s'était demandé quelle serait la portée des ordonnances rendues par le juge des référés. Si l'autorité administrative est obligée de les respecter, il en résultera nécessairement une usurpation de son domaine par l'autorité judiciaire. Si au contraire elle peut n'en pas tenir compte, le juge des référés n'aura plus qu'une autorité en quelque sorte illusoire.

Et ils disent : « Les ordonnances n'ont rien de définitif ; elles ont pour objet de suspendre, par telle ou telle mesure, des difficultés qui doivent aller ultérieurement se dénouer devant les tribunaux, et elles ne sauraient faire autorité devant ceux-ci. Les actes d'instruction qu'elles prescrivent auront, dans les débats définitifs, la valeur d'éléments du procès, mais seulement cette valeur. Les juges appelés à trancher les contestations qu'elles n'ont fait qu'apaiser momentanément devront sans doute conseiller ces actes d'instruction, mais sans être nullement tenus de les prendre pour bases de leurs décisions ; l'autorité administrative saisie du litige appréciera avec une entière indépendance les faits constatés, l'opportunité de la mesure prise, ce qui n'empêchera point que l'autorité du juge des référés n'ait eu son importance. »

Ils invoquaient enfin l'impossibilité de trouver aucune juridiction, le préfet ne pouvant jamais prescrire que des mesures de police, mais non statuer comme juge ; et la généralité des termes de l'article 57 du décret du 30 mars 1808, argument que nous avons déjà vu.

Et à l'appui de cet argument, on pourrait citer un arrêt du conseil d'État du 12 avril 1838 rapporté par Chauveau : « Considérant qu'aucune disposition de loi ni de règlement n'autorise le doyen des conseillers de préfecture, le préfet a rendu des décisions en état de référé, et qu'il y a lieu d'annuler celle du 28 novembre 1853 dans l'intérêt de la loi. »

Ce système s'appuie en pratique sur les inconvénients que beaucoup d'auteurs ont signalés, résultant des lenteurs de la procédure au Conseil de préfecture. Aussi M. de Belleyme (t. I, p. 396) n'hésite pas à dire que « sans suspendre l'exécution des arrêtés administratifs, on peut statuer en référé ou autoriser un constat matériel pour la conservation des droits des parties ou des tiers » (Paris, 12 décembre 1838. V. t. II, p. 196). C'est qu'en effet le constat doit être fait au moment même de l'événement ; sinon il est trop tard.

3° *Jurisprudence.* — Cependant la jurisprudence ne s'est pas fixée dans le sens que M. de Belleyme indiquait. Ce deuxième système encourait en effet un grave reproche d'inconséquence, et l'argument de M. Chauveau apparaissait très puissant : ou bien la décision du président s'impose à l'autorité administrative, et alors il y a usurpation des pouvoirs ; ou bien elle peut n'en pas tenir compte, et alors elle est inutile ; il faut même ajouter : elle est de nature à abaisser le rôle du président.

Aussi de nombreux arrêts proclament l'incompétence absolue du président.

« Attendu, dit la Cour de Montpellier, que les dommages résultant de l'exécution des travaux ordonnés par l'autorité publique tombent dans les attributions de l'autorité administrative ; que les mesures préparatoires destinées à constater l'existence de ces dommages, leur importance, leur cause réelle, ne peuvent appartenir qu'à la juridiction qui doit connaître du fond du débat auquel ces dommages peuvent donner lieu... » (Montpellier, 17 décembre 1856. D. 57, 2, 97 ; Rennes, 5 janvier 1868. S. 59, 2, 375). Cet arrêt de la Cour de Montpellier procède par affirmation. D'autres arrêts très nombreux sont dans le même sens. Je cite celui de la Cour de Nancy du 13 mars 1870 (S. 70, 2, 68) qui donne toutes les raisons de décider en ce sens.

« Attendu que l'ordonnance du président du tribunal de Toul confie à trois experts nommés d'office le soin de constater le dommage causé à l'usine de Guérard par l'exécution de travaux publics, et que l'intimé reconnaît lui-même que l'expertise à laquelle il s'agissait de procéder devait être la base d'une réclamation ou demande, dont l'article 4 de la loi du 28 pluviôse an VIII attribue expressément la connaissance au conseil de préfecture ; — attendu que le juge du référé représente en vertu d'une délégation temporaire le tribunal entier, et ne peut dès lors avoir une autre compétence et d'autres droits [d'autres arrêts disent que le juge des référés est un représentant de l'autorité judiciaire]; que si l'article 806 du Code de procédure civile semble, par la généralité de ses termes, se référer à tous les cas d'urgence, il ne s'applique en réalité qu'aux matières dont le Code de procédure s'occupe et qu'il entend réglementer ; — que l'étendre aux matières administratives serait violer le grand principe de la séparation des pouvoirs et cette règle élémentaire, que le juge du principal peut seul ordonner les mesures préparatoires et de l'instruction ; — que l'incompétence du juge civil apparaît ici avec d'autant plus d'évidence, qu'une loi administrative, celle du 16 septembre 1807, article 56, prenait un mode spécial d'expertise pour la constatation des dommages causés par l'exécution de travaux publics, sans que, d'après la jurisprudence du conseil d'État, une expertise faite dans les conditions et les formes ordinaires puisse jamais y suppléer ; — qu'une expertise ordonnée en référé constituerait donc une mesure inutile, et de laquelle le conseil de préfecture aurait le droit et même le devoir de ne tenir aucun compte ; — que dans cet état de notre législation, il importe de ne point créer à la justice une position qui blesserait les convenances en même temps que les plus légitimes susceptibilités ; — qu'il vaut mieux, en regrettant que la loi ait omis d'organiser la juridiction du référé administratif comme elle a organisé le référé judiciaire, ne pas craindre de signaler une fois de plus une omission que les cours et tribunaux ne répareraient que par un empiètement manifeste sur le domaine administratif ; — que du reste la lacune, quelque regrettable qu'elle soit, ne place pas cependant les parties, comme on le suppose, dans l'impossibilité absolue de sauvegarder leurs intérêts par des constatations contemporaines des faits dommageables ; — que rien ne s'oppose, en effet, à ce que les constatations soient demandées à un maire, à un garde champêtre, à un cantonnier, à un gendarme, à des hommes de l'art, ou même à de simples particuliers, dont plus tard, à titre de renseignements ou de témoignages, on interrogera les procès-verbaux, les appréciations et les souvenirs...»

Les décisions sont du reste très nombreuses dans ce sens, et même très anciennes (Paris, 23 avril 1843. S. 49, 2, 437). Le président est incompétent, attendu qu'il s'agit de dommages temporaires résultant de travaux publics en exécution (dans le même sens, Paris, 23 février 1847, 24 mars 1854. Dall., Rép., n° 231, mot *Référé*).

Le président est incompétent pour connaître de l'exécution d'un arrêté pris par le ministre dans la limite de ses attributions (Paris, 3 décembre 1834); quand il s'agit de l'exécution d'un arrêté municipal (Caen, 28 juin 1866. S. 67, 2, 237); quand il s'agit de contrainte, il ne peut ordonner de discontinuation de poursuites (Paris, 28 janvier 1832, etc.

En ce qui concerne spécialement la matière des travaux publics. voir Cass. Req., 6 juillet 1847 ; (D. 47, 1, 341); Douai, 26 novembre 1852, (D. 54, 2, 163); les décisions rapportées par M. Bazot, p. 201 ; deux arrêtés du Conseil d'État du 22 janvier 1867 et du 18 novembre 1868; Darnaud, *Référés*, p. 21.

La Cour de cassation (ch. civile), arrêt du 13 juillet 1871 (S. 71, 1, 66 ; D. 71, 1, 84), se borne à affirmer que dans les cas où, à raison de la matière, la connaissance de la cause appartient à l'autorité administrative, l'incompétence du juge des référés est aussi absolue sur le provisoire que sur le fond.

L'année suivante, elle confirmait cette doctrine (arrêt du 27 février 1872 S. 72, 1, 72, confirmant un arrêt de la Cour d'Alger).

La Cour de Lyon, dans son arrêt du 13 juin 1872 (S. 72, **2**, 124), insiste sur ce que cette incompétence est *ratione materiæ*, et doit d'office être proposée par le juge.

Plus récemment dans le même sens, voir Bordeaux, 1876 (S. 1876, 2, 318); Nancy, 31 juillet 1880 (*Palais*, 80, p. 320); Alger, 3 février 1881 (*Palais*, 81, p. 318; (D. 82, 2, 16); Orléans, 4 juillet 1882 (S. 83, 2, 136); Cass. 26 janvier 81 (S. 81, 1, 304); Rennes, 12 décembre 81 (D. 82, 2, 117, S. 83, 2, 11). Ordonnance du président du tribunal de la Seine au 21 juillet 1885 (*Gazette des Tribunaux* du 26 juillet 85, du 22 octobre 1884. Aff. de la fabrique de Saint-Nicolas-des-Champs contre la ville de Paris. (*Gazette des Tribunaux* du 23 octobre) confirmée par de la Cour (Cass. 10 mars 1885, S. 85, 1, 304).

On peut donc considérer la jurisprudence comme absolument fixée en ce sens, que le juge des référés est incompétent pour connaître des matières administratives, et non seulement il ne saurait jamais apprécier, ou interpréter, ou modifier dans leur exécution, les actes émanant de ce pouvoir, mais même il ne pourrait ordonner une simple constatation pouvant un jour servir à éclairer les juges administratifs sur le fond du débat.

Les raisons sur lesquelles on s'est appuyé pour soutenir ce système sont tirées du principe de la séparation des pouvoirs, qui s'oppose à une ingérence quelconque de l'autorité judiciaire, à quelque degré et à quelque moment que ce soit, dans les matières qui ressortissent en dernier lieu à la compétence des tribunaux administratifs.

Et en outre, on a essayé de répondre aux arguments tirés de l'impossibilité où l'on était de trouver une juridiction jugeant les référés administratifs, en établissant que le législateur n'avait pas laissé les particuliers lésés, sans moyens pour faire constater le dommage ou pour faire valoir leurs droits.

L'article 3 de la loi du 29 floréal an X relative aux contraventions de grande voirie porte : « Les procès-verbaux sur les contraventions seront adressés au sous-préfet, qui ordonnera, par provision et sauf recours au préfet, ce que de droit pour faire cesser le dommage. »

L'article 67 du règlement du 21 décembre 1839, en matière

de contraintes, de contributions directes, prévoit le cas où des difficultés s'élèvent à l'occasion de la saisie-exécution, qui s'opère d'après les règles indiquées par l'article 607 du Code de procédure civile : « La saisie est exécutée nonobstant toutes oppositions, sauf à l'opposant à se pourvoir par devant le sous-préfet contre le requérant. »

L'article 50 de la loi sur les mines porte : « Si l'exploitation compromet la sûreté publique, la conservation des puits, la solidité des travaux, la sûreté des ouvriers mineurs ou des habitations de la surface, il y sera pourvu par le préfet ainsi qu'il est pratiqué en matière de grande voirie » (Loi 21 avril 1810).

L'article 56 de la loi du 16 septembre 1807 permet au maire, en matière de travaux communaux, de désigner un expert. De même le tiers expert est, de droit, l'ingénieur chargé des travaux (V. aussi Loi 5 avril 1884, et circulaire ministérielle, art. 90 à 98. S. 84, 5, 607).

Enfin, dit-on, dans les autres cas urgents, on peut s'adresser au préfet, qui peut désigner un expert, ou prendre la mesure sollicitée.

L'article 73 de la loi de 1808 sur l'administration communale le prévoit formellement : « En cas d'urgence, un arrêté du préfet suffira pour ordonner les travaux, et pourvoir à la dépense à l'aide d'un rôle provisoire. »

Il faut bien reconnaître que ces dispositions sont tout à fait insuffisantes, et que les raisons données par les partisans du premier système, argumentant de l'impossibilité d'obtenir justice à temps, subsistent dans toute leur force.

Le préfet, a-t-on fait remarquer, en désignant un expert sur la demande des intéressés, agit non pas comme juge, mais comme administrateur ; il peut accorder, mais aussi peut refuser de désigner un expert ; et comme il agit en vertu de son simple pouvoir d'administrateur et à titre gracieux, sa décision n'est susceptible d'aucune voie de recours.

D'autre part, les travaux entrepris auront été le plus souvent ordonnés par le préfet, et c'est devant lui qu'on devra venir pourvoir ! Encore faudrait-il que cette juridiction fût mieux conçue.

Je rappelle enfin l'arrêt déjà cité du conseil d'État du 21 novembre 1883, déniant au préfet tout pouvoir de juridiction.

Aussi M. Chauveau signale cette lacune de la législation : « Il serait à désirer, dit-il, que dans les matières si délicates de la voirie des travaux publics, etc., il y eut une voie administrative prompte, provisoire, locale, facile à suivre, qui permît aux parties intéressées de faire constater immédiatement un état des lieux, qui peut exercer une grande influence sur les réparations à obtenir ; qu'il y eut enfin un fonctionnaire investi des fonctions du tribunal civil dans les matières de la compétence administrative ; mais il n'appartient qu'au législateur d'organiser ce mode d'instruction, ce qui n'est pas une raison pour transporter au pouvoir judiciaire des attributions qui ne lui appartiennent nullement.

« En attendant cette amélioration législative, les parties peuvent saisir immédiatement le conseil de préfecture, s'il s'agit de travaux publics, et obtenir par voie de requête la mesure provisoire qu'ils estiment utile. Si le lieu où l'expertise serait utile est trop éloigné de ce tribunal administratif, les parties peuvent faire examiner les lieux par des témoins capables de rendre compte, et ces témoins viendront attester des faits sur lesquels serait fondée la demande. Les parties peuvent aussi s'adresser aux fonctionnaires administratifs des arrondissements ou des chefs-lieux de préfecture, pour obtenir une mesure provisoire que paraîtrait nécessiter un péril imminent, tel que l'ébranlement d'un mur ou d'une maison, la crainte d'une inondation, etc. » (*Procéd. admin.*, II, p. 64).

Toutefois, et malgré cette conclusion de M. Chauveau qui se borne à émettre le vœu de l'intervention du pouvoir législatif, il s'est produit un mouvement de doctrine et de jurisprudence tendant à faire décider que le préfet serait le véritable juge des référés en matière administrative.

M. Albert Christophle (*Bulletin des tribunaux*, 5 octobre 1863) disait : « La procédure des référés, si simple qu'elle semble inventée par un administrateur, convient merveilleusement à une juridiction chargée de statuer sur des questions dont la solution doit avant tout être prompte. Car l'intérêt public ne comporte aucun retard, et l'intérêt privé s'accommode rarement des lenteurs calculées de la procédure ordinaire. S'il est une matière où les référés produiraient de véritables bienfaits, c'est à coup sûr celle des travaux publics. A chaque instant, sur tous les points du territoire, des propriétés privées sont occupées temporairement soit pour le dépôt ou l'extraction de matériaux. La loi du 16 septembre 1807, dans son article 55, exige sans doute qu'il soit procédé à une expertise, afin de constater la nature et l'étendue du préjudice causé ; mais cette expertise n'a lieu qu'après l'exécution des travaux cause du dommage, et fort souvent les tribunaux administratifs se trouvent dans l'impossibilité de fixer le chiffre de la réparation due, parce que l'expertise ne peut leur faire connaître l'état des terrains et leur valeur au moment de l'exécution des travaux.

« On se demande comment les particuliers auxquels un dommage doit être causé devront s'y prendre pour faire constater régulièrement l'état de leur propriété..... Il n'y a évidemment qu'une voie : les parties intéressées devront s'adresser au préfet non *pas en qualité de préfet, mais en qualité de juge;* comme administrateur, le préfet peut se refuser à agir ; comme juge il doit accueillir la demande du justiciable. Le conseil de préfecture est compétent pour connaître définitivement du débat. Comment le président de ce tribunal n'aurait-il pas qualité pour ordonner et prescrire les mesures préparatoires qui sont indispensables à l'instruction ultérieure de l'affaire ?

« Aucune loi sans doute n'autorise expressément ce recours. Le Code de procédure administrative est encore à faire ; et les dispositions actuellement existantes n'attribuent pas au préfet, président du conseil de préfecture, le droit de statuer comme le président du tribunal civil sur les cas urgents. Mais n'est-ce pas une de ces dettes de juge qu'il ne peut, sous prétexte de l'insuffisance ou de l'obscurité de la loi, se refuser d'acquitter sous peine de déni de justice? Le conseil d'État ne s'est jamais refusé d'appliquer aux justices administratives les règles du droit ou de la procédure dont l'omission n'est pas compatible avec l'administration de la justice. Or quelle situation fut plus favorable que celle-ci?..... »

Conformément au vœu exprimé par M. Albert Christophle,

deux arrêts du conseil d'État vinrent confirmer cette compétence du préfet. — Arrêts du 22 janvier 1867 (D. 67, 3, 26. — S. 60, 2, 125) et du 18 novembre 1868 (S. 70, 2, 313).

Ces arrêts sont conçus en termes à peu près identiques ; je rapporte le premier :

« Considérant que l'assignation donnée au préfet de Saône-et-Loire au nom du sieur Pajot, de comparaître devant le président du tribunal civil de Charolles, était fondée sur les dommages causés à sa propriété par l'irruption des eaux du canal du Centre ; — qu'aux termes de l'article 4 de la loi du 28 pluviôse an VIII, il appartenait au Conseil de préfecture d'apprécier ces dommages ; — que si, avant que le Conseil fût saisi, le sieur Pajot entendait faire vérifier l'etat des lieux, *c'était devant le préfet qu'il devait se retirer*, afin que, conformément aux articles 56 et 57 de la loi du 16 septembre 1807, une expertise fût ordonnée ; — que dès lors c'est avec raison que l'arrêté de conflit susvisé a revendiqué pour l'autorité administrative la connaissance de la demande portée par le sieur Pajot devant le président du tribunal civil de Charolles, jugeant en état de référé. »

Même décision et mêmes termes dans l'arrêt du 18 novembre 1869.

Remarquons que ces arrêts, en décidant que c'était devant le préfet que les parties devaient se pourvoir, entendaient que le préfet statuerait comme juge. Si cela ne ressort pas explicitement du texte même, le rapport du commissaire du gouvernement devant le conseil d'État en 1867 ne laisse aucun doute :

« A quelle autorité pouvait-il appartenir de prescrire les mesures conservatoires....? Aux termes des articles 56 et 57 de la loi du 16 septembre 1807, c'était au préfet, ou à défaut au conseil de préfecture lui-même. Oui, les articles de la loi pourvoient à toutes les nécessités, et même aux cas d'urgence. Les parties avaient le droit de s'adresser au préfet, c'est-à-dire au représentant de l'autorité administrative, au préfet qui en sa double qualité d'administrateur et de président du Conseil de préfecture, possède un pouvoir mixte, une double compétence, à la fois administrative et juridictionnelle. — En cas de refus du préfet, les parties pouvaient réclamer l'expertise par assignation à bref délai devant le conseil de préfecture. En effet, Messieurs, vous avez décidé (cons. d'État, 15 juin 1864, S. 67, 2, 55) qu'au cas où le Conseil de préfecture est saisi directement de la demande d'indemnité par les parties, et où il est ainsi appelé à ordonner l'expertise, le Conseil ne viole aucune disposition de la loi en nommant lui-même le tiers expert ; à plus forte raison en doit-il être ainsi lorsqu'il s'agit de la simple vérification du fait matériel ; car, nous le répétons, le droit de prescrire en semblable hypothèse une mesure conservatoire constitue une véritable attribution de la juridiction administrative. »

J'ai cité entièrement le passage de ce rapport relatif à la compétence en pareille matière ; il suffirait pour démontrer que le principe que les deux arrêts du conseil d'État ont proclamé n'est pas aussi certain qu'il semblerait au premier abord. J'ai vainement cherché, dans les recueils de jurisprudence, une décision ultérieure confirmant ce point de vue ; par contre, le conseil d'État, par un arrêt du 26 décembre 1873 (S. 75, 2, 289), reconnaît au contraire que c'est le Conseil de préfecture qui est compétent au cas d'urgence, pour procéder à une expertise à l'effet de constater un dommage de nature à servir de base à une indemnité ultérieure.

« Le conseil d'État : Sur le moyen tiré de ce que le Conseil de préfecture, statuant *par voie de référé*, ne pouvait ordonner régulièrement une expertise à l'effet de procéder aux constatations demandées par les sieurs..... ; — considérant que le Conseil de préfecture compétent pour connaître des dommages dont se plaignent les sieurs ... a pu régulièrement ordonner qu'il serait procédé d'urgence aux constatations demandées conformément à l'article 56 de la loi du 16 septembre 1807. »

Les annotations au Sirey font remarquer, sous cet arrêt, que l'on ne saurait dire que c'est au président du Conseil de préfecture qu'il appartient de statuer. C'est déjà ce que décidait Chauveau, comme nous l'avons vu.

J'ai rapporté, je crois, tout ce qui a été dit à ce sujet, et recherché inutilement si la jurisprudence avait confirmé les arrêts de 1867 et 1869. L'absence de documents judiciaires sur une matière qui paraît au premier abord aussi usuelle est un indice suffisant que la pratique administrative diffère absolument de ce qui se passe en matière civile. Aux termes de l'article 97, 1° de la nouvelle loi municipale, la police municipale comprend tout ce qui intéresse la réparation ou la démolition des édifices menaçant ruine. Le maire est chargé de cette police sous la surveillance du préfet.

La décision du maire, ordonnant la réparation ou la démolition, n'est pas de nature à être attaquée au contentieux, sauf violation des formes prescrites par les anciens règlements (Déclaration du 18 janvier 1729 et du 18 août 1730). La procédure est d'ailleurs très expéditive : procès-verbal de danger ; signification avec mise en demeure au propriétaire. Si au jour fixé le propriétaire n'a pas fait cesser le péril, expertise contradictoire, puis tierce expertise ordonnée par le préfet en matière de grande voirie, et par le maire en matière de voirie urbaine.

En cas d'urgence absolue, le préfet, sur un procès-verbal des ingénieurs, peut sans expertise ordonner la démolition. Dans aucun cas il n'y a de recours au contentieux pour contester l'urgence des travaux (Aucoc, *Droit administratif*, t. 1, p. 365). D'après le même auteur, c'est au préfet, ou au ministre des travaux publics, qu'il appartient de statuer sur une demande d'indemnité, sauf recours au Conseil d'État ; [d'ailleurs, pour obtenir une suspension des travaux, il suffit de s'adresser au supérieur immédiat du fonctionnaire qui les a ordonnés. — Il n'existe pas de procédure spéciale pour les actes de juridiction du préfet (Aucoc, *ibid.*, p. 472). Disons donc comme conclusion qu'en matière administrative les particuliers trouvent dans l'indépendance et le défaut d'intérêt des agents de l'administration des garanties suffisantes ; que dans tous les cas il n'y a pas de juridiction spéciale pour statuer au contentieux sur les cas d'urgence.

§ 2. — Limites d'application du principe.

Le principe reconnu, il s'agit de déterminer les *conditions dans lesquelles on doit l'appliquer*. Il ne suffit pas que les travaux à l'occasion desquels une expertise paraît urgente soient des travaux publics, il ne suffit pas que l'administration ait pris une mesure quelconque, pour que le juge des référés devienne incompétent. Il arrivera souvent en effet que la décision à prendre soulèvera une question préjudicielle de compétence, quant au fond du débat. M. de Serrigny a fort bien formulé la règle qui doit servir de critérium : « Toutes les fois que l'autorité judiciaire sera compétente sur le fond d'une contestation se rattachant à des travaux publics, ou autres actes d'administration, le président pourra en cas d'urgence prononcer provisoirement sur les difficultés : il devra s'abstenir si le fond de la difficulté appartient à l'autorité administrative » (*Compétence administrative*, n° 976).

Si maintenant nous cherchons à déterminer ce dernier principe, nous dirons que la juridiction administrative est compétente pour connaître des obligations et des droits qui résultent soit pour les particuliers, soit pour l'administration, des lois qui ont organisé les services publics, ou des actes d'autorité faits par l'administration en exécution de ces lois ; que s'il s'agit au contraire des droits et des obligations qui dérivent d'un contrat proprement dit, c'est à l'autorité judiciaire qu'il appartient en principe de statuer, sans qu'on ait à rechercher si le contrat était passé à l'occasion d'un service public, ou pour la gestion des propriétés publiques dans les conditions du droit civil (Aucoc, I, 374). Ces principes ont besoin d'être mis en lumière par quelques applications.

1° En matière d'*expropriation pour cause d'utilité publique*.

Il est incontestable que toutes les fois que la moindre tentative d'usurpation d'une propriété aura lieu de la part des agents du gouvernement ou des concessionnaires ou des entrepreneurs, le président du tribunal civil aura le droit d'ordonner la discontinuation des travaux, sans qu'on puisse opposer une incompétence fondée sur ce qu'il s'agit de travaux publics (De Bell., II, 197).

Un arrêt du Conseil d'État du 11 avril 1863 (D. 63, 3, 9) a très bien déterminé ces principes :

« Considérant que l'administration ne peut prendre possession de terrains appartenant à des particuliers, pour y faire
exécuter des travaux publics, qu'autant qu'il lui a été fait
cession amiable de ces terrains, ou qu'autant que leur expropriation a été prononcée par l'autorité judiciaire, après l'accomplissement des formalités prescrites par la loi, et à la
charge d'une juste et préalable indemnité ; qu'il suit de là
qu'au cas où il n'y a eu ni cession amiable, ni dépossession
régulièrement prononcée d'un immeuble, ni règlement en
payement d'une indemnité préalable, l'autorité judiciaire peut
prononcer la discontinuation des travaux entrepris sur un
immeuble par l'administration, ou en vertu de son ordre ;.....
...... qu'après avoir protesté contre la prise de possession, la
dame G... s'est pourvue par voie de référé devant le président
du tribunal civil de l'arrondissement.. ; que l'autorité qui
était compétente pour apprécier les titres de propriété produits
par la dame G... l'était également pour prononcer, s'il y a lieu,
la discontinuation des travaux en attendant le jugement définitif de la question de propriété... »

(Cf. Dijon, 10 août 1858. S. 59, 2, 375. Caen, 24 juin 1867.
S. 68, 2, 226).

Dans le même ordre d'idées, la Cour de cassation a décidé
qu'en cas de contestations entre l'exproprié pour cause d'utilité
publique et l'administration sur l'étendue de l'expropriation,
le juge des référés peut être saisi d'une demande tendant à
interdire l'accès des terrains litigieux pour prévenir les enlè-
vements et les détériorations auxquels pourrait se livrer l'expro-
priant (Req. 25 juin 1852. D. 54, 1, 363).

Cette solution a été formellement reconnue tout récemment
par une décision du tribunal des conflits du 11 mai 1877 (D.
77, 3, 66).

Remarquons que la jurisprudence du Conseil d'État, ainsi
que celle des tribunaux civils, tout en reconnaissant le principe de la compétence de l'autorité judiciaire, ne semble plus
leur donner le droit d'ordonner la destruction des travaux,
mais seulement leur suspension. Cette jurisprudence semble
peu rationnelle ; cependant il faut bien reconnaître qu'elle

donne véritablement satisfaction aux parties. La suspension permet à l'administration de remplir les formalités qu'elle avait négligées ; la destruction au contraire anéantirait des travaux qu'il faudrait recommencer, une fois les formalités accomplies (Cass., 22 juillet 1879, D, 80, I, 175).

On peut remarquer d'ailleurs que le plus souvent il n'y aura lieu de protéger ainsi les propriétés privées, que parce que les formes de l'expropriation n'auront pas été remplies (V. M. Bazot, p. 206), et que l'article 15 de la loi du 8 mars 1810 et l'article 74 de la loi du 3 mai 1841 ne mentionnent que le sursis ou la discontinuation des travaux.

2° *Travaux publics.* — L'autorité administrative est seule compétente pour connaître de ce qui se rattache aux travaux publics. Art. 4 Loi 28 pluviôse an VIII : « Le conseil de préfecture prononcera... sur les difficultés qui pourraient s'élever entre les entrepreneurs de travaux publics et l'administration, concernant le sens ou l'exécution des clauses de leur marché ; sur les réclamations des particuliers qui se plaindront des torts ou dommages procédant du fait personnel des entrepreneurs et non du fait de l'administration... »

Il ne faut pas toutefois abuser de cette qualification de travaux publics, pour exclure la compétence de l'autorité judiciaire. Il faut en principe que les dommages soient la conséquence directe des travaux ordonnés par l'administration, ou d'un fait se rattachant d'une manière intime à l'exécution des travaux (V. Bazot, p. 208).

Mais il y aurait lieu d'exclure de la compétence de l'autorité administrative les faits et dommages résultant des agents de l'administration et des entrepreneurs, à l'occasion de travaux, ne se rattachant pas directement à leur exécution, par exemple toutes voies de fait sur une propriété privée, en dehors d'un ordre régulier de l'administration. A plus forte raison, l'autorité administrative ne saurait connaître des délits ou des quasi-délits.

Par application de ces idées, on a jugé que l'autorité judiciaire est compétente pour apprécier les indemnités réclamées par un propriétaire, pour réparation du préjudice occasionné à ses récoltes par la fumée des fours à briques établis par une compagnie de chemins de fer, même avec l'autorisation du préfet, et bien que les matériaux fussent destinés à la confection de travaux publics (Conseil d'État, 11 juin 1868. S. 69, 2, 189).

De même elle serait compétente pour apprécier les dommages résultant de travaux opérés pour le compte d'une compagnie de chemins de fer, dans son intérêt, même avec l'autorisation de l'administration (Cass., 12 février 1873. S. 73, 1, 210).

De même pour statuer sur les dommages réclamés contre les concessionnaires d'une entreprise de voie publique, si les travaux ont été opérés non pour l'établissement de la voie publique, mais pour la mise en valeur de terrains en bordure qui appartenaient à ces concessionnaires (Cass. 17 novembre 1868. S. 69, 1, 61).

Le juge des référés est compétent pour ordonner une expertise, à l'effet de rechercher si les travaux exécutés en vertu d'un arrêté préfectoral, qui a autorisé une occupation temporaire d'un terrain, n'ont pas excédé les limites de cet arrêté et porté une atteinte permanente à une propriété privée. Il ne saurait toutefois faire défense aux entrepreneurs de continuer provisoirement les travaux (Rennes, 12 décembre 1881. D. 82, 2, 117).

Mais par application des principes de compétence, on doit dire que le juge des référés ne saurait connaître des *dommages temporaires* (Paris, 23 mars 1849).

« Considérant que les travaux du chemin de fer sont en cours d'exécution, d'où il suit que les intéressés ne peuvent soutenir que le dommage soit permanent et de nature à déterminer la compétence du juge des référés (Paris, 30 août 1847. Dall. Répert. *Référé*).

Et ce, alors même que ces dommages seraient déjà anciens : « Attendu que de [l'interprétation extensive donnée par la jurisprudence au texte de l'article 4 de la loi du 28 pluviôse an VIII, il ressort que l'appréciation des dommages causés par l'exécution même ancienne de travaux d'utilité publique est de la compétence de l'autorité administrative... » (Orléans, 4 juillet 1882. — S. 83, 2, 136).

Le juge des référés peut, bien entendu, au cas de doute, ordonner une expertise pour s'éclairer sur sa propre compétence (Rennes, 12 décembre 1881. S. 83, 2, 11. — D. 82, 2, 197). Ce n'est là qu'une des mesures d'instruction qu'il est toujours libre d'ordonner.

Le juge des référés ne saurait sous aucun prétexte *suspendre* l'exécution des travaux publics. Dans un arrêt récent la Cour d'Amiens a fait une application de ce principe, et en même temps montré comment il peut arriver que, même à l'occasion de travaux publics, le juge des référés peut être compétent. Elle a décidé, par application de la règle que le président n'est compétent que dans les matières qui appartiennent au tribunal civil, qu'au cas de conflit entre deux entrepreneurs de travaux publics, prétendant l'un et l'autre à l'extraction de cailloux dans une même pièce de terre, le juge des référés ne peut faire défense à l'un de ces entrepreneurs d'exécuter un arrêt préfectoral l'autorisant à faire l'extraction, ni ordonner l'expulsion de ce même entrepreneur de la pièce de terre où il a commencé ses travaux. Mais le juge des référés était au contraire compétent pour statuer au provisoire sur la nomination d'un expert, à l'effet d'apprécier et d'évaluer les dommages-intérêts que soulève ce débat entre les deux entrepreneurs, ce débat étant d'un intérêt purement privé (Amiens, 26 août 1884, Rec. Amiens, 1885, 126).

J'ai supposé jusqu'ici qu'il s'agit de dommages causés aux choses ; la même question se poserait à l'occasion de dommages causés aux personnes par l'exécution de travaux publics. Je me borne à indiquer qu'il y aurait lieu d'appliquer les mêmes règles (Trib. des conflits du 7 mars 1874. S. 74, 2, 261).

La question avait fait doute pendant quelque temps, et un certain nombre d'arrêts postérieurs à 1855 décidaient que la réparation de ces torts et dommages n'était pas de la nature de ceux dont l'article 4 de la loi du 28 pluviôse an VIII réservait la connaissance aux conseils de préfecture. Un arrêt du conseil d'Etat du 19 décembre 1873, un autre du 9 janvier 1874, et la décision rapportée ci-dessus, semblent avoir à nouveau fixé une concordance absolue entre les règles de la jurisprudence en cette matière.

Remarquons enfin que la jurisprudence du conseil d'État peut, dans certains cas, admettre la compétence des tribunaux civils, entre entrepreneurs et ouvriers à l'occasion de travaux publics ; elle n'en proclame pas moins sa compétence absolue pour connaître des recours en garantie qu'il plairait aux entrepreneurs d'exercer contre l'administration (Conseil d'État, 12 mai 1872. S. 74, 2, 94).

3° *Interprétation des contrats.* — L'autorité judiciaire est seule compétente en principe pour statuer sur le sens et l'exécution des contrats de droit commun, quand même ces contrats se rattacheraient à l'exécution de travaux publics (Loi 28 pluviôse au VIII, art. 4. — Tribunal des conflits, 11 janvier 1873. S. 75, 2, 325).

Il faut donc dire que si un terrain a été vendu ou cédé à une Compagnie ou à l'État, sous condition de certains travaux à faire, il y aurait lieu de s'adresser à l'autorité judiciaire, si plus tard les conditions d'existence des travaux faits tout d'abord étaient changées.

Enseignement, congrégations. — Une question a donné lieu récemment à de nombreuses décisions judiciaires, c'est celle de savoir si le juge des référés pouvait connaître de l'exécution des décisions de conseils municipaux, ou d'arrêtés préfectoraux ordonnant la substitution d'un enseignement à un autre.

Il est certain tout d'abord, qu'il n'appartient pas au juge des référés d'apprécier la légalité, et encore moins l'utilité des actes administratifs.

Il y a donc lieu de rechercher simplement si la congrégation ou si l'institution qui demande à être maintenue en possession des lieux malgré la décision administrative produit, ou non, un contrat civil, un traité lui conférant sur l'immeuble qu'elle occupe soit un droit de propriété, soit un droit d'usage. Dans ce cas il appartient à l'autorité judiciaire d'apprécier ce titre. Si au contraire on se trouve simplement en présence d'un arrêté qu'il y a lieu d'exécuter, sans que les parties qui peuvent se trouver atteintes par cette exécution puissent se prévaloir d'un droit personnel, indépendant de leur qualité comme instituteurs ou autrement, le juge des référés ne peut que se déclarer incompétent : il s'agit simplement en effet dans ce cas de l'exécution d'un acte administratif (Trib. conflits 28 déc. 1878, et 11 janvier 1879. D. 79, 3, 65). Il en serait ainsi, même si la congrégation prétendait avoir fait une convention relativement à la durée de ses services, et au mode dont ils devraient prendre fin. Mais dans ce cas c'est à l'autorité judiciaire qu'il appartiendrait de statuer, sur les indemnités qui pourraient être dues à l'instituteur à raison des impenses faites dans l'immeuble, mais non de la cessation de ses services, car l'arrêté préfectoral même sollicité par le conseil municipal est considéré comme un cas de force majeure par l'arrêt de la Cour de cassation du 19 mars 1884 (Conflits, 18 mars 1882. D. 83, 3, 84. Cass. civ. 12 mars et 19 mars 1884. S. 85, 1, 49, note de M. Labbé.)

« Attendu que les dames de la congrégation de Saint-Maur demandaient uniquement à être maintenues provisoirement en possession de la maison qu'elles occupent depuis plus de soixante ans, et réintégrées dans ladite maison dont elles avaient été expulsées ; — qu'elles appuyaient leur prétention sur divers titres civils, notamment sur un titre de 1711 produit par elles ; — que si le maire de Toulon se prévalait de certains actes administratifs, ces actes étaient étrangers à la question à résoudre ; — que la contestation était donc de la compétence des tribunaux civils, et que, à raison de son caractère d'urgence, le juge des référés en avait été valablement saisi... » (Aix, 9 janvier 1872. D. 72, 2, 101 ; Lyon, 27 mars 1873 ; D. 75, 2, 149).

« Attendu que les frères des écoles chrétiennes demandent à être maintenus à raison d'un droit d'usage et d'habitation ; que par suite le tribunal aurait à trancher une question de propriété.... » (Nancy, 6 décembre 1879 ; D. 1881, 2, 167 ; trib. de la Seine, 11 décembre 1882 ; *Gazette du Palais* et *du Notariat*, 1882, p. 501. — V. Cass. 2 mars 1886. *La Loi*, 4 mars 1886).

Voir aussi les arrêts rapportés par M. Bazot (p. 212 et suiv. Dijon, 11 août 1869 ; D. 63, 2, 190).

Dans le sens de l'incompétence, arrêté de la Cour de Chambéry

11 décembre 1871 (S. 72, 2, 206) : «Attendu que les frères de la doctrine chrétienne ne produisent pas de convention écrite, et que la commune dénie toute convention verbale ; — que sous ce rapport il y avait obstacle à la juridiction des référés.... »

« Considérant en fait que des arrêtés préféctoraux ont nommé des instituteurs, etc... ; — considérant qu'à la suite de l'exécution de cet arrêté les frères ont saisi le juge des référés d'une demande en réintégration ; — considérant que dans ces circonstances la demande en référé formée par les frères tendait évidemment à paralyser les arrêtés préfectoraux.... (Conflits, 27 janvier 1883. S. 85, 3, 2).

La Cour de Nancy a décidé avec non moins de raison que l'acte par lequel le préfet ou son délégué fait fermer une chapelle *non autorisée* est un acte administratif, et qu'il n'appartient pas à l'autorité judiciaire d'en connaître, notamment si la fermeture résulte de l'apposition des scellés (Nancy, 31 juillet 1880. P. 1880, p. 929. Cf. Cassation, 26 janvier 1881. P. 81, 748. S. 81, 1, 304).

Mesures diverses.

La Cour de cassation a eu à proclamer les mêmes principes à l'occasion de travaux publics à faire par une commune, alors que se posait une question préjudicielle de propriété entre un particulier se prétendant lésé et la commune, relativement à l'élargissement d'un chemin : c'est à l'autorité judiciaire qu'il appartient d'en connaître.

Par contre, le juge des référés ne saurait ordonner une expertise à l'effet d'examiner des viandes dont un arrêté municipal a prescrit l'enfouissement, en les considérant comme impropres à la consommation, cette mesure devant avoir pour effet de contrôler ou de suspendre l'exécution d'un acte administratif (Bordeaux, 24 août 1875. S. 76, 2, 318. Cass. 22 juillet 1879. D. 80, 1, 175).

Un autre exemple fera bien ressortir la portée de cette règle. Il a été jugé par le conseil d'État, que le traité passé entre une compagnie et une ville pour le « gaz » est un contrat administratif (Conseil d'État, 7 août 1863. D. 64, 3, 12 ; Conseil d'État, 21 juin 1855. D. 56, 3, 15). Mais il ne s'ensuit pas que les contrats passés ensuite entre la Compagnie et les particuliers, soient des contrats administratifs ; et la cour de Cassation, dans un arrêt de la Chambre civile du 16 décembre 1878, confirmant un arrêt de la cour de Bordeaux du 8 août 1877 (D. 79, 1, 119), a parfaitement décidé qu'une police d'abonnement pour l'éclairage au gaz, étant destinée à établir des obligations réciproques entre une compagnie et des particuliers, est un contrat essentiellement civil, dont l'appréciation appartient exclusivement à l'autorité judiciaire, alors même que cette police serait conforme à un modèle approuvé par l'administration ; par suite le juge des référés peut connaître de l'exécution de cette police.

On peut donc dire qu'un acte privé dont l'application définitive exigera l'interprétation d'un autre acte à fournir par l'autorité administrative ne devient pas par cela même un acte administratif ; il reste dans son ensemble un acte privé, et il y a lieu, notamment si l'application s'en présente en matière de référé, de suivre les règles ordinaires de compétence.

Un autre exemple fera ressortir l'application de ces principes. La Cour d'Alger, dans un arrêt du 3 février 1881 (*Palais*, 81, p. 318), avait décidé que le président était incompétent pour nommer des experts à l'effet de constater des dégâts que des particuliers prétendaient avoir éprouvés par suite d'exercices de tir ; ce qui était bien jugé. Mais la Cour d'Angers faisait une application non moins régulière des principes exposés, en décidant que le juge des référés était compétent pour nommer des experts à l'effet de constater les dommages et malversations causés par des troupes françaises, ces dommages rentrant dans la compétence des tribunaux civils (Angers, 30 mars 1871. S. 71, 2, 262).

Cette incompétence étant *ratione materiæ* peut être proposée en tout état de cause, et doit même être prononcée d'office par le juge. (Lyon, 13 juin 1872. S. 72, 2, 124.)

Dans tous les cas il appartient au procureur de la république d'assister à l'audience des référés et de prendre des conclusions sur l'arrêté de conflit pris par le préfet (Avis du comité de législation du 3 mai 1844 ; tribunal des conflits du 11 janvier 1873 ; D. 73, 3, 1).

CHAPITRE IV

LE JUGE DES RÉFÉRÉS NE DOIT PAS, SOUS PRÉTEXTE D'URGENCE, DÉROGER
A L'ORDRE DES JURIDICTIONS.

J'ai dit plus haut comment la notion de l'urgence était une idée toute relative, et devait s'entendre plus ou moins étroitement selon les cas. J'ai montré comment ces deux principes déterminatifs de la compétence du juge des référés, à savoir l'urgence et la règle de l'article 809, devaient dans chaque situation donnée, se combiner ensemble et se compléter. J'ai dit que le juge des référés devait être d'autant plus large dans l'appréciation de l'urgence, que sa décision devait moins préjudicier au principal, et montré comment il y aura d'autant moins à craindre de faire préjudice au principal, que le résultat de l'ordonnance sera de créer un état de choses distinct de celui sur lequel le juge du fond aura à statuer.

Or la règle que je formule ci-dessus comme un chapitre spécial de ce sujet n'est en somme qu'une des applications des principes ainsi posés.

J'ai cru utile de rattacher ainsi par une formule générale diverses décisions et applications du principe que je vais analyser. Et je me crois d'autant plus autorisé à le faire, qu'indépendamment des principes posés au titre des référés, il me semble qu'il existe dans l'organisation même de la juridiction une coordination de règles et un ensemble de vues. qui interdisent tout empiètement d'une procédure sur une autre.

Ce principe que l'on pourra me contester et que je n'ai trouvé formulé nulle part, me semble certain, et sert de critérium pour de nombreuses décisions; quelques applications suffiront pour le mettre en lumière.

D'ailleurs M. Chauveau avait déjà dit dans le même sens (Q. 2754): « Que le juge des référés peut porter, par ses décisions qualifiées provisoires, préjudice au fond, et commet un excès de pouvoirs toutes les fois que, sous prétexte d'urgence ou d'intérêt des parties, il substitue une marche arbitraire à celle qui est indiquée par la loi. » Et M. de Belleyme (t. I, p. 388), étudiant la compétence, formule en passant cette même idée « que le président doit se déclarer incompétent... si la loi attribue la connaissance de la difficulté à une autre autorité... » Déjà le tribun Réal disait : « Il ne s'agit plus que de *coordonner cette institution au système général...* » C'est cette idée que je vais développer.

I. Le *juge des référés est incompétent quand le juge du principal est saisi*, ou encore, quand il s'agit de statuer sur un incident d'une demande principale.

II. *De l'ordre.*

III. *Des contributions.*

IV. *Des faillites.*

Section I. — Le juge du principal dessaisit le juge du référé. (Cf. Art. 26 C. Pr. civ.)

Dans son ouvrage sur les lois de la procédure civile (Q. 2763 *bis*) M. Chauveau semble soutenir l'opinion inverse, tout en rapportant l'avis de M. Pigeau qui admettait au contraire le système que je propose. La raison donnée par Chauveau, c'est qu'il peut y avoir urgence à obtenir une décision rapide, et que l'on ne voit pas pourquoi on serait forcé de subir les lenteurs d'une instance, alors qu'on pourrait avoir le recours si facile du référé.

Je crois cependant qu'il est plus juridique de dire que le juge des référés doit s'abstenir de statuer, quand le juge du fond est saisi.

Il ne saurait y avoir de doute quand la question que l'on soumet au juge des référés est celle-là même dont le juge du fond est saisi, et nous en avons vu plusieurs exemples dans des arrêts récents, au sujet de la revendication de meubles saisis.

Mais j'en dirais autant de demandes qui ne seraient qu'un incident de la demande principale.

Cette question est très discutée, et les auteurs et la jurisprudence sont très divisés sur ce point.

M. Bazot incidemment (p. 247), et M. Berlin semblent admettre que le président n'en reste pas moins compétent pour connaître des affaires dont le juge du principal est saisi.

Les raisons que l'on peut donner dans ce sens sont tirées :

1° De l'argument du texte de l'article 806 : « Dans tous les cas d'urgence », et des nécessités pratiques que l'on invoque à l'appui.

2° Des inconvénients qui peuvent résulter des lenteurs forcées de la procédure à l'audience.

D'une part l'article 337 C. Pr. c. et l'article 70 du décret du 30 mars 1808 veulent un délai de trois jours entre l'avenir de l'audience et le jugement.

D'autre part, la difficulté de l'exécution provisoire, etc.

3° Les deux actions portées l'une devant le juge des référés, l'autre au principal, sont toutes différentes, n'ont pas le même objet et peuvent très bien exister parallèlement l'une à l'autre (Bertin, n° 177).

Aussi un certain nombre d'arrêts sont rendus dans ce sens. Nous en avons déjà vu un qui autorisait, en matière de saisie-arrêt, le débiteur saisi à toucher, nonobstant l'opposition, les quatre cinquièmes de ses appointements, qui avaient un caractère alimentaire (Cass. 17 février 1874. V. *suprà*).

On a jugé que pendant l'instance en séparation de corps le président demeure compétent pour statuer sur la résidence de la femme, la garde provisoire des enfants (Paris, 4 août 1871; D. 73, 2, 21, et note; Orléans, 1er mai 1863 ; D. 69, 2, 106).

M. Bertin rapporte un arrêt de la cour de Paris, qui confirme une ordonnance permettant l'exécution des travaux, par l'expert que le tribunal avait commis seulement pour constater l'état des lieux (Paris, 25 nov. 1871; Bertin, t. II, p. 120).

Cependant je crois que le système qui dénie toute compétence au juge des référés, au cas d'instance pendante, est mieux fondé en droit.

Rappelons en effet les principes qui ont fait instituer cette juridiction des référés.

Il est certain tout d'abord que l'édit de 1685 ne prévoyait que des cas de référés en dehors de toute instance principale.

Le législateur moderne a-t-il voulu déroger à cette pratique?

Lisons le rapport du tribun Réal, nous verrons que bien au contraire il vise constamment des référés antérieurs à l'audience.

« Quelques personnes ont paru craindre qu'il ne fût plus facile d'abuser des cas d'urgence... et de faire porter à l'audience des référés des contestations qui devraient être portées à l'audience ordinaire du tribunal..... Le discernement et la probité du magistrat feront le reste. Renvoyant à l'audience les contestations qui seraient portées en son hôtel, etc... » — « Vous désirerez que les jugements sur référés soient dans les départements ce qu'ils sont aujourd'hui pour la capitale, c'est-à-dire l'extinction totale et définitive d'une immense quantité de contestations qui aux yeux de la loi ne sont jugées que provisoirement. » — Tout cela ne semble-t-il pas viser des référés antérieurs à toute instance?

C'est en m'inspirant des mêmes principes que j'avais cru pouvoir dire que les référés, au cas d'urgence, n'ont pour but que de mettre en réserve les droits des parties, pour permettre d'attendre sans risques le résultat de l'instance qu'il pourrait leur plaire d'intenter ultérieurement.

D'ailleurs on pourrait, je crois, trouver dans les règles générales des motifs de décider en ce sens.

1° Ne pourrait-on pas invoquer la litispendance? A. 171 C. pr. civ. : « S'il a été formé précédemment, en un autre tribunal, une demande pour le même objet,..... le renvoi pourra en être demandé et ordonné. » On admet généralement que l'exception de litispendance est obligatoire pour le juge. Je sais bien que très souvent il arrivera qu'il n'y aura pas lieu de reconnaître cette exception, qui suppose que *la même demande* est portée devant des juges différents. Cependant il arrivera souvent que cette exception pourrait être soulevée utilement en cette matière.

2° D'ailleurs n'a-t-on pas l'exception de connexité, prévue par le même article 171?

3° Enfin ne doit-on pas dire que les principes qui régissent l'organisation judiciaire, s'opposent à ce conflit possible de juridictions saisies de la même demande?

Ce sont ces divers principes qu'une jurisprudence récente

semble reconnaître. La Cour de Pau a jugé que l'on ne devait pas porter devant le juge des référés une demande qui n'est qu'un incident d'une instance pendante devant le tribunal (Pau, 27 décembre 1871. S. 72, 2, 292) : « Attendu que quelque généraux que soient les termes de l'article 806 du Code de pr. civ., la juridiction des référés n'est pas exempte des règles de litispendance, et que lorsque le tribunal est complètement saisi de la connaissance de l'affaire, il n'en peut être dénanti par le juge des référés. »

La Cour de cassation (Req. 17 décembre 1860. D. 61, 1, 300) a décidé de même que, au cas d'instance pendante en nullité de saisie, le juge des référés ne peut ordonner un « passer outre ». « Attendu que l'instance préexistant au référé introduit par le demandeur et non encore terminée créait pour le juge des référés le devoir de renvoyer les parties devant le juge déjà saisi de la demande principale sur la poursuite objet du référé. » La Cour de Cassation se borne à affirmer le principe, qui tient plutôt en effet à la réglementation de la juridiction des référés, toute d'exception, qu'à l'application de textes du Code de procédure civile.

Cet arrêt confirmait un arrêt de la Cour de Paris du 19 mai 1860, et une ordonnance qui s'était bornée à dire : « Attendu qu'une instance est pendante entre les parties. »

Les décisions sont d'ailleurs nombreuses dans ce sens (Bioche, n° 8, *Référé*. Dutruc, Suppl., t. III, n° 11 et n° 134. *Journal du Palais*, table, n°ˢ 269 et s.; Dalloz, *Référé* ; Pigeau, Comm., t. II, p. 492).

Par application de ce principe la Cour de Paris a jugé que le président ne pourrait ordonner une expertise à l'effet de vérifier les dommages causés par un incendie alors qu'une demande tendant à l'exécution du contrat d'assurances est engagée devant le tribunal (Paris, 17 février 1872; D. 76, 2, 162. *Ibid.* Paris, 9 déc. 1872) : « Considérant qu'il n'est pas contesté qu'à la date du 10 juin 1872, les appelants avaient saisi le tribunal civil de leur demande au principal; qu'il appartenait donc au juge du principal seul de statuer sur l'expertise au cas où elle aurait été reconnue nécessaire. »

Pau, 27 décembre 1871 (S. 72, 2, 292). Il ne peut connaître de la demande d'un cohéritier tendant à faire régler jusqu'au partage, la jouissance d'une succession indivise, alors que le tribunal est saisi d'une demande en partage.

Il ne peut connaître d'une demande en expulsion avec séquestre et vente du mobilier, alors que le locataire est déjà assigné en payement de loyers (Paris, 10 déc. 1874; D. 76, 2, 163).

Il ne peut ordonner que l'appartement sera visité alors qu'il y a une contestation sur la validité du congé (D. 1873, 5, 392).

Il ne peut nommer un administrateur provisoire pendant une instance en interdiction (Bordeaux, 28 avril 1879) : «Attendu que l'article 497 C. civ. détermine la juridiction compétente pour commettre l'administrateur provisoire qui peut, après le premier interrogatoire, être chargé de prendre soin de la personne et des biens du défendeur à l'interdiction ; — que la loi remet au tribunal le soin d'apprécier souverainement l'opportunité de cette mesure et de l'ordonner s'il y a lieu ; — qu'il n'est pas permis de déroger pour des motifs d'urgence à ces prescriptions, et de restreindre les garanties qu'elle accorde au défendeur à l'interdiction, en abandonnant à un magistrat unique une décision pour laquelle elle exige le concours du tribunal entier ; qu'il y a donc lieu d'annuler pour incompétence l'ordonnance qui a nommé un administrateur provisoire » (S. 1880, 2, 216).

Enfin plus récemment dans le même sens : Trib. de la Seine du 17 janvier 1883. *La Loi*, 17 janvier 1883. Aix, 22 mars 1884. *La Loi*, 16 août 1884. S. 84, 2, 293 ; Paris, 22 juillet 1884. *La Loi*, 1884, à propos de la revendication des meubles saisis. Cf. Paris, 7 novembre 1885. *J. des avoués* 1885, p. 509. Cf. Paris, 20 janvier 1885 (saisie-arrêt). *Le Droit*, 21 février 1886, Paris, 8 janvier 1885. *Gaz. Trib.*, 22 février 1885. Il n'appartient pas au juge des référés d'interpréter une clause du bail, alors surtout que le tribunal est déjà saisi de cette demande d'interprétation par voie d'action principale.

Deux questions semblaient faire doute. On s'est demandé si le président ne pourrait pas connaître des demandes provisoires pendant l'*instance en séparation de corps*. Une autre question très discutée se posait à propos de l'ordonnance de saisie-arrêt.

J'ai cité sur cette première question un arrêt reconnaissant au président compétence pour connaître de la garde des enfants pendant la demande en séparation de corps (Paris, 4 août 1871. D. 73, 2, 21). Et l'on a aussi cité à l'appui de cette opinion un arrêt de la Cour de cassation du 15 juillet 1879 (S. 80, 1, 97) sur lequel je vais m'expliquer.

On fait valoir en effet à l'appui de ce système une raison morale, tirée de ce qu'il convient, alors qu'aucun jugement n'est encore rendu, de faciliter une réconciliation entre les époux ; ce pouvoir est donné au président par l'article 878 du Code de proc. civ. ; n'est-il pas raisonnable de dire qu'il pourra lui en être référé, sur les difficultés survenant après les mesures ordonnées par lui, alors surtout que cet article ne semble renvoyer à l'audience « que les demandes en provision ? »

Aussi la Cour de cassation a jugé, conformément à ce système, dans l'arrêt que je viens de citer, que le président pouvait et devait statuer sur la garde des enfants.

Mais je remarque que cet arrêt ne vise qu'une mesure prise au début de l'instance, alors que la demande n'est pas encore formée. Je conclus donc que si l'instance est engagée, ce devrait être au tribunal à statuer. C'est d'ailleurs ce qu'ont décidé la Cour d'Angers (17 juillet 1873. D., 74, 5, 444) et la Cour de Dijon (20 décembre 1871. D. 72, 5, 403) à propos du changement de résidence de la femme.

Une question très grave se posait en matière de *saisie-arrêt* faite en vertu d'une ordonnance du juge, contenant la réserve de référé.

On se demandait : 1° si cette ordonnance était susceptible d'appel ; 2° si le président pouvait, en vertu de cette réserve, faire tomber une procédure de saisie-arrêt déjà pendante devant le tribunal.

Sur cette question difficile entre toutes on s'était demandé si cette réserve de référé était légale. Elle avait été introduite dans la pratique par M. de Belleyme. J'en ai cependant trouvé déjà un exemple dans Pigeau à propos de la saisie-revendication

(V. *supra.*) Et l'on se demandait si le président pouvait aussi donner une permission sous condition. N'y avait-il pas violation des articles 558, et 567 C. pr. civ.? Première difficulté.

En outre ce référé en vertu de l'ordonnance du juge rendue sur requête, était-il celui de l'article 806? Y avait-il lieu à appel? La jurisprudence la plus récente semblait fixée dans le sens de la négative (Paris, 23 mai 1884. *Le Droit*, 14 juillet 1884. Paris, 16 janvier 1884. *La Loi*, 6 février 1884).

Enfin jusqu'à quel moment pouvait ainsi intervenir cette ordonnance de référé en rapport de l'ordonnance sur requête?

V. sur ces points Bazot, 137 à 161 ; Bertin, t. I, 47 et suiv., 102 et suiv.

Au point de vue de l'objet de ce chapitre une grosse question était soulevée. A quel moment le juge pouvait-il retirer la permission de saisie-arrêt? Le pouvait-il encore après l'assignation en validité? Si oui, le pouvait-il quand le saisi a constitué avoué? Si oui encore, le pouvait-il après la signification des conclusions en défense ?

Il y avait des décisions dans tous les sens. Un arrêt récent de la Chambre civile (aud. des 9 et 10 novembre 1885, *La Loi*, 11 novembre 1885) est venu mettre fin aux incertitudes, en appliquant les principes que je formulais plus haut.

Cet arrêt décide d'une part « que l'ordonnance rendue par le président d'un tribunal civil, sur le référé introduit devant lui par suite de la réserve insérée dans une ordonnance précédente qui autorisait une saisie-arrêt, et rétractant cette permission de saisie-arrêt, est, conformément à l'article 809 du Code de procédure civile, susceptible d'appel. » — Ceci est étranger à la question que j'examine, et je ne le cite que comme décision fixant la jurisprudence.

En ce qui nous concerne spécialement, l'arrêt décide « que le président en référé, en rapportant sa première ordonnance *alors que déjà l'instance est engagée au principal* par une assignation en validité, excéderait tout à la fois ses pouvoirs comme juge de référé en faisant échec au principal, et ceux pouvant résulter de la réserve insérée dans sa première ordonnance »

(Présid. de M. Barbier, premier président, concl. conf. de l'avocat général Desjardins).

Il est certain que cet arrêt va causer une grande perturbation dans la pratique du palais. Il est certain que le débiteur saisi n'est généralement avisé de l'opposition que par la dénonciation qui en est faite, et qui contient assignation en validité : le même acte lui apprend donc que l'opposition est faite en vertu d'une ordonnance surprise peut-être à la bonne foi du juge, et qu'il est trop tard pour lui en demander la rétractation. La conséquence de ce principe sera que les juges n'accorderont plus de permissions de saisir-arrêter, ce qui certainement ne sera pas un progrès. Le remède serait dans la création d'un nouveau mécanisme de la saisie-arrêt ; mais les Codes civil ou de procédure ne sont pas chose à laquelle on touche volontiers. Espérons toutefois que la commission pour la réforme du Code de procédure ne négligera pas ce point de vue très important.

Arrêt de la Chambre civile du 7 novembre 1885.

Au moment de terminer cette étude, je trouve dans le numéro du journal *La Loi* du 6 janvier 1886 le rapport qui fut fait à ce sujet par M. le conseiller Onofrio, et les conclusions de M. l'avocat général Desjardins. Je crois utile de les rapporter à titre de document, ainsi que le texte même de l'arrêt en ce qui concerne notre question seulement.

La Cour de Paris, par arrêt du 14 décembre 1882, avait statué :

« Considérant que la saisie a été pratiquée et consommée dès le 16 février (l'assignation en rapport d'ordonnance était du 16 avril, ainsi que le constate l'arrêt) ; — Que par l'assignation en validité le tribunal a été constitué juge du principal ; — Qu'il n'importe pas de constater si l'instance a été ou non liée entre les parties, dès lors que le tribunal doit seul connaître de la cause ; — Qu'il n'est point légal d'admettre, les choses n'étant plus entières et deux mois après l'exécution consommée, que le président, soit en vertu de sa juridiction gracieuse, soit en vertu de son pouvoir de juge en référé, et prorogeant de lui-même un pouvoir provisoire, nécessairement limité à raison des circonstances ou de l'urgence, ait pu aller jusqu'à autoriser le tiers saisi à se libérer, nonobstant la saisie pratiquée et tenant jusqu'à la solution à intervenir sur l'instance en validité commencée ;

« Considérant que l'ordonnance attaquée fait préjudice au principal, en dessaisissant indûment les juges du fond, ou en les mettant en face d'une saisie levée, ou désormais sans titre ;

« Par ces motifs :

« Reçoit les appelants en la forme ;

« Met à néant ce dont est appel du chef de l'ordonnance du 16 février 1882 ;

« Renvoie les parties à se pourvoir au principal, l'incident joint à l'instance en validité. »

Sur le pourvoi, en ce qui concerne ce chef, M. le conseiller rapporteur s'exprime ainsi :

« Le système de l'arrêt attaqué, dit le pourvoi, est tout entier dans cette proposition que le juge du référé n'a de pouvoirs que pour statuer sur le provisoire et sans préjudicier au principal. Il suit de là, d'après l'arrêt, que lorsque le juge du principal est saisi, le juge du référé ne peut pas le dessaisir par une décision qui rendra inutile et sans résultat possible l'instance engagée.

« Il en est ainsi en matière de saisie-arrêt formée avec permission du juge. Si, après la demande en validité, la permission est retirée, l'instance en validité tombera forcément, le principal aura pris fin, et c'est une décision de référé qui aura donné la solution définitive, ce qui est contraire aux principes qui régissent la juridiction gracieuse comme la juridiction des référés.

« Il est facile, continue le pourvoi, de répondre à cette argumentation. Le président qui, sur le référé par lui réservé, modifie ou rétracte la permission de saisir-arrêter, ne prétend nullement dessaisir le tribunal et statuer au principal. Il reste dans la limite de sa compétence, puisque dans la seconde ordonnance comme dans la première il n'agit qu'en vertu du pouvoir spécial qui lui est donné par la loi : autoriser une saisie-arrêt pour le créancier qui n'a pas de titre. Or ce pouvoir lui est donné à lui seul, non au tribunal.

« Il est bien vrai que cette permission étant la base nécessaire de la saisie, ce retrait qui en sera fait aura pour résultat de faire tomber la saisie-arrêt. Mais pour cela on ne peut pas dire que le président statue sur la demande en validité : il ne statue que sur la question de savoir s'il y a lieu de donner un titre pour saisir, au créancier qui n'en a point. Ce qui se passe alors, est analogue à ce qui aurait lieu si la saisie avait été faite en vertu d'un jugement par défaut, rendu par une autre juridiction, et qui serait rétracté sur opposition après la demande en validité...

« Il n'est pas exact d'ailleurs de dire que la juridiction du référé implique par sa nature la circonstance que le tribunal n'est pas encore, au moment où elle s'exerce, saisi de la contestation au fond. Le juge du référé ne statue que sur la provision ; mais précisément pour cela sa décision peut être invoquée lorsque le litige est engagé sur le fond, et afin que les lenteurs du procès ne soient pas trop nuisibles à l'une ou à l'autre des parties. *Il règle en ce cas la possession pendant le procès* et n'usurpe pas sur le principal... »

On invoque en outre l'opinion de M. Bertin (*Ordonn. sur requêtes*, t. I, n° 239 et suiv.), qui montre comment la demande en validité ne saurait changer la nature de l'acte qui lui sert de base, et qui est resté provisoire et révocable. Cela d'autant plus que l'instance en validité n'avait pas été liée par les conclusions des parties (Bertin, n° 241, *eod.*).

La défense répond :

« Si l'on décide que la seconde ordonnance est une ordonnance de référé rendue dans les termes de l'article 806 du Code de procédure civile, il faut bien admettre que le pouvoir du président est limité, par la règle que le juge du référé ne statue que sur la provision, sans pouvoir faire grief au principal.

« Or, le juge du provisoire fait-il grief au principal quand, en présence de la demande en validité d'une saisie-arrêt faite en vertu de permission, il met à néant cette permission et rend ainsi inutile la procédure de validité ?

14

« Comment soutenir la négative ? Dans une note sur l'arrêt de la Cour de Paris du 8 août 1871 (D. 1875, 1, 105), M. Cazaleus dit très bien : « Il est clair que quand le président rétracte, au cours d'une instance en validité de saisie-arrêt, l'ordonnance en vertu de laquelle la saisie-arrêt avait été pratiquée, il ne se borne pas à porter au principal un préjudice plus ou moins grand, il le juge au moins implicitement, et que dès lors la seconde ordonnance contrevient à la fois au principe général qui domine la matière des référés, et à la disposition spéciale de l'article 567 C. pr. civ., qui donne compétence au tribunal pour statuer sur la demande en validité et en mainlevée de la saisie-arrêt. »

« M. Massé, note sur un arrêt de la Chambre des requêtes du 26 novembre 1856 (S. 57, 1, 114) en matière d'envoi en possession, dit : « Nous ne pensons pas que le président saisi comme juge des référés puisse aller jusqu'à annuler ou rapporter l'ordonnance d'envoi en possession précédemment rendue. »

D'ailleurs l'arrêt attaqué a constaté qu'il n'y avait pas urgence.

Sur ce rapport et après les plaidoiries de Mes Sabatier et Barry, M. l'avocat général Desjardins conclut en ces termes :

« Le second moyen du pourvoi est fondé sur une prétendue violation des articles 567 et 568 du Code de procédure ; la Cour de Paris aurait déclaré à tort que le président ne pouvait plus rétracter son ordonnance.

« Je crois, Messieurs, avec l'arrêt attaqué, qu'il ne pouvait plus la rétracter. Le liquidateur avait demandé à ce magistrat, pour la forme, que « les parties fussent renvoyées à se pourvoir au principal ». Mais l'ordonnance de référé ne contient pas même cette réserve. A quoi bon en effet l'y insérer ? Que pourra faire le juge au principal ? Le saisissant n'a plus de titre, puisqu'il précisait son droit de saisir-arrêter dans l'ordonnance sur requête et que celle-ci est rapportée. Dès lors, *le juge du principal se meut dans le vide*. Cependant il est régulièrement saisi par l'assignation en validité ! C'est à lui qu'il appartient désormais d'apprécier si le saisissant a tort ou raison ; or, non seulement en fait, le tiers saisi se sera libéré « valablement » aux mains de son débiteur, et peut-être les sommes ainsi payées échappent-elles définitivement au saisissant, mais encore je n'aperçois pas le moyen légal de valider une saisie pratiquée sans titre. La Cour de Paris a pu et dû dire, en thèse, que l'ordonnance du 16 mai 1882 avait porté préjudice au principal. »

Il continue en faisant remarquer qu'il n'y a aucune analogie avec l'espèce tranchée par l'arrêt du 17 février 1874 où il s'agissait d'une réduction au cinquième des effets de la saisie, à raison du caractère alimentaire du surplus.

La Cour de cassation a statué en ces termes; je rapporte l'arrêt entièrement, vu son importance, quoique la seconde partie seule ait sa place dans cette section.

« La Cour :

« Sur le premier moyen : Attendu que l'ordonnance du 16 mai 1882, par laquelle le président du tribunal civil de la Seine a rapporté sa précédente ordonnance, portant permission de saisie-arrêt par Varinot et consorts au préjudice de la compagnie du chemin de fer de Bourges à Gien, a été rendue par ce magistrat jugeant en référé, et après un débat contradictoire ; — qu'elle avait pour objet un litige sur l'exécution d'une ordonnance de justice ; — qu'elle avait dès lors les caractères d'une ordonnance de référé ;

« Attendu qu'aux termes de l'article 809 du Code de procédure civile, appel peut être interjeté d'une pareille ordonnance ; — que dès lors l'appel de Varinot et consorts était recevable.

« Sur le second moyen :

« Attendu qu'il résulte de l'arrêt attaqué que l'ordonnance du 16 mai 1882 a été rendue, alors qu'avait été formée la demande en validité de la saisie-arrêt permise par le président, et mise à exécution par Varinot et consorts ;

« Attendu que cette seconde ordonnance, en rétractant absolument la permission de saisir-arrêter, faisait disparaître la matière de la saisie-arrêt, et rendait inutile et sans portée la décision sur le fond ;

« Qu'elle entraînait ainsi forcément préjudice au principal dont le tribunal avait été saisi sur la demande en validité ;

« Qu'elle dépassait par là les pouvoirs du juge des référés ;

« Attendu, d'autre part, que le président du tribunal ne trouvait ni dans les dispositions de l'article 558 du Code de procédure civile, ni dans la réserve qu'il avait faite de statuer à nouveau, en cas de difficulté, le pouvoir de mettre à néant une saisie-arrêt dont la validité avait été soumise au tribunal par une demande régulière ;

« Attendu dès lors qu'en infirmant la seconde ordonnance, et en maintenant la permission de saisir-arrêter donnée par la première pour être statué au fond par le juge du principal, l'arrêt attaqué n'a violé ni les dispositions de la loi, ni les principes de droit invoqués par le pourvoi, P. C. M. Rejette... » *La Loi*, 6 janvier 1886; *J. des Avoués*, 1885, p. 502, art. 6278).

On peut se demander si la question est définitivement tranchée, et l'on pourrait en douter. La Cour de Paris a en effet jugé par arrêt du 18 janvier 1886 (*Gazette des Tribunaux* du 20 janvier) que le président pouvait rapporter l'ordonnance même après que la demande en validité avait été formée. Cet arrêt se motive par cette circonstance que l'assignation en référé avait été donnée deux jours seulement après la dénonciation de la saisie-arrêt ; que par suite on ne peut dire que le saisi ait renoncé à invoquer la condition résolutoire qui affectait le titre en vertu duquel l'opposition était formée, ainsi que les actes de procédure qui en sont la suite ; il en aurait été autrement d'après l'arrêt, si le saisi avait constitué avoué, ou pris des conclusions ou s'il avait laissé un délai assez long s'écouler depuis la dénonciation.

Il est bien certain que cet arrêt motivé en réalité par des circonstances de fait n'est pas conforme aux principes qui résultent de l'arrêt de la Cour de cassation, et qu'il serait désirable de voir admettre comme définitivement fixés.

Voir dans le même sens, arrêt de la septième chambre de la Cour de Paris du 19 février 1886 (*La Loi*, 23 février 1886) disant que le référé est possible tant que le débiteur n'y a pas renoncé soit en termes exprès, soit en manifestant par une constitution d'avoué la volonté de comparaître devant le tribunal.

Section II. — De l'ordre.

Je n'ai à examiner, comme rentrant dans les cas d'urgence, que les questions qui pourraient être soulevées au cours de la procédure d'ordre proprement dite. Il est bien certain en effet que pour tout ce qui concerne les difficultés relatives à l'exécution des borderaux de collocation régulièrement délivrés, le juge des référés est compétent en vertu de la seconde partie de l'article 806, s'agissant de l'exécution d'un titre exécutoire (V. sur ces cas divers, Bertin, n°s 952 à 561, t. II ; De Bell., t. II, p. 88 et suiv.). On doit de même admettre que le président serait compétent pour assurer l'exécution des clauses du cahier des charges, comme la remise de titres, etc. (Bertin, n°s 939 suiv. De Bell., *ibid.*).

Supposons donc la procédure d'ordre ouverte, ou à ouvrir : quelle est la compétence du président?

M. de Belleyme nous le dit (t. II, p. 86). « Pendant l'instance d'ordre, aucune difficulté, aucune mesure ne peuvent être présentées en référé ; c'est une procédure spécialement réglée par la loi, et dans laquelle tous les incidents doivent rentrer. »

Le juge des référés pourrait en effet être saisi, soit par un créancier en ordre utile désireux d'éviter des frais, ou même d'obtenir, avant l'expiration des délais de l'ordre ouvert, paiement des arrérages à lui dus sur le prix conservé par l'adjudicataire, ou consigné par lui et la caisse des dépôts et consignations ; soit par l'adjudicataire qui voudrait se libérer de son prix, sans cependant avancer les frais nécessaires à la procédure de libération.

Or, dans les deux cas, le président ne saurait être compétent.

1° *Reconnaissance du droit des créanciers et collocation à leur profit.*

Premier cas. — Nous avons vu que le président ne saurait sans préjudicier au principal reconnaître l'existence d'un privilège, ou même d'un droit hypothécaire. Ce point est désormais constant ; comment alors admettre qu'il puisse procéder à un ordre en dehors des règles du Code de procédure, alors que le résultat forcé de ses ordonnances serait de reconnaître le droit d'un créancier?

Au point de vue théorique, la chose est si certaine qu'il paraît presque inutile de formuler le principe. Cependant on comprend très bien qu'en pratique la question ait pu naître.

On peut supposer en effet une inscription prise en vertu d'une hypothèque judiciaire et grevant un immeuble d'un prix très minime. Pour un motif quelconque on ne peut avoir la mainlevée des autres inscriptions, ni aboutir à une quittance amiable chez le notaire. Faut-il ouvrir un ordre dont les frais absorberont le prix de la vente?

Ou bien, c'est un créancier dernier colloqué qui veut obtenir une situation plus avantageuse. Voici ce que dit M. de Belleyme à ce sujet (t. II, p. 85) :

« On ne peut, en référé, ordonner contre les créanciers hypothécaires, contestants ou défaillants, l'exécution d'un ordre amiable dressé par acte notarié. » — « Considérant que le procès-verbal dressé par M. N... notaire ne peut être obligatoire que pour ceux qui y ont été portés; que D... créancier inscrit n'a pas donné son consentement au règlement de distribution de prix; que cet acte ne pourrait être exécutoire à son égard » (Paris, 5 mars 1835). — En général, les contestations des créanciers inscrits ou opposants n'ont pour objet que d'obtenir une meilleure part, ou faire de la procédure et des frais. Il est bien à regretter que la loi, en autorisant l'ordre amiable, n'ait pas donné les moyens d'y procéder malgré la résistance injuste d'un créancier exigeant. Il n'y a plus que deux parties, la masse, et le contestant ; on devrait pouvoir porter de suite la contestation à l'audience sans procéder par voie d'ordre. — J'ai ordonné plusieurs fois en pareille matière l'exécution d'ordres amiables, et mes ordonnances ont été exécutées. »

Concluons donc que quels que soient en fait les inconvénients pouvant résulter de cette législation, il faut s'y soumettre. C'est ce que la jurisprudence admet d'ailleurs universellement (V. *suprà*, Privilège).

Remarquons d'ailleurs que la situation du créancier qui aurait ainsi touché, à la caisse des dépôts et consignations, le prix afférant à sa créance, n'en serait pas moins dans une situation toute provisoire, en ce sens que l'on pourrait toujours revenir sur l'attribution faite à son profit ; il suffirait de se pourvoir au principal. C'est ainsi que le tribunal de la Seine, par un jugement du 9 février 1882 (*Gaz. notar.*, 18 avril 1882), a jugé : « que l'ordonnance de référé ne statuant qu'au provisoire ne saurait être assimilée à un bordereau de collocation ayant force de chose jugée ; qu'en conséquence elle ne peut opérer au profit du créancier qui l'obtient attribution définitive de la somme qu'il est autorisé à toucher à la caisse des dépôts et consignations ; que cette ordonnance ne peut que décharger cette dernière de l'obligation de garder la totalité des fonds ; mais que le créancier désormais détenteur desdits fonds en demeure comptable vis-à-vis des autres ayants droit. »

Il y a donc, comme on le voit, toujours intérêt à suivre les règles tracées au titre de l'ordre, puisque c'est ainsi seulement que le créancier peut être assuré définitivement du paiement qui lui est fait.

2° *Libération de l'adjudicataire.*

Deuxième cas. — L'adjudicataire, ai-je dit, est non moins intéressé à se libérer aussi rapidement que possible de son prix, qui demeure entre ses mains productif d'intérêts ; il ne peut le faire qu'en observant les formalités de l'article 777 Code pr. civ. et non par voie de référé. C'est ce qu'expose très bien un arrêt de la Cour de Lyon du 21 avril 1882 (S. 83, 2, 158. *Gaz. Palais*, 14 août 1882, p. 341).

« La Cour : Considérant que l'acquéreur sur aliénation volontaire qui, sans attendre la clôture de l'ordre, veut obtenir par la voie de la consignation la libération des hypothèques grevant l'immeuble vendu, doit se conformer strictement aux dispositions de l'article 777 C. pr. civ., — qu'il faut d'abord qu'il remplisse les formalités de la purge ordinaire, ainsi que celle de la purge légale, si son titre lui en fait une obligation ; — qu'il doit en second lieu sommer son vendeur de lui rapporter, dans la quinzaine, mainlevée des inscriptions qui se sont produites, et que ce n'est qu'après cette sommation et lorsqu'elle est restée infructueuse, qu'il est autorisé à consigner à la con-

dition de requérir dans les trois jours l'ouverture de l'ordre, et
de déposer à la caisse des dépôts et consignations ;

« Considérant qu'il se peut que cette consignation qui est faite
sans permission du juge, et qui est dénoncée au vendeur, soit
approuvée par ce dernier ou par les créanciers inscrits ; qu'il se
peut également qu'elle soit contestée ; que dans le premier cas
et à défaut de contestation, le juge commis à l'ordre, par ordonnance sur le procès-verbal, déclare la consignation valable et
prononce la radiation des inscriptions avec maintien de leur
effet sur la somme consignée ; que dans le second cas et si le
montant de la consignation est contesté, ce même magistrat,
tout en continuant les opérations de l'ordre, doit renvoyer les
parties devant le tribunal pour faire juger le différend ;

« Considérant qu'il résulte nettement de cette disposition,
qui a réglé tous les détails de cette procédure à suivre en pareille
matière, que le juge des référés n'a ni pouvoir ni qualité soit
pour ordonner la consignation d'un prix de vente sur aliénation
volontaire, soit pour ordonner la radiation des inscriptions prises par le vendeur ou par les créanciers, avec maintien de leur
effet sur le montant de la somme consignée ;

« Que l'ordonnance rendue par le juge des référés aurait pour
résultat non seulement de violer les dispositions de l'article 806
en ce qu'elle aurait été rendue hors des cas d'urgence, et qu'elle
préjugerait le fond du procès, *mais encore de substituer une procédure nouvelle aux dispositions si sages et si précises que le législateur a édictées en matière de purge et de radiation ;*

« Que c'est à tort que les consorts Favier allèguent que toutes
les parties ont été d'accord pour reconnaître la nécessité de la
consignation devant le juge des référés ; que l'un des vendeurs
F... n'a pas comparu puisque défaut a été donné contre lui, et
qu'il n'a pas été juridiquement établi que l'autre vendeur ait
autorisé les acquéreurs à consigner P. C. M. — dit que le juge
des référés était incompétent. »

Cet arrêt expose toute la matière, et je n'ai rien à y ajouter.

Bornons-nous seulement à remarquer que c'est seulement
en tant que sa juridiction se substituerait à celle du juge-commissaire que le juge des référés est incompétent ; pour le sur-

plus, il pourrait certainement statuer même en matière d'ordre (V. De Bell., 90 et suiv., t. II).

Sur l'ordre amiable devant le président, V. chap. suiv., *Folle enchère* (V. De Bell., II, 108).

Section III. — Des contributions.

On ne peut statuer en référé sur aucune difficulté lorsque la contribution judiciaire est ouverte ; ce sont des incidents de cette procédure.

« Ainsi on ne peut autoriser en référé la vente de l'inscription de rente, sur laquelle s'ouvre l'ordre ou la contribution et le dépôt du prix à la caisse des consignations, soit avant, soit après le règlement provisoire ; c'est une mesure incidente qui intéresse tous les créanciers parties à l'ordre, puisqu'il s'agit de réduction d'intérêts, et l'une des parties peut demander sa portion de rente en nature s'il est possible.

« Après le règlement provisoire surtout, le créancier est propriétaire de sa collocation, sauf contestation ; on ne peut donc le dénaturer en la vendant.

On statue en référé sur l'exécution des décisions judiciaires intervenues dans ou sur la contribution (De Bell., II, p. 66).

Ces principes doivent être tenus pour certains, et les auteurs sont unanimes pour les reconnaître (Bertin, n°ˢ 933 suiv., Bazot, 217).

Cependant la Cour de Lyon, dans un arrêt cassé d'ailleurs par la Cour suprême, avait cru pouvoir nommer un administrateur chargé de répartir aux créanciers l'actif d'une personne tombée en déconfiture. C'était, comme on le voit, une contribution déguisée, ouverte sur le patrimoine de l'insolvable. Or, nous avons vu déjà, notamment à l'occasion des expertises et des séquestres, que le juge des référés ne pourrait faire indirectement et par délégation ce qu'il n'aurait pas le pouvoir de faire lui-même.

Je rapporte cette espèce assez curieuse. Un sieur L... étant tombé en déconfiture proposa un traité à ses créanciers ; quelques-uns refusèrent ; il les assigna alors en référé à l'effet de suspendre les poursuites individuelles, de faire nommer un séquestre chargé de faire la répartition de l'actif.

Du 21 août 1852, ordonnance du président du tribunal civil de Lyon : « Considérant qu'il importe dans l'intérêt du sieur L..., comme dans celui de tous les créanciers, de prendre une mesure qui ait pour résultat de faire rentrer avec le moins de frais possible les éléments de son actif, et *d'assurer une régulière répartition* entre tous les ayants droit;... P.C.M. au principal, etc... Disons que Mᵉ D..., avoué à Lyon, est nommé séquestre judiciaire, à l'effet de recouvrer, dans l'intérêt de tous, les différentes créances faisant partie de l'actif du sieur L..., et à faire la répartition entre les créanciers au fur et à mesure des recouvrements suivant leurs droits respectifs.... »

La Cour saisie de l'appel confirme en donnant ou en développant les mêmes motifs, et prescrit notamment que lorsque les sommes encaissées dépasseront 4,000 francs, il en sera fait répartition entre les divers ayants droit.

Cet arrêt fut alors soumis à la Cour de cassation, pour violation des articles 1166 C. civ., 806 et 809 Code proc. civ. et 656, sur la contribution. « Il n'est presque aucune des mesures ordonnées, disait le pourvoi, qui ne soit entachée d'excès de pouvoir ; l'ordonnance avait un caractère définitif puisqu'elle créait un état de choses définitif, qu'elle suspendait les poursuites individuelles, et nommait un séquestre pour la répartition totale de l'actif du débiteur. — C'est de plus un mode arbitraire de recouvrement et de distribution ; ce prétendu séquestre a les pouvoirs d'un syndic de faillite. »

« La Cour : Attendu que le séquestre judiciaire a pour but unique la conservation soit d'une chose litigieuse, soit d'une chose affectée à la garantie des obligations du débiteur, etc.... D'où il suit que la Cour de Lyon, en nommant D... séquestre judiciaire des biens de L... avec mission de recouvrer tout l'actif de ce débiteur et d'en faire la répartition entre les divers créanciers, toutes les fois que les sommes encaissées dépasseraient 4,000 francs, a commis un excès de pouvoir » (Ch. civ., 17 janvier 1855. S. 1855, 1, p. 97 suiv.).

La décision dans l'espèce ne pouvait guère être douteuse, et je l'ai citée, non seulement pour établir l'incompétence du juge des référés en matière de contribution, ce que l'arrêt n'établit que surabondamment, mais pour montrer à quels entraînements peut se laisser conduire le juge des référés, désireux de faciliter, même en lésant des règles certaines, l'administration de la justice.

La même Cour de Lyon, dans un arrêt du 9 février 1871 (D. 71, 2, 127), a cette fois reconnu d'une manière certaine l'incompétence du président. Elle a décidé que le juge des référés excédait sa compétence, en décidant que les droits de mutation par décès réclamés par l'enregistrement seraient prélevés sur le prix d'une vente sur saisie de meubles d'une succession frappée d'opposition : une telle décision en conférant au fisc un privilège préjugeait nécessairement le fond.

Car c'est là la véritable raison ; le juge des référés ne saurait ordonner une collocation au profit d'un créancier sans préjuger le fond.

De l'ordonnance dite « en attribution de sommes ».

Il n'y a pas de difficultés sérieuses soulevées au sujet de ce qui vient d'être exposé et les décisions sont très rares. Une seule question vraiment importante a été agitée : c'est à propos du *privilège du propriétaire*, et de l'ordonnance dite en *attribution de sommes*.

Le juge des référés peut-il, alors qu'aucune contribution n'est ouverte, ordonner que le propriétaire sera payé sur le prix de la vente du mobilier, alors d'ailleurs que sa créance absorbe le prix de vente ?

Il faut pour que la question se pose : 1° que d'une part il n'y ait pas de contribution ouverte, car dans ce cas l'article 661 du Code de procédure indique la marche à suivre ; 2° qu'en outre le produit de la vente n'atteigne pas le montant de la créance du propriétaire, sinon celui-ci devra faire ouvrir la contribution. Il n'aurait pas d'intérêt à prendre la voie du référé qui a pour but surtout d'éviter les frais de la procédure de contribution, puisque sa créance est couverte.

La question ainsi posée, comment la résoudre ?

M. de Belleyme (t. II, p. 278) nous dit : « Lorsque les loyers échus absorbent le reliquat de la vente mobilière, déduction faite des frais de vente, seulement après taxe, et lorsqu'une contribution n'est pas ouverte, on autorisait le propriétaire ou le principal locataire à recevoir ce reliquat, en déduction des loyers privilégiés. Pigeau atteste que tel était l'ancien usage au Châtelet. Cependant la jurisprudence varie sur cette question, et après avoir reconnu que les frais du référé n'excèdent pas, en ce cas, ceux de l'ordonnance du juge-commissaire à la contribution, j'ai adopté la jurisprudence du Châtelet, comme plus expéditive lorsqu'il n'y a pas de contestation sur la réclamation du propriétaire ; en cas de contestation le juge doit renvoyer à la contribution ». — « On ne peut autoriser le propriétaire à recevoir le paiement des loyers par privilège sur le produit de la vente, si la créance est contestée dans son existence ou sa qualité, ou si elle est en concurrence avec d'autres privilèges. »

Telle est encore la pratique du tribunal de la Seine, confirmée d'ailleurs par de nombreux arrêts de la Cour : cette pratique est constante.

Voir dans ce sens Bazot, p. 265 suiv. Paris, 5 août 1873 (D. 76, 2, 69). — Cass., 13 décembre 1883 (*La Loi*, 24 février 1884).

Les raisons données pour ce système sont : 1° d'une part l'usage antérieur rappelé par M. De Belleyme ; 2° d'autre part le désir d'éviter des lenteurs et des frais : «Attendu que si, lorsque la créance privilégiée du propriétaire absorbe la totalité des deniers, une distribution par contribution devait être au préalable nécessaire à l'exercice de l'article 2102, n° 1, le propriétaire serait obligé de remplir lui-même les formalités prescrites par les articles 657 et 638 suiv. du Code pr. civ., puisqu'il aurait seul intérêt à le faire ; mais que par l'accomplissement de ces formalités coûteuses, il diminuerait son gage sans profit pour les autres créanciers, puisqu'il ne resterait rien des deniers à distribuer....» (ordonnance du Président du tribunal de Caen du 15 mars 1864. S. 64, 2, 291); 3° on a donné une autre raison, quand il y a un bail authentique : « Considérant que le premier juge a statué sur l'exécution d'un titre et qu'il y avait urgence » Paris, 5 mars 1836 (rapporté par M. de Bell.) ;

4° il y aurait enfin une raison que l'on pourrait donner, et qui expliquerait la pratique suivie ; c'est que lorsque l'on ne conteste pas la créance ni le privilège du propriétaire, on doit dire qu'il se forme un contrat judiciaire devant le président, qui dans ce cas n'a aucune raison pour décliner sa compétence : « Attendu que ni la créance ni le privilège ne sont contestés, qu'il y a urgence.... » (formule constante. V. ch. suivant).

Partant de là, il faut reconnaître que la jurisprudence a raison de décider que lorsqu'il y a contestation sur la demande en attribution de sommes, le juge des référés doit se déclarer incompétent. C'est qu'en effet dans ce cas le président ne saurait statuer sans reconnaître un privilège, ce qu'il ne saurait faire.

« Attendu qu'aux termes de l'article 809 du Code de procédure, les ordonnances de référés ne doivent faire aucun préjudice au principal ; que reconnaître un privilège au profit d'un des créanciers et lui faire ainsi attribution de tout ou partie du fond commun, c'est préjudicier au principal en disposant du gage commun » (Cass., 3 août 1847. S. 1847, 1, 729. — D. 1847, 1, 306 ; C. Paris, 8 janvier 1853, rapporté par Bertin).

Mais faut-il aller plus loin et dire par exemple avec la Cour de Caen (6 mai 1864. S. 64, 2, 291) que l'incompétence du président est absolue et que le président doit se déclarer incompétent d'office, attendu que l'article 661 du Code de procédure civile ayant donné certaines garanties aux parties, on ne saurait y déroger en référé ? Faut-il dire que, même en l'absence de contestation, il doit s'abstenir ?

C'est ce que semble dire M. Bertin (t. II, p. 368, n° 758) : « Aux termes de l'article 661, le propriétaire doit appeler la partie saisie et l'avoué le plus ancien en référé, devant le juge-commissaire à la contribution, pour faire statuer préliminairement sur son privilège pour raison de loyers dus. Ces formalités protectrices ne pouvant être accomplies devant le juge des référés, il est certain que ce juge ne saurait être compétent. » — Et la Cour de Caen : « ... Considérant qu'il est vrai que, dans la distribution par contribution, le propriétaire peut appeler la partie saisie et l'avoué le plus ancien en référé devant le juge-commissaire, pour faire statuer préliminairement sur son privilège; — que cette faculté qui crée une véritable exception ne peut être accordée que dans le cas prévu ; — considérant que la loi traçant les pouvoirs du juge-commissaire a en même temps indiqué ses devoirs; qu'il n'a ni donné les mêmes pouvoirs, ni imposé les mêmes devoirs au juge des référés... »

Il me semble que cette théorie est trop rigoureuse : Ainsi que je l'ai dit déjà, et comme je vais l'exposer longuement dans le chapitre suivant, il est loisible aux parties de former devant le juge des référés un contrat judiciaire; leurs conventions n'ont d'autre limite que l'ordre public. Or, peut-on dire que l'ordre public soit intéressé à ce que l'on ne puisse faire devant le juge des référés ce qu'on peut faire devant le juge-commissaire?

Sans doute il y a là des garanties particulières ; mais chacun peut renoncer librement à s'en prévaloir, et une fois qu'il l'a fait, se trouver lié par cette renonciation. On créerait dans le système une sorte d'incompétence *ratione materiæ* qui ne se justifie aucunement.

Il faut donc dire que lorsque toutes les parties sont présentes, et consentent l'attribution au propriétaire, le juge des référés peut sans aucun doute constater cette reconnaissance, ce qui n'est pas statuer sur un privilège.

Que doit-on décider quand les parties assignées en référé par le propriétaire font défaut ? C'est le cas qui se présentera ordinairement ; en fait, il est certain qu'un créancier certain de ne rien recevoir ne se dérangera pas au reçu de l'assignation en référé. Dans ce cas encore, le président en fait rend l'ordonnance.

Devrait-il se déclarer incompétent ? Il est certain que le silence des autres créanciers équivaut ordinairement à un acquiescement. C'est pourquoi le président accorde l'ordonnance.

Mais remarquons que dans ce cas l'effet de l'ordonnance n'est plus le même que dans le cas du concours des créanciers, ou bien encore que dans le cas où l'on a observé ces formes de l'article 661 (Cass., 26 janvier 1875. D. 75, 1, 306). Dans ces deux hypothèses, en effet, le président statue définitivement, puisqu'il ne fait que constater un contrat judiciaire formé devant lui. Mais dans l'hypothèse où il statue en donnant défaut contre les créanciers, sa décision est essentiellement provisoire, et il sera toujours possible d'être attaquée. Le propriétaire n'est que détenteur des sommes ainsi touchées sur le produit de la vente, des mains du commissaire-priseur. Ce correctif a suffi peut-être pour déterminer la pratique (V. en ce sens Bazot, p. 265 ; Chauveau, *Suppl.*, t. III, n° 81, éd. 1882. Bioche, *Référé*, 117).

Cependant, en droit, il est bien certain que l'autre système est plus juridique dans ce cas.

Section IV. — Faillite.

La faillite a pour résultat immédiat de dessaisir le failli de l'administration de ses biens, laquelle est confiée à un syndic (443, C. com.). Les difficultés qui peuvent s'élever au sujet de cette administration sont soumises au juge-commissaire, qui devient compétent pour en connaître (Art. 466, C. com.) à l'exclusion du juge des référés (*Contra*, de Bell., II, p. 398).

Arrêt de la Cour de Paris, du 4 janvier 1849 (D. 49, 5. 194 ; S. 49, 2, 155).

« Considérant que la faillite dessaisit entièrement le débiteur et que tous ses droits tant actifs que passifs sont commis à l'administration des syndics, sous la surveillance du juge-commissaire ; — que c'est par suite de ce système que l'article 486 donne au juge-commissaire seul le droit d'autoriser les syndics à procéder à la vente des effets mobiliers et marchandises, et de régler le mode de la vente ; — considérant dès lors que le juge-commissaire avait compétence et qualité pour rendre l'ordonnance du 23 décembre dernier ; — que cependant le président du tribunal civil est intervenu dans les opérations de la faillite, pour prescrire une mesure différente, nommer un séquestre et même paralyser l'ordonnance précitée du juge-commissaire ; que cette immixtion est contraire à l'esprit de la loi des faillites qui veut que la marche des opérations soit conduite avec ensemble et unité sous la surveillance du juge-commissaire. »

Il s'agit bien entendu des mesures relatives aux opérations proprement dites de la faillite; car on pourrait supposer place pour la compétence du président, par exemple en matière d'expulsion. On sait comment la loi du 12 janvier 1872, modifiant l'article 450 du Code de commerce, a suspendu l'exercice des actions en résiliation et des voies d'exécution, pendant un délai de huitaine, à courir du délai accordé par l'article 492 C. com. pour la vérification des créances. Le tribunal civil serait certainement compétent pour connaître de ces demandes en résiliation : par suite le président sera seul compétent pour statuer sur les demandes d'expulsion formées dans les mêmes conditions.

Mais pour toutes les autres hypothèses, le juge-commissaire seul serait compétent (V. arrêt fortement motivé de la Cour de Lyon du 26 août 1853. D. 1855, 2, 318, rapporté par Berlin); le juge des référés ne pourrait connaître de l'exécution des titres exécutoires avant le jugement déclaratif (*contrà*, de Bell. t. II, p. 55 et suiv.).

Nous dirons donc que le juge-commissaire, en raison de ce qu'il est investi d'une compétence spéciale, est seul compétent pour ordonner la vente du mobilier du failli, et en régler le mode (Art. 470, C. com. Paris, 30 décembre 1873; Dutruc, t. III, n° 115); et que le juge des référés ne pourrait suspendre l'exécution de l'ordonnance, par laquelle le juge-commissaire a autorisé le syndic à faire vendre aux enchères et par le ministère d'un commissaire-priseur, le matériel et les marchandises du failli (Paris, 6 mai 1867 ; Dutruc, *ibid*. S. 68, 2, 53).

Il n'appartient pas non plus au juge des référés, dans le cas de faillite du locataire, de nommer un séquestre chargé de la gérance du commerce du failli, alors que les syndics ont reçu du juge-commissaire la mission de continuer ce commerce (Paris, 11 juillet 1874; Dutruc, *ibid*. n° 78), ni d'ordonner la levée des scellés (Lyon, 26 août 1853. — C. com. 482).

V. dans le même sens : Berlin, t. II, n°ˢ 1076 et suiv.; Bazot, p. 217 ; Bioche, *Référé*, 106).

CHAPITRE V

DES CONTRATS JUDICIAIRES FORMÉS EN RÉFÉRÉS.

Principe. — Les parties peuvent former en référé un contrat judiciaire dont l'effet semble être une sorte de prorogation de juridiction du président.

En règle générale le consentement suffit pour former une obligation, et l'acte constatant une convention n'est pas nécessaire à sa validité : il ne sert qu'à en assurer la preuve. *Fiunt scripturæ ut quod actum est, per eas facilius probari poterit, et sine his autem valet quod actum est, si habeat probationem* (L. 4, Dig. *de pign.*, 20, I). C'est d'ailleurs ce que consacrent les articles 1134 et 1582 du Code civil (Aubry et Rau, t. IV, p. 284 et note).

De ce principe que les conventions sont valables indépendamment de leur force probante, on conçoit très bien que les parties puissent demander au juge de constater la convention qu'elles ont ainsi formée devant lui. Son rôle est alors de leur donner acte de leurs déclarations, et de l'accord intervenu ; il ne saurait les refuser, les critiquer, ou à plus forte raison les modifier.

On comprend dès lors que le jugement de donner acte ne présente qu'extérieurement et seulement en apparence les caractères d'un jugement ; en réalité pour apprécier sa validité c'est au titre des contrats et des obligations qu'il faut se reporter.

Nous en conclurons que les conditions exigées par l'article 1108 doivent s'y rencontrer, savoir :

1° Le consentement des parties ;

2° La capacité de contracter ;

3° Un objet certain qui forme la matière de l'engagement ;

4° Une cause licite.

Nous en conclurons aussi que les voies ouvertes pour attaquer les jugements en général ne seront pas ouvertes contre celui-ci, mais que par contre on pourra l'attaquer par voie d'action en nullité ou en rescision.

15

Le consentement doit être échangé devant le juge qui en donne acte, purement et simplement. Il serait à désirer en pratique, en ce qui concerne les référés, que les dires des avoués de chaque partie fussent consignés dans *les qualités* de l'ordonnance : de la sorte, le juge n'interviendrait que pour constater cet accord et les conséquences à en tirer, sans qu'on puisse lui reprocher d'avoir mal traduit les déclarations faites devant lui.

Nous dirons donc que l'offre d'une partie non acceptée par l'autre, alors même que le juge la constaterait, ne l'oblige pas, et qu'elle peut la rétracter (Cass., 7 février 1882. S. 83, I. 200);

Que l'acceptation doit être pure et simple et ne présenter aucune condition ;

Que le consentement doit être régulièrement donné et être exempt des vices énoncés dans l'article 1109 du Code civil ;

Enfin il faudra dire que toute la théorie du Code civil relative à l'objet et à la cause des obligations s'appliquerait.

Il est incontestable que ce contrat peut se former devant le juge des référés (De Bell., I, p. 419). En effet, on ne saurait élever aucune objection de forme, puisqu'il suffit que le président assisté de son greffier constate cet accord des parties, dont la signature n'est nullement nécessaire ; et quant au fond on ne saurait prétendre à une violation de la règle que l'ordonnance ne préjudicie pas au principal, puisque la décision du juge ne tranche pas un débat, mais ne fait que constater un concours de volontés.

Il se forme de même devant le juge-commissaire en matière d'ordre ; et l'on peut même dire que la procédure d'ordre amiable repose exclusivement sur la formation d'un contrat judiciaire. C'est ainsi que la Cour de Limoges a décidé que lorsqu'un privilège, réclamé par une femme contre les créanciers de son mari, a été reconnu sur le procès-verbal du juge-commissaire, il s'est formé à cet égard, entre les créanciers qui ont reconnu ce privilège, un contrat judiciaire qui rend non recevables les contestations ultérieures ; mais que ce contrat n'existe pas relativement à la quotité de la somme pour laquelle le privilège était réclamé, lorsqu'il est certain qu'il y a eu erreur dans la fixation de cette somme de la part du créancier contre lequel on veut exciper de sa reconnaissance (Limoges, 15 avril 1817, D. A. Cont. jud., n° 15, note). Nous trouvons donc dans cet arrêt l'application des divers principes posés : d'une part le contrat peut se former devant un juge-commissaire ; mais d'autre part l'erreur commise vicie le contrat.

Sur cette idée que l'ordre amiable n'est qu'une application du contrat judiciaire, V. Cass., 12 nov. 1882 (S. 73, 1, 161), Paris, 8 décembre 1874 (S. 75, 2, 268) : « attendu que les conventions régulièrement formées tiennent lieu de loi entre les parties qui les ont faites.... »

Or, il m'a paru utile de présenter comme conclusion de cette étude certaines applications de ce contrat judiciaire pouvant se produire en référé. Nous y trouverons en effet l'une des causes de cette extension considérable que prennent les référés dans notre pratique moderne.

Remarquons en effet que la conséquence directe de ce contrat judiciaire sera le développement forcé des référés, et ce par application des règles posées plus haut. J'ai dit que le président pouvait assurer l'exécution de conventions non contestées et de droits reconnus ; sa compétence ne va pas jusqu'à examiner au fond les titres produits, ni à trancher les questions soulevées ; mais il donne en quelque sorte une formule exécutoire aux conventions régulièrement contractées.

Mais ne pouvons-nous pas supposer que cet accord des parties se fasse devant lui ? Ne pouvons-nous pas supposer que le juge des référés donnant acte aux parties de leurs dires respectifs, et constatant leur accord sur un point donné, puisse en assurer la libre exécution, alors que son incompétence eût été absolue en cas de contestations ? Le résultat semblera donc *être une extension de compétence*, du moins en apparence, et c'est ce que je voulais établir.

Mettons-nous maintenant en présence des faits de la pratique quotidienne. Il arrivera le plus souvent que les parties en présence seront d'accord sur certains côtés de la question litigieuse ; quel sera le rôle du juge ? Devra-t-il considérer si la décision qu'il va prendre ne semble pas en contradiction avec les règles que j'ai exposées dans les chapitres précédents alors que d'ailleurs les parties sont prêtes à accepter une décision plus utile ? Je pense que ses scrupules seraient mal fondés, et qu'il doit avant tout assurer le libre exercice de l'administration de la justice.

C'est pour avoir obéi à cette règle, que les présidents du tribunal de la Seine ont, suivant le vœu du tribun Réal, débarrassé les audiences ordinaires d'un nombre considérable d'affaires, jouant avec la plus grande autorité le rôle de magistrats conciliateurs. C'est sans doute ce qui existait déjà dans l'ancien droit : « Il n'est pas d'usage au Châtelet, dit Pigeau, de faire mention dans les procès-verbaux de référés des moyens, raisons et déclarations de la partie assignée. Cependant si l'autre partie a intérêt d'en conserver la preuve, comme lorsque l'assigné a avoué un fait qui peut lui être utile, il peut et il est de son intérêt d'en faire faire mention » (Pigeau, *Châtelet*, t. I, p. 111). C'est, comme on le voit, une idée voisine de celle que j'émets.

Si maintenant je cherche dans le droit actuel les applications pratiques de cette formule, j'en trouverai de nombreuses.

Il n'est presque aucune des règles que j'ai longuement formulées plus haut qui ne puisse ainsi recevoir en apparence une exception, excepté celles qui touchent à l'ordre public ; nous savons en effet que la seule règle qui puisse astreindre les contrats judiciaires, c'est celle qui consiste à respecter l'ordre public, étant donné d'ailleurs que les autres conditions essentielles à la formation des conventions sont réalisées.

Nous aurons ainsi chaque jour des ordonnances où l'on ne saurait rencontrer cette urgence essentielle, dont le caractère est si rigoureusement décrit par les premiers auteurs.

De même, la règle si formelle que les ordonnances ne font pas préjudice au principal recevra des exceptions quotidiennes : ces exceptions ne sont jamais qu'apparentes, il est vrai, puisque le principal n'est pas mis en question ni jugé. Ainsi nous avons vu que l'ordonnance ne pouvait reconnaître un privilège, autoriser par exemple le séquestre d'une maison saisie immobilièrement, à remettre aux créanciers hypothécaires sur leurs arrérages le montant des loyers perçus ; nous savons que pendant la liquidation d'une succession ou d'une communauté, le

président ne saurait autoriser le notaire à remettre à l'une des
parties une certaine somme à valoir, cette mesure préjugeant le
fond; nous savons qu'en matière de contribution le président
ne saurait attribuer le prix de la vente du mobilier au propriétaire dont le privilège est contesté, etc., etc. Or, il n'est
presque aucune de ces règles qui ne puisse recevoir exception.

Le principe même de la compétence des juridictions pourrait
être ébranlé. J'ai cité un arrêt de la Cour de Paris qui, conforme à une jurisprudence plus générale, décide que l'incompétence du président en matière commerciale étant seulement
ratione personæ, l'exception d'incompétence était couverte si
elle n'avait été opposée avant toutes autres; à plus forte raison
devrons-nous dire : si toutes les parties sont d'accord pour accepter sa juridiction. Il n'en serait pas de même en matière
administrative, parce que les règles de compétence sont ici
d'ordre public.

C'est cette grande exception résultant de la pratique des affaires, qui empêche au premier abord de reconnaître les véritables principes en matière de référés, principes qui n'en sont
pas moins absolument certains. Faisons toutefois une remarque
essentielle à ce sujet. J'ai dit que le président exerçait en référé
un véritable pouvoir d'administration de la justice, dont il faci-
lite l'exercice dans son tribunal. C'est dans cet ordre d'idées
aussi qu'il pourra recevoir des contrats judiciaires; mais il ne
saurait, sans préjudicier à l'art. 809, prendre acte de déclarations absolument étrangères au débat qui doit être porté devant
lui; encore moins pourrait-il reconnaître à une partie une
qualité ou prononcer contre elle une déchéance; il ne pourrait
recevoir un acte de renonciation à succession ou constitutif
d'hypothèque, etc.; il peut assurer l'exercice des droits
reconnus et des titres clairs et certains, ainsi que nous l'avons
vu; or c'est seulement en vertu de cette règle qu'il peut recevoir un contrat judiciaire et en assurer l'exécution (Paris,
6 février 1864. S. 64, 2, 97).

Et si nous voulons caractériser cette sorte de compétence,
nous dirons qu'il s'agira presque toujours d'assurer l'exécution
de conventions à l'égard de tiers.

Section I. — De l'affectation spéciale.

On sait que l'effet de la saisie-arrêt est de frapper et d'arrêter entre les mains du tiers saisi toutes les sommes que celui-ci doit au débiteur saisi (1242, C. civ.).

Cette indisponibilité dont se trouve ainsi frappée une partie parfois considérable de la fortune du débiteur saisi peut paraître un droit bien considérable, on pourrait même dire dans certains cas abusif, car il est facile de supposer que des sommes importantes soient ainsi arrêtées, pour le payement d'une dette très minime.

Cette règle cependant s'explique. Nous ne trouvons rien de semblable en matière d'hypothèque ; dans ce cas en effet l'immeuble n'est grevé que de la somme représentant la dette envers un créancier, et pour le surplus reste libre aux mains du propriétaire. C'est qu'en effet l'hypothèque qui garantit, à la date de son inscription, le payement de la dette, donne toute sécurité au prêteur qui n'a pas besoin de plus amples garanties.

Il n'en est pas de même en matière de créances garanties seulement par la fortune mobilière du débiteur. Le créancier qui a le premier frappé d'opposition les sommes dues à son débiteur a juste sujet de craindre que des oppositions ultérieures ne viennent restreindre sa garantie de payement, puisque tous les créanciers viendront ensemble au marc le franc, à la contribution qu'il y aura peut-être lieu d'ouvrir sur la somme saisie-arrêtée, le tout bien entendu sauf les dérogations relatives aux privilèges sur les meubles (Aubry et Rau, IV, p. 156).

Mais il n'en est pas moins certain que ce système, bien coordonné avec les règles générales de notre code sur la fortune mobilière, peut présenter de graves inconvénients. — Ce qui, soit dit en passant, n'est peut-être pas l'un des moindres arguments contre ce système tout fictif et très suranné de la propriété mobilière.

On peut supposer en effet que le débiteur saisi ait de fort bonnes raisons, de contester les causes de la saisie-arrêt, et cependant sa fortune ne se trouve pas moins frappée d'indisponibilité, jusqu'à l'issue du procès d'intervenir sur la validité de la saisie-arrêt ; ce peut être un commerçant à la veille d'une échéance, ayant besoin de fonds : l'opposition fondée sur un titre apparent arrête ce qui lui est dû, etc.

Que devait faire dans cette situation très urgente le juge des référés ?

Voici la pratique qui s'est introduite, que M. Bazot appelle le *cantonnement* de la saisie-arrêt (p. 168) et qui est connue généralement sous le nom d'*affectation spéciale* :

« La partie saisie cite le saisissant et le tiers saisi en référé. Elle demande à être autorisée à toucher le montant de la somme saisie, mais en laissant à la Caisse des dépôts et consignations des valeurs suffisantes, pour assurer le payement des causes de la saisie.

« Et pour empêcher que de nouvelles oppositions venant à frapper ces valeurs, n'amènent une contribution entre le saisissant actuel et d'autres saisissants, elle consent, quant à présent, transport au saisissant, de cette somme qui sera reconnue lui être due par le jugement de validité.

« Le président rend une ordonnance conforme qui équivaut à une cession et le saisi peut alors toucher, sans dommage pour le saisissant, tout ce qui excède la somme consignée (Bazot). »

J'ai montré plus haut que le président ne pouvait donner mainlevée d'une saisie-arrêt ; remarquons que dans cette pratique il n'y a pas mainlevée, mais transport de la saisie-arrêt d'une somme sur une autre, par le concours de toutes les parties.

Il reste à examiner si cela est bien juridique.

M. Bertin (t. 1, n°ˢ 199 et 200 ; t. II, n°ˢ 845 et suiv.) fait valoir l'utilité pratique de ce procédé et s'attache à démontrer sa légalité, en insistant sur ce point que le juge des référés ne fait que constater un contrat judiciaire, et en régler l'exécution.

Aussi n'est-ce point sur ce terrain qu'il faut, je crois, examiner cette pratique. Il y a lieu de se demander si les parties peuvent faire une pareille convention.

En équité, tous les intérêts sont sauvegardés, et ni le saisissant ni le saisi ne pourraient se plaindre ; mais en est-il de même des opposants ultérieurs ?

M. Bertin n'examine pas cette situation, il convient de le faire. On a dit, en ce qui les concernait, qu'eux non plus ne pouvaient pas se plaindre « attendu que la consignation d'une somme avec affectation spéciale envers l'un des créanciers équivaut à un paiement ».

Cela n'est pas exact. Oui, il y aurait un paiement, si dès maintenant il y avait une délégation expresse, un transport de créance dessaisissant le saisi. Mais il n'en est rien. Le saisissant pourrait-il, grâce à cette affectation, recevoir paiement du tiers saisi? Évidemment non, puisque cette affectation n'est que conditionnelle; la propriété de ces sommes ne lui a donc pas été transférée. Mais alors? c'est qu'elle est restée dans le patrimoine du saisi, ou elle ne cesse pas d'être le gage de tous ses créanciers.

Le résultat de l'affectation spéciale serait de créer un privilège conventionnel, c'est-à-dire un non-sens en droit (Demol. sous l'art. 1242, n° 222).

C'est aussi ce que décide M. Chauveau, *Supplément*, Q. 1932 *bis*.

Je dois reconnaître que la jurisprudence la plus récente semble plutôt favorable à cette pratique. Ainsi Dutruc (*Supplément*, t. III, n° 136 *bis*) rapporte plusieurs arrêts dans ce sens (Paris, 18 août 1876). La Cour décide que le président est compétent pour autoriser le débiteur saisi à toucher les deniers saisis-arrêtés à condition de déposer à la caisse des consignations (D. 1878, 2. 245).

Dans le même sens, un arrêt de la Cour de Paris du 16 novembre 1883 (*La Loi*, 27 janvier 1884).

Cet arrêt, après avoir examiné et reconnu la légalité de ce contrat, en examine les conséquences relativement au tiers saisi. Nous savons que les sommes frappées d'opposition restent entre les mains du tiers saisi, affectées au paiement de la créance de l'opposant, au cas où cette créance serait ultérieurement reconnue. Supposons que cette condition se réalise? Aurons-nous besoin de prendre un jugement contre le tiers saisi? Ou ne faut-il pas dire que le créancier saisissant doit se trouver de plein droit investi des sommes arrêtées, en vertu du transport régulièrement consenti dans un acte authentique, l'ordonnance de référé? C'est ce que la Cour de Paris a jugé, en décidant qu'il n'est pas besoin de prendre un jugement de validité.

Cette dernière conséquence, à défaut d'autre, serait de nature à faire douter de la régularité de ce procédé. N'oublions pas en effet que la procédure de saisie-arrêt contient pour être régulière une assignation en validité ; or, cette procédure va tomber par le seul effet d'une ordonnance de référé introduite au cours de cette instance ; on doit bien reconnaître qu'il y a là quelque chose d'anormal, qui ne justifie pas suffisamment le contrat judiciaire intervenu.

Aussi, l'on ne peut pas dire que la jurisprudence soit bien fixée encore. Un arrêt de la Cour de Paris du 14 octobre 1874 (D. 1876, 2, 245) décidait le contraire : « Considérant qu'en prononçant l'affectation spéciale aux tiers saisis, sans tenir compte des autres oppositions qui pourraient survenir, le juge des référés a engagé le fond ; qu'en autorisant N... à toucher au mépris de l'opposition de X..., il a porté atteinte aux droits de celui-ci, et par suite excédé ses pouvoirs. »

Dans tous les cas, ce qu'il importe de remarquer, c'est que ce n'est pas la théorie du contrat judiciaire qui est contestée, mais le principe même de l'affectation (Sur cette question, V. de Bell., I, 238, favorable. *Revue critique*, 1875, p. 731. M. Krug Basse semble admettre la compétence du tribunal à l'exclusion du président. — Chauveau sur Carré, Q. 1952).

Section II. — Exécution de conventions à l'égard des tiers.

M. de Belleyme avait imaginé de régler ainsi amiablement des procédures de contribution amiables.

« On peut autoriser en référé le retrait des sommes déposées à la caisse des consignations, lorsqu'une distribution amiable est arrêtée entre les créanciers, parce que la caisse ne paie que sur un ordre de justice; il faut que l'ordonnance constitue à cet effet un mandataire spécial de toutes les parties, et constate leur consentement pour la répartition amiable, sinon la caisse refuserait l'exécution de l'ordonnance. »

« S'il y a un créancier opposant, on laisse à la caisse le montant intégral des causes de son opposition (de Bell., t. II, p 65. Bertin, 925 suiv.).

En matière d'ordre amiable ou consensuel, on procède par-devant notaires, et l'on obtiendra ainsi la formule exécutoire. Mais il faudrait le concours de tous les créanciers (De Bell., t. II, p. 85).

« L'ordre amiable devant le juge organisé par la loi du 21 mai 1858 ne préjudicie pas au droit qu'ont toujours les parties majeures et maîtresses de leurs droits, de procéder amiablement entre elles, et sans intervention du juge, par un acte notarié ou autrement, à la distribution du prix » (*Circul. min. just.*, 2 mai 1859, n° 42. D. 59, 3, 25. — Ancien article 749).

Or, on pourrait concevoir que si les parties se sont mises d'accord entre elles, le président pourrait donner la formule exécutoire. Cela n'est d'ailleurs pas pratique.

La Cour de Caen a jugé que l'ordre consensuel devant notaires était valable, alors même qu'il serait partiel (6 août 1866, D. 68, 2, 28).

En matière de faillites la vérification et l'affirmation des créances forment de même un contrat judiciaire, qui place les créances produites en temps opportun, et mises à l'abri de toutes contestations ultérieures, sauf le cas de dol ou de fraude (15 janvier 1885. Cass. req., D. 85, 1, 404 et note).

En dehors de ces applications on doit donc dire de même, que l'on pourra ainsi recourir au référé, pour former un contrat judiciaire, dont l'effet ordinaire sera d'autoriser un tiers détenteur de valeurs, de sommes, ou de revenus indivis, à en faire la répartition envers les divers ayants droit. Cela aura lieu par exemple pendant une liquidation, relativement aux revenus des biens à partager, soit en matière de communauté ou de succession.

Mais remarquons que l'ordonnance de référé constatant un contrat judiciaire, n'en reste pas moins soumise aux principes exposés plus haut des ordonnances de référé. Elle ne peut qu'autoriser le tiers détenteur à verser les sommes dont s'agit, aux mains de qui il a été convenu devant le juge, mais elle ne permet dans aucun cas de l'y contraindre. C'est que si, en effet, le contrat judiciaire a pu valablement se former entre les parties qui y étaient présentes, elle n'a pu avoir d'effet vis-à-vis des tiers qui n'y étaient pas parties ; et ceux-ci même y étant parties, la situation resterait la même, puisque nous avons vu que le juge des référés ne pourrait ordonner une sanction pénale civile à ses ordonnances, au cas d'inexécution par les parties. Ceci est d'ordre public, car une telle décision porterait forcément préjudice au principal.

On pourrait se demander quelle sera, sur le fond du débat, l'influence de ce contrat judiciaire ainsi formé et constaté ? or, on doit dire que le contrat aura sur le fond l'influence de toute convention ; ce sera un élément de décision dont le juge du principal devra forcément tenir compte, comme de toute convention.

Remarquons que cette étude nous entraîne de plus en plus loin du principe des référés, qui est avant tout de donner une solution à des conflits d'intérêts dans des circonstances urgentes. Je n'avais donc qu'à indiquer cette faculté qui rend compte d'un grand nombre d'ordonnances, mais je ne saurais y insister davantage.

Enfin, et c'est ma dernière observation, il est à remarquer que cette sorte d'extension de compétence du juge du référé résultant des contrats judiciaires formés devant lui n'a rien de commun avec la prorogation de la compétence du juge de paix prévue par l'article 7 C. pr. civ. ; il s'agit en effet dans ce dernier cas d'un débat contradictoire sur un procès ; au fond, nous sommes donc dans un ordre d'idées tout différent : cette impossibilité où serait le juge des référés de proroger sa juridiction pour connaître du principal est d'autant plus absolue que cette juridiction est exceptionnelle, et que par suite, elle ne peut être étendue même avec le consentement de toutes les parties, car elle tient à l'organisation judiciaire elle-même, et les règles qui la délimitent sont d'ordre public (Cass. civ., 16 janvier 1883. S. 83, 1, 263).

APPENDICE

DE LA RÉSERVE D'EN RÉFÉRER

De même que les parties peuvent étendre la compétence du président, en formant devant lui un contrat judiciaire, de même le président peut lui-même étendre sa compétence en dehors des cas d'urgence, et ce, en insérant dans la formule de ses ordonnances rendues sur requête la réserve de lui en référer au cas de difficultés.

Je n'ai pas à étudier cette pratique dont j'ai déjà eu à parler incidemment, et je me borne à la signaler comme un en-tête d'un chapitre qui serait à faire pour une étude complète des référés. Les questions soulevées à ce sujet sont d'ailleurs très nombreuses et fourniraient à elles seules matière à longs développements (V. *suprà*, ch. *Le juge du principal dessaisit le juge du référé, in fine*). — V. aussi Aix, 27 juillet 1871. S. 1872, 2, 290, et longue note de M. E. Naquet, professeur à la faculté de droit. V. aussi note de M. Cazalens. D. 75, 2, 73 et s., 105 et suiv., 137 et suiv. — Cass. civ., 9 novembre 1885. *La Loi*, 6 janvier 1886 et le long rapport de M. le conseiller Onofrio et les conclusions de M. l'avocat général Desjardins. S. 86, 1, 9; Cour de Paris, 18 janvier 1886. — *Gaz. des Tribunaux*, 20 janvier 1886. V. *Gazette du Palais*, 24-25 janvier 1886. Cour de Paris, 19 février 1886. *La Loi*, 23 février 1886).

POSITIONS

DROIT ROMAIN

I. L'exception *quod facere potest* s'ouvre au profit de l'associé *unius rei* aussi bien que de l'associé *omnium bonorum.*

II. L'exception *quod facere potest* est sous-entendue dans les actions de bonne foi.

III. Le bénéfice de compétence est une véritable exception.

IV. Le mari peut opposer l'exception à sa femme à raison de toute action née d'un contrat pendant le mariage.

V. L'exception *quod metûs causa* est postérieure à l'exception de dol, et était nécessaire, bien que le dol comprît les faits constitutifs de la violence.

VI. L'exception *rei judicatæ* n'était pas rendue inutile par l'exception *rei in judicium deductæ.*

VII. Le fidéjusseur qui s'est obligé *in duriorem causam* n'est pas obligé.

VII. Le pacte ajouté *in continenti* à une stipulation fait partie de la stipulation.

DROIT FRANÇAIS.

I. La pratique des référés est antérieure à l'édit de 1685.

II. Le juge des référés agit comme un véritable juge du possessoire pour ce qui ne rentre pas dans la compétence des juges de paix.

III. Il n'y a pas lieu à référé en matière commerciale.

IV. Le juge du principal dessaisit le juge des référés.

V. Les incapables peuvent se pourvoir en référé sans autorisation.

VI. On ne contraint pas en référé.

VII. En matière de saisie-arrêt le juge des référés ne peut ni donner une mainlevée de l'opposition, ni ordonner une affectation spéciale.

VIII. Les ordonnances de référé ne produisent pas l'autorité de la chose jugée.

DROIT CIVIL.

I. Le délai de dix ans que prévoit l'article 1792 du C. civ. relativement à la durée de la responsabilité des architectes et des entrepreneurs commence à courir du jour de la réception des travaux, et s'applique non seulement à la découverte des vices de construction, mais aussi à l'exercice de l'action en responsabilité (Cass., Ch. réunies, 2 août 1882).

II. On ne peut former de saisie-arrêt entre ses propres mains.

III. En matière de conversion de divorce, le tribunal doit prononcer le divorce, dès lors qu'il est constant que tout rapprochement est impossible.

IV. L'époux contre qui la séparation a été prononcée peut, aussi bien que celui qui l'a obtenue, demander la conversion, sans être obligé d'articuler contre son conjoint des griefs postérieurs à la séparation.

V. Le jugement de conversion ne peut avoir pour effet de modifier la portée du jugement qui a prononcé la séparation de corps, notamment en ce qui concerne les déchéances relatives aux avantages matrimoniaux.

VI. Dans les conventions par correspondance, le contrat n'est définitivement formé qu'à partir du moment où la lettre contenant l'acceptation est parvenue à celle des parties qui a fait l'offre. Jusque-là cette partie peut rétracter ses propositions.

DROIT PÉNAL.

I. Les tribunaux correctionnels sont compétents, à l'exclusion de la Cour d'assises, pour connaître des délits de diffamation envers les directeurs ou administrateurs de sociétés financières, bien qu'en ce qui les concerne la vérité du fait diffamatoire puisse être établie.

II. L'amnistie n'enlève pas à la victime d'un fait délictueux le droit de réclamer des dommages-intérêts de ce chef, et à plus forte raison de poursuivre le paiement des dommages-intérêts déjà accordés. Mais la contrainte par corps ne peut plus être prononcée après l'amnistie, pour garantir le paiement de ces dommages-intérêts; elle continue au contraire de subsister si la condamnation est antérieure à l'amnistie.

DROIT COMMERCIAL.

I. La règle de compétence de l'article 420, § 2 du C. de pr. civile ne doit pas être restreinte au cas de vente des marchandises ; elle est applicable à tous les autres contrats commerciaux.

II. Le porteur d'effets créés, puis endossés en vertu d'une ouverture de crédit garantie par une hypothèque, bénéficie de cette hypothèque par le seul fait de l'endossement des effets à son profit ; dans l'ordre ouvert, il prime le créditeur lui-même, lors même que les effets dont il est porteur auraient été souscrits après l'expiration de l'ouverture de crédit, si toutefois ils ont été souscrits en renouvellement d'effets plus anciens.

Vu par le Président :
E. GARSONNET.

Vu par le Doyen :
CH. BEUDANT.

Vu : Permis d'imprimer,
Le Vice-Recteur de l'Académie de Paris,
GRÉARD.

TABLE DES MATIÈRES

DROIT ROMAIN

DE L'EXCEPTION DE EO QUOD FACERE POTEST

DROIT FRANÇAIS

DES RÉFÉRÉS. — ORIGINES ET PRINCIPES GÉNÉRAUX DE COMPÉTENCE EN CAS D'URGENCE

5685-86. — Corbeil. Typ. et stér. Crété.

www.ingramcontent.com/pod-product-compliance
Ingram Content Group UK Ltd.
Pitfield, Milton Keynes, MK11 3LW, UK
UKHW021050150726
13693UKWH00007B/230